고전적 재미의 재구성

—잡록(雜錄)에 나타난 양반들의 유희적 독서와 놀이 문화

서강학술총서
038

고전적 재미의 재구성

잡록(雜錄)에 나타난 양반들의 유희적 독서와 놀이 문화

류정월 지음

서강대학교출판부

서강학술총서 038
고전적 재미의 재구성
— 잡록(雜錄)에 나타난 양반들의 유희적 독서와 놀이 문화

초판발행 | 2012년 2월 20일
지 은 이 | 류정월
발 행 인 | 이종욱
편 집 인 | 우찬제
발 행 처 | 서강대학교 출판부
등록번호 | 1978년 9월 28일 제313-2002-170호

주 소 | 서울특별시 마포구 신수동 1번지
전 화 | (02) 705-8212
팩 스 | (02) 705-8612

ISBN 978-89-7273-199-3 94810
ISBN 978-89-7273-139-9(세트)

값 17,000원

* 잘못된 책은 구입하신 곳에서 바꿔드립니다.

* '서강학술총서'는 SK SUPEX 기금의 후원으로 제작됩니다.

머리글

이 저서에서 다루는 대상은 조선시대 양반들의 취미생활 가운데 일부인 독서와 놀이다. 소수 유명한 선비들이 누렸던 고상하거나 기이하기까지 한 취미생활에 대해서는 몇 가지 연구 성과가 있다. 이들은 앵무새를 키우기도 하고, 꽃에 미쳐 정원을 가꾸기도 하고, 다양한 차(茶) 문화를 섭렵하기도 했다. 그러나 나는 소수보다는 항상 다수에 관심이 있었다. 이름 없는 다수에게 개인적 매력을 느끼는 이유는, 그들에게 나를 동화시키기가 쉽기 때문이다. 그들은 친근하다.

다수의 문화가 소수의 문화보다 더 보편적이고, 그렇기에 더 가치가 있는 것이라면 연구 대상으로 금상첨화일 터인데, 반드시 그렇다고 볼 수는 없다. 사실 보편성은 특수한 것들을 통해 추상화한 개념이나 원칙이다. 내가 다수라고 지칭한 이들이 즐기던 취미활동 역시 특수한 것에 불과할 수 있다. 가령 독서를 할 때에도 사람들은 서로 다른 공간에서, 다른 책을 읽는다. 개별적 독서는 개인적이고 구체적인 정황 속에서 이루어지지만, 적어도 여기에는 일정 공간이 필요하다거나 책이 필요하다는 등, 경험을 반추하여 짐작할 수 있는 공통된 요소들이 있다. 또한 그러한 요소들이 어떤 관계를 맺고 있는지에 대해서도 쉽게 유추할 수 있다. 적어도 정원을 가꾸는 데에 필요한 요소와 그것들의 관계를 고려하는 어려움에 비하면, 독서 활동은 시대에 따른 편차가 적기에 짐작할 수 있는 부분이 꽤 많다.

그러나 어떤 취미활동이 당대에 많은 사람들이 즐기던 것이었고, 지금도 많은 사람들이 즐기는 것이라고 해서 학문적 접근 가능성이 높은 것만은 아니다. 흔하고 평범한 것은 바로 그 이유로 기록의 가치가 적다고 생각될 수 있다. 내가 연구하고자 하는 대상이 바로 그런 축에 속한다. 나는 독서와 놀이 활동에서 양반들이 어떤 재미를 느꼈으며, 이런 활동이 그들의 삶과 어떤 관계를 가지고 있는지 연구하기를 바랐다. 이에 대한 기록은 많은 것 같으면서도 많지 않았다. 충분한 기록이 있어도 마찬가지이겠지만, 과거에 대한 연구는 기록들을 통해 재구성될 수밖에 없다. 관련 기록들이 충분하지 않는 상황에서는 더군다나 그렇다. 이 '재구성'은 객관적인 사실이라기보다는 추정의 산물이다.

많은 양반들이 어떤 취미생활을 즐겼는가에 대해서 연구 성과가 없는 것은 아니다. 민속학 분야에서는 이 취미생활을 "전통놀이"라는 이름으로 다루었다. 여기에서는 구체적인 놀이 방법 · 인원 · 시기 · 장소 등을 그림과 함께 친절하게 설명하기도 한다. 내 궁금함은 그것을 즐기던 사람들의 내면을 향한다. 그들은 이런 활동을 하면서 어떤 느낌과 생각을 가졌을까? 같은 놀이를 반복했던 동기나 이유는 무엇일까? 취미생활을 하는 주체들의 내면에 대해 쓴다는 것은, 지극히 개인적이고 주관적인 부분에 대해 학문적으로 접근한다는 것을 의미한다. 이를 위해 '정체성'이라는 다소 복잡한 개념을 사용하게 되었다. 나는 반복되는 몰입 행위들에서 각각의 경험은 '정체성'을 형성하는, 사소하지만 중요한 계기가 된다고 생각한다.

이 책에서는 다수가 즐기던 취미생활 가운데 내면을 들여다보기 비교적 용이한 것들을 구체적 대상으로 선택했다. 이러한 선택은 체계 내에서 의도적으로 이루어진 것이라기보다는 접근 가능한 자료들을 통해 임의적으로 이루어졌다.

> 과학이란 마치 길 건너편에서 열쇠를 잃어버리고 반대편 가로등 아래서 열쇠를 찾고 있는 술 취한 사람에 관한 농담과 흡사합니다. 가로등 아래에 빛이 있기 때문이죠. 다른 선택은 없습니다.[1]

촘스키(Chomsky)가 바스키(Barsky)에게 보낸 편지글이다. 이 글에는 과학뿐 아니라 학문 일반에 대한 성찰이 담겨 있다. 술취한 이가 찾는 열쇠는 아마도 과학적 진리에 해당할 터이다. 불이 밝혀진 곳에서만 찾으면 열쇠는 끝내 찾을 수 없을 것이다. 그럼에도 술 취한 사람은 열쇠를 찾기 위해 애쓴다. 위대한 학자인 촘스키 자신도 "술 취한 사람"에 불과할지 모른다. 이상적 진리와 그것을 추구하는 가능한 방법 사이에는 불일치가 있다. 그 불일치는 보편적일 수 있다. 이 생각은 특히나 제한된 자료와 방법론을 가지고 작업해야 했던 나에게 위로가 되었다. 조선시대의 재미를 재구성한다는 거대한 포부에도 불구하고 이 책은, 내가 그간 해왔던 작업들에 기댈 수밖에 없었다. 나에게 있어서 가로등은 조선 초기와 중기의 잡록들이었다. 다행히 조선 초기와 중기에 집중적으로 생산된 잡록들에는 양반들이 어떻게 잡록들을 독서하고, 음주, 기생 놀이 등 여러 유희를 향유하였는가를 보여주는 자료가 포함되어 있다. (그래서 나는 잡록이 재미를 재구성할 수 있는 가로등이라고 믿게 된 것이다.)

---

1 로버트 바스키 저, 장영준 역, 『촘스키 끝없는 도전』, 그린비, 1999, 153면.

이 책의 제목은 『고전적 재미의 재구성』이다. 여기에서 '고전적'이라는 것은 시대적 개념으로, 주로 조선 초기와 중기를 말한다. 그리고 재미를 느끼는 주체는 계층으로 한정된 사람들로, 당대의 상층인 양반들을 말한다. 이렇게 시대를 제한하고, 주체를 제한하면서 연구 대상을 좁혔음에도 불구하고 조선시대 양반들이 느꼈던 재미에 대해 일목요연하게 설명하라면 곤란해진다. 한마디로 이들이 가졌던 재미란 무엇이라고 이야기할 수는 없다. 대신 구체적인 행위에 대해 다소 추상화된 언급을 할 수는 있다. 가령 "호색(好色)과 호음(豪飮)의 순간에도 이들은 자신과의 능동적 관계를 중시하는 것처럼 보인다." 등의 주장은 가능하다. 이들은 재미에 몰입을 하되 몰입의 경험을 통제하려고 했다.

나는 의미 있는 결론을 위해 몇 가지 추측을 더하고 싶은 욕망도 있었다. 자신과의 능동적 관계를 중시하는 몰입의 경험은 일의 세계로 돌아왔을 때 자아에 대한 긍정적 감각을 성장시킬 수 있다거나, 몰입이 완벽하게 자아를 잊어버리는 '자아 망각성'을 경험하는 것이라고 할 때 자신을 통제하는 몰입은, 관련 주체들이 '주관적으로 하나'임을 느끼게 하는 데에는 한계를 가진 것이었을 수밖에 없다거나, 하는 논의들을 덧붙이고 싶었다. 재미의 기술에는 가치의 요소가 개입하며, 주관적 판단을 동반할 때 제대로 서술될 수 있음을 알게 된 것이다. 그러나 나는 이 책에서 그런 추측들을 더 밀고 나가지는 않았다. 자료의 한계이기도 하고 연구자의 한계이기도 하다. 어디에서 비롯되었건, 이 공백을 채우는 것은 독자들의 몫으로 남겨졌다.

"술 취한 사람"이 열쇠를 찾지 못했다고 해서 열쇠 찾기의 여정이 실패했다고 볼 수는 없다. 밝은 가로등 아래를 계속 찾다보면 적어도 여기에는 열쇠가 없다는 것 정도는 알 수 있다. 운이 좋으면 건너편 어딘가에 있을 희미한 열쇠의 흔적을 볼 수도 있다. 당장은 필요치 않지만 언젠가는 소용될 수 있는 다른 무언가를 찾을 수도 있다. 이 책의 귀결점이 그 중 어디에 있는지에 대해서 판단하는 것은 이 책의 결론을 넘어서서 마음껏 추측 혹은 억측할 수 있는 독자들에게 맡기도록 하겠다.

책을 구상하고 집필하고 출판하는 데에 이 년이 넘는 시간이 걸렸다. 긴 시간 책의 진행 과정에 관심을 가져주신 송효섭 교수님께 감사드린다. 그간의 혜은(惠恩)은 앞으로 학문적 여정을 통해 보답하겠다. 아울러 저술의 계기를 만들어주신 서강학술총서 관계자 분들과, 거친 원고를 다듬어 책으로 만들어주신 출판사 관계자분들께 깊이 감사드린다.

차례

서론

1. '감정의 구조'로서의 재미

재미는 복잡다단하기에 그것이 무엇인가를 설명하는 것은 매우 어려운 일이다. 호이징가(Huizinga)는 문명적 원초성이 유희에 있음을 밝히면서도, 정작 유희를 정의하는 일의 어려움을 다음과 같이 표현했다. "유희는 삶의 기능이지만, 그것은 논리적으로나, 생물학적으로나, 미학적으로 정확히 정의되지 않는다." 그럼에도 불구하고 그는 책 끝부분에서 "모든 것이 유희다."라고 주장했다.

재미를 정의하는 것이 어려운데도 불구하고 논의를 시도할 수밖에 없는 것은, 현대에 재미가 도처에 있기 때문이다. 소설 · 영화 · 만화 · 동영상 · 드라마 등 텍스트의 종류와 관계없이 가장 대표적인 감상은 '재미있다'이다. '재미'는, 베스트셀러를 꿈꾸는 출판사의 모토이다. '재미'(Fun) 경영은 새로운 경영 방식의 대세가 되기도 하였다. 교육학에서는 재미 요인의 발굴을 주된 목적 가운데 하나로 두고 있고, 게임 개발 이론에서도 재미는 핵심적 요소이다. 그러나 재미에 대한 메타적 접근은 많지 않다.

재미에 대한 연구는, 인간의 기본적 조건을 다양한 시각에서 탐구하고 그 결과를 다른 학문으로 확산하는 것을 주된 임무로 삼는 인문학이 다루어야 할 중요한 과제이다. 본 저술은 조선시대 여가 생활을 대상으로, 고전적 재미를 '재구성'함으로써 재미 연구의 단초를 마련해보고자 한다.

고전적 재미를 재구성하기 위해 이 저서는 재미를 느끼는 '감정의 구조'(the structure of feelings)를 살필 것이다. 감정의 구조는 윌리엄스(Williams)의 용어로, '감정'과 '구조'의 합성어이다. '구조'라는 말이 암시하는 바대로, 그것은 견고하면서도 분명하게 작동한다. 그러나 '감정'이라는 말이 암시하는 바대로, 그것은 우리 활동 가운데서 가장 섬세하고 파악하기 힘든 부분에서 작동한다. 재미에 대해 빈번하게 언급하면서도 그것을 정확하게 정의하기 어렵다는 위의 사실 역시 재미가 견고하면서도 섬세한 층위에서 작동한다는 점을 방증(傍證)한다.

그렇다면 견고하면서도 섬세한 층위는 개인에게 내재하는 것일까, 아니면 공동체 성원들에게 공유되는 것일까? 윌리엄스는 감정의 구조가 "전반적인 사회 조직 내의 모든 요소들이 특수하게 살아 있는 결과"라고 하였다. 감정의 구조는 개인의 감수성이 아니라 한 시대의 문화와 깊이 관계된 공동체적 감수성이다. 그렇다고 해서 공동체의 개인 대다수가 실제로 이 감수성을 소유하고 있다는 의미는 아니다. 다만, 해당 공동체에서 그것이 매우 '심층적'이고도 '광범위'하게 인정되기 때문에 의사소통의 기반이 되고 있다는 의미에 가깝다.[1]

그렇다면 감정의 구조로서의 재미는 어떻게 '심층적'이며, '광범위'하게 작동하는 것일까? 감정의 구조가 '광범위'하다는 것은, 그것이 개인이 아니라, 한 세대나 시대의 여러 특징들을 기반으로 하고 있다는 의미이다.

---

1 레이먼드 윌리엄스 저, 성은애 역, 『기나긴 혁명』, 문학동네, 2007, 93~94면.

감정의 구조로서의 재미는, 개인의 재미가 아니라 해당 텍스트를 향유하던 세대와 시대의 특징들을 기반으로 하는 재미이다. 가령 '징창'(懲創)과 '감계'(鑑戒)를 위해 책을 읽어야 한다는 생각은 조선시대 내내 거의 모든 소화집(笑話集) 서문에서 공통적으로 발견되는 도덕률이었다. 독서의 도덕적 지향점이 존재할 때와 그렇지 않을 때 재미를 느끼는 방식과 재미의 느낌은 다를 것이다. 이러한 독서의 경향은 개인이 아니라 집단이, 일시적이 아니라 비교적 오랜 기간 견지하고 있던 것이라는 점에서 광범위하다.

감정의 구조가 '심층적'이라는 것은 그것이 단면적이 아니라 중층적이라는 것을 의미한다. 윌리엄스는 감정의 구조가 "한 세대나 시대 내의 여러 특성들, 즉 부상하는 특성들, 연결하는 특성들, 지배적인 특성들을 발견하고 그것들의 위계로 이루어진다."고 한 바 있다.[2] 재미를 느끼는 감정의 구조 역시 여러 관계들과 그것들 사이의 위계로 이루어진 구조이다. 재미라는 감성의 구조는, 먼저 재미를 느끼게 하는 매개물인 대상과 주체의 관계에서 만들어질 수 있다. 재미는 대상이나 주체에 내재하는 것이 아니다. 활이나 책 자체에 재미가 있는 것이 아니며, 그것을 접하기 전 주체의 생각이나 느낌 속에 재미가 내재하고 있는 것도 아니다. 대상과 주체가 만날 때에 재미가 만들어진다. 활을 들고 쏘고, 책을 펼쳐 읽어야 재미가 느껴지는 것이다. 이 대상과 주체는 물론 특정한 세대와 시대의 산물들로, "특수한 사회 조직의 살아 있는 결과"라고 할 수 있다. 또한 재미로서의 감정의 구조는 대상과 주체의 관계뿐만 아니라 주체와 주체의 관계에서도 만들어진다. 사대부의 재미와 평민의 재미, 여성의 재미와 남성의 재미는 다르다. 그러나 이것들은 독자적으로 존재하는 것이 아니라 주류/비주류, 우월/열등 등의 위계를 가지며 재미의 향유 과정에 관여한다.

2 레이먼드 윌리엄스 저, 성은애 역, 앞의 책, 93~94면.

따라서 재미에 대한 기술은 이들 사이에 존재하는 가치들을 위계적으로 파악해야 한다.

광범위하고도 심층적인 재미에 대한 기술은 반드시 제도와 문화를 염두에 두고 행해져야 한다. 재미를 추구하는 것은 인간의 본원적 속성이라고 할 수 있지만 무엇을 재미있다고 보는가 하는 것은 시대 · 제도 · 문화의 산물이다. 가령 조선시대 승경도 놀이는 당시의 관직 체계에 익숙한 이들에게는 매우 재미있는 놀이였지만 현대인들은 거기에서 별다른 재미를 느끼지 못한다. 감정의 구조로서의 재미는 제도와 문화라는 물질적 관계들[3]과 영향 관계를 맺으며 생성되었다는 점에서도 '문화적'이다. 감정의 구조는 물질적 관계들을 고려하면서 파악되는 것이지만 그렇다고 해서 실제로 존재한다는 것은 아니다. 그것은 어디까지나 문화적 가설로 존재하기에 신념체계나 제도, 또는 명시적이고 일반적인 관계로 환원될 수는 없다. 이 책에서 재미를 '재구성'한다는 것은 그 작업이 가지는 가설적이고 임시적이며 우연한 성격을 강조하고자 하는 것이다. 이 책에서는 주체와 대상, 주체와 주체, 그리고 주체와 사회 · 제도의 다양한 관계 속에서 구성되는 재미의 경험을 읽어낼 것이다.

여기에서 말하는 재미는 관계 속에서 구성되는 것이면서 또 다른 한편으로 주체를 변화시키는 것이다. 반복되는 재미의 경험이 주체에게 어떤 영향을 남기는가를 언급하기 위해 이 책에서는 주체의 '정체성'을 문제 삼았다. 정체성은 시간 속에서의 변화를 담지하는 역동적 동일성을 의미한다.[4] 재미의 경험은 주체에게 시간의 경과 속에서 이전과 다른 자신을 상고하게 하는 적극적 계기가 된다.

---

3 레이먼드 윌리엄스 저, 박만준 역, 『문학과 문화이론』, 경문사, 1995, 190~192면.
4 이정우, 『주체란 무엇인가』, 그린비, 2009, 37면.

주체에게 재미의 경험이 어떻게 영향을 미칠 수 있는가에 대해서는 '3. 재미로 구성되는 정체성'에서 설명하기로 하고, 여기에서는 먼저 재미를 추구하고 경험하는 독특한 감정의 구조가 일상생활의 경험과는 다른 차원에서 조직된다는 점에 대해 언급하고자 한다. 대표적인 놀이 이론가들은, 놀이가 특정 공간 안에서 이루어지는 것이라는 데 주목한 바 있다. 호이징가가 지적하는 놀이의 특징은, 자유로우며, 본래의 삶과는 거리가 있고, 정해진 시간과 공간의 한계 속에서 행해지는 것이다.[5] 로저 카이와(Roger Caillois) 역시 여섯 가지 놀이의 성격 가운데 하나로 놀이가 명확한 시간과 공간의 범위 내에 한정되어 있다는 점을 지적한다.[6] 일상과 구분지어지는 명확한 시공간에서 놀이 경험을 반복할 때, 놀이 이전의 주체와 이후의 주체는 다르게 구성된다. 이렇게 체험되는 놀이 혹은 유희에 대해 기존 논자들은 '재미'보다는 좀 더 학문적으로 여겨지는 명칭을 부여했다.

2. 통속성(대중성), 쾌락과 재미

문학에서 '재미'에 대한 연구는 다양한 장르에서 '통속성(대중성)' 연구로 논의된 바가 있다. '통속성(대중성)'이라는 용어는 텍스트에서 도출한 의미항들의 분류를 위해 주로 사용되었다. 가령 장순조는 사설시조의 '통속적' 성격을 '일탈성', '관능성', '유흥성', '개방성'에서 찾는다.[7] 한명연은 신문소설의 '통속적' 성격을 '모방 반복성', '선정성', '도식성(관습성)', '감상성'

5 J. 호이징가 저, 권영빈 역, 『놀이하는 인간』, 기린원, 1989, 7~23면.
6 로저 카이와 저, 이상률 역, 『놀이와 인간』, 문예출판사, 1994, 25~34면.
7 장순조, 「사설시조의 통속문학적 성격」, 숙명여자대학교 박사학위논문, 1999.

에서 찾기도 한다.[8] 박성봉은 일반 대중들이 관심을 갖는 통속성의 범주로 '웃음의 해학성', '성의 관능성', '표현의 선정성', '몽상의 환상성', '눈물의 감상성'을 든다.[9] 여기에서 언급된 통속성의 분류는 대상이 가지는 성격에 초점을 맞추어 이루어진 것으로, 흥미를 끄는 내용적 요소들에 대해 분절한 것이다. 통속성(대중성)에 대한 연구는 주체와 대상의 상호작용이라는 측면보다는 대상이 가지는 내용에 초점을 맞추어 이루어지고 있다. 통속적 텍스트를 반복적으로 탐독하는 주체들이 그러한 경험을 통해 어떤 정체성을 가지게 되는가 하는 것은 통속성 관련 기존 논자들의 관심사가 아니었다.

앞서 언급한 것처럼, 통속성(대중성)에 대한 기존 논의는 일반론보다는 대상 텍스트의 특성을 규명하는 데 관심을 가지고 진행되었다. 개별 장르나 텍스트론이 아니라 흥미를 일으키는 제반 요소들에 초점을 맞춘 논문으로는 심우장의 것이 있다. 심우장은 설화의 구성 · 주제 · 형식 · 언어의 차원에서 해당 설화가 어떻게 흥미를 유발시키는가를 연구하였다.[10] 이는 텍스트를 중심으로 흥미를 일으키는 내적 요소와, 각 관계를 연구했다는 점에서 흥미의 랑그에 대한 논의라고 할 수 있다. 물론 재미를 야기하는 텍스트 내적 요소들도 중요하다. 그러나 재미는 한 시대와 세대의 감정의 구조로, 향유 주체들이 기반하는 제도와 사회에 대한 연구와 함께 이루어져야 한다. 주체들이 무엇을 재미있다고 여기는가에 따라 텍스트의 동일한 요소에 대한 반응이 달라질 수 있기 때문이다.[11]

---

8 한명연, 「1930년대 신문소설 연구: 소설론 및 소설의 '통속' 수용을 중심으로」, 홍익대학교 박사학위논문, 1996.

9 박성봉, 『대중예술의 미학』, 동연, 1995, 323면 이하.

10 심우장, 「설화의 흥미 연구 시론」, 서울대학교 석사학위논문, 1994.

11 그 점에서 본 저서는 재미의 랑그에 대한 연구가 아닌 파롤에 대한 연구라고 할 수 있다. 여기에서 '재미'라는 용어를 사용하는 것은 인간의 내적 즐거움과 문화가 긴밀한 관련이 있다

재미에 대한 연구가 좀 더 활발하게 진행된 것은 국외에서이다. 여기에서 재미에 대한 연구는 '내적 즐거움'을 분류하는 방식으로 행해졌다. 게임 디자이너 마크 르블랑(Marc Leblanc)은 재미를 감각적 쾌락, 가공의 믿음, 드라마, 장애, 사회적 구조, 발견, 자기 발견과 표현, 포기의 여덟 가지 유형으로 분류했다. 감정 및 표정 연구가인 폴 애크먼(Paul Eckman)은 말 그대로 수십 가지의 서로 다른 감정들을 파악하면서 재미를 연구했다. 니콜라자로(Nicole Lazzaro)는 게임을 하는 사람들을 관찰하면서 게임자의 얼굴에 나타나는 감정을 깊은 재미, 가벼운 재미, 변화된 상태인 인간적 요인 등 세 가지로 분류했다. 라프 코스터(Raphael Koster)는 이 모든 것을 재미로 묶으면 오히려 의미가 사라져버린다고 하면서 정신적으로 문제를 정복한다는 의미로만 재미라는 단어를 사용한다.[12]

재미와 비슷하면서도 다른 용어로 '쾌락'이 있다. 정신분석학을 비롯해서 쾌락에 대해 연구한 기존 논의의 양은 무궁무진하다. 쾌락과 재미는, 둘 다 긍정적인 반응을 산출하는 심리적 자극에 의해 동기화되는 것이 사실이다. 그러나 라프 코스터가 잘 정리한 것처럼, 단순한 쾌락주의적인 모델로는 재미와 같은 행동의 범위를 설명하기 부족하다. 쾌락은 기본적인 욕구(성욕 · 수면욕 · 식욕 등)의 만족과 관련이 있으며, 쾌락의 충족은 비교적 단순한 과정이라고 할 수 있다. 반면 재미는 반복적이어서 거의 자동적인 행동에서부터, 어떤 사람의 육체적 · 지적인 잠재력을 최대한 이용하도록 요구하는 복잡한 활동에 이르기까지 연속체를 이룬다.

이 저서에서 다루고자 하는 재미는 쾌락처럼 인간의 기본적 욕구에 기반한 것이라기보다는 문화에 기반한 것이다. 이 책은, 주체가 대상을 통

는 것을 전제로 한다.

12 라프 코스터 저, 안소현 역, 『재미이론』, 디지털미디어리서치, 2005, 104면.

해 경험하게 되는 내적 즐거움으로서의 재미를 다루기는 하지만, 그것들의 종류를 '분류'하거나 '명명'하기보다는 관련되는 제반 문화적 요소들과의 관계를 밝히는 데 목적이 있다는 점에서 기존 연구들과 차별성을 가진다. 이 책의 관심사는, 텍스트나 장르 혹은 인간의 본성에 내재하고 있는 개별적이고 고정적인 재미가 아니다. 이 책은, 특정 사회와 제도의 산물인 주체가, 마찬가지로 특정 사회와 제도의 산물인 대상을 향유함으로써 만들어지는, 과정적이면서도 유동적인 재미를 다룬다. 이 재미는 사회와 제도가 바뀌면 달라질 수 있다는 점에서, 제도와 사회의 산물인 주체와 대상 사이의 관계, 주체와 주체 사이의 관계를 통해 만들어진다는 점에서 과정적이며 유동적이다.

사람에 따라 재미를 느끼는 활동은 다르다. 이 책에서는 앞서 언급한 것처럼 1차적인 대상으로, 재미를 느끼는 활동의 향유에 대해 다루고자 한다. 우리는 흔히 재미를 느끼는 활동으로 취미를 떠올린다. 취미의 종류를 특수한 것과 보편적인 것으로 양분하기는 어렵다. 그 경계에 있다고 생각되는 많은 행위들이 있기 때문이다. 그러나 모든 취미들의 항목을 특수한 취미와 보편적 취미로 양분하기는 힘들어도, 좀 더 특수하게 향유되는 취미와 좀 더 보편적으로 향유되는 취미를 범박하게 나누어 볼 수는 있다. 가령 앵무새 기르기처럼 소수 양반들에 의해 향유된 특수한 취미와, 책읽기처럼 보다 많은 양반들을 비롯, 다른 계층들에서도 향유된 보편적 취미의 구분이 가능한 것이다.[13] 물론 앵무새 기르기 같은 특수한 취미에도, 시대와 세대의 감정의 구조가 작동하고 있었을 것이다. 그러나 이 책에서 다루는 대상은 개인적이고 특수하기보다는 집단적이며 보편적

13 1부에서 잡록의 독서라는, 개인적 취미를 다룬다고 하였지만, 그것은 개별적으로 이루어지는 활동이라는 점에서 개인적인 것이지 실제로는 많은 양반들에 의해 향유되었다는 점에서 보편적 · 사회적인 것이다.

이다.

물론 재미를 느끼는 대상은 놀이뿐만 아니라 일일 수도 있다. 그러나 이 책에서는 사람이 재미를 느끼는 대상 가운데 경제적 · 사회적으로 외적 보상이 없는 행위들에 대해서 연구한다. 물질의 획득이나 신분의 상승 같은 외적 보상을 목적으로 한 행위에서 재미를 느낄 수 없는 것은 아니다. 분명 어떤 이는 과거 공부를 하면서 재미를 느낄 수도 있었을 것이다. 그러나 이 책에서 외적 보상이 없음에도 불구하고 지속되는 행위를 연구 대상으로 삼는 것은, 그 행위의 특징과 의의를 잘 드러낼 수 있다고 보기 때문이다.

외적 보상이 없는 행위를 연구한다는 점에서 이 저서의 연구 대상은 신은경이 말한 '동양의 놀이'의 외연보다는 한정적이다. 신은경은 한자문화권에서 '놀이'의 개념은 호이징가나 카이와가 말하는 '놀이'(play, game) 또는 실러(Friedrich von Schiller)가 말하는 '유희'(遊戱)의 개념과 통하는 부분도 많지만, '道에 나가는 것', '진리를 추구하는 것' 등 심각하고 진지한 지적 작용까지를 포괄하고 있다고 하였다. 즉 서양의 경우 감각적이고 구체적 · 정서적인 측면에 걸친 '놀이' 개념을 가지고 있다면, 동아시아의 놀이는 감각적 · 정서적 · 구체적이며, 나아가 '관념적'이고 '형이상학적'인 영역까지 포괄한다는 점에서 더 광범하다고 할 수 있다.[14] 동양의 놀이가 관념적이고 형이상학적 특성, 즉 심각하고 진지한 지적 작용까지 지향한다고 할 때, 본 연구의 대상에서 일단 진리 추구와 관련되는 유희적 측면은 배제된다. 그것은 유희 자체의 즐거움보다는 정신적 · 물질적 외적 보상을 전제로 할 수도 있기 때문이다.

조선시대에서 외적 보상이 관여하지 않는 활동의 구체적인 예로는, 과

14 신은경, 『풍류: 동아시아 미학의 근원』, 보고사, 1999, 69면.

거를 전제하지 않는 독서 · 격구 · 바둑 등의 행위가 있을 것이다. 우리는 이런 행위들을 '취미'라고 한다. 이 용어는 근대에 등장한 것이다.[15] 이것들을 지칭하는 당대의 대표적 용어는 "여기"(餘技)이다. 본 저서에서 재미를 느끼는 감정의 구조를 연구할 때 그 구체적인 대상은 조선시대 양반들의 취미, 즉 여기가 된다. 나는 때로는 여기들에 대해 유희 혹은 놀이라고 범칭하기도 하였다. 그러나 이것들은 어디까지나 향유 혹은 체험의 대상으로서 성격을 가지는 것에 대한 명명이다. 그러한 대상이 주체에게 야기하는 어떤 느낌, 즉 감정의 구조에 대해서는 '재미' 혹은 흥미라고 명명한다.

최봉영은, "양반들이 일 이외의 방식으로 심신의 힘을 발산"할 수 있었던 통로, 즉 여기의 종류를 성적 쾌락, 음주의 쾌락, 정신적 쾌락으로 구분한다.[16] 이 세 가지는 양반들의 대표적인 여기라고 할 수 있으나 사실 이 세 가지가 완벽하게 구분되는 것은 아니다. 잘 알려진 것처럼 양반들은 술자리에서 기생들에 대한 성적 탐닉을 즐기기도 했으며 시서(詩書)를 나누기도 했다. 대신 이 책은 일단 정신적 여기와 육체적 여기를 구분하고자 했다. 이 책의 1부에서는 정신적 여기를, 2부에서는 육체가 개입되는 여기를 다룬다. 1부에서 구체적 연구 대상은 잡록의 독서이며, 2부에서는 기생놀이, 음주, 승경도 놀이, 성소화의 향유이다. 승경도 놀이를 비롯해서, 2부의 일부 내용들은 민속학적 · 인류학적 관심사와 상통하기도 한다. 그러나 이 책은 놀이의 종류나 방법을 객관적으로 소개하는 것에

15 '취미'라는 용어가 조선에서 사용된 계기는 1906년경 일본이 조선의 왕궁을 '취미 대상'으로 삼아 박물관 계획을 시도하면서부터이다. 이현진, 「근대취미와 한국 근대소설 관련 양상 연구」, 경희대학교 박사학위논문, 2004, 27면.

16 세부적으로는 다음과 같다. ① 성의 쾌락을 즐길 수 있는 첩 문화, 기생 문화, ② 음주의 쾌락을 즐길 수 있는 술 문화, ③ 문사로서 정신적 쾌락을 누릴 수 있는 문학 · 서예 · 회화와 같은 예술. 최봉영, 「놀이문화와 한국인의 사회적 성격」, 국제한국학회 저, 『한국문화와 한국인』, 사계절, 1998, 37면.

초점을 맞추지 않았다. 민속놀이의 구체적 양상이나 방법도 중요하지만, 더 중요한 것은 그것들을 향유하던 주체들이 그러한 활동을 통해 어떤 재미를 구성했는가 하는 점이다.

3. 재미로 구성되는 정체성

본 저서에서 다루고자 하는 재미라는 감정의 구조는 외적 보상이 없는데도 불구하고 다수의 사람들에 의해 자발적으로 행해졌던 활동, 특히 조선시대의 여기를 그 대상으로 삼는다. 칙센트미하이(Csikszentmihalyi)는 개인적이고 생물학적이며 심리학적 측면에서 재미의 특성에 대해 언급하였다. 칙센트미하이는 재미를 느끼는 핵심적인 특징을 '흐름'(flow)이라는 용어로 설명한다. 흐름은 "그 속에서 어떤 의식적인 간섭도 필요로 하지 않는 것 같은, 어떤 통합적 논리에 따라 행동이 행동에 이어지는 상태"[17]이다. 이때 사람은 매우 집중하고 몰두한 상태여서 평소에 느끼던 행위자와 행위 사이의 틈이 사라진다. 의식적으로 노력하지 않아도 자연스럽게 해야 할 일을 하게 되는 것이다. 일반적으로 사람들은 이 상태에 빠져 있을 때 방해받기를 싫어한다. 그러면 마법이 풀리듯 일상적인 의식으로 되돌아가기 때문이다.[18]

그의 흐름 이론에서 주목해서 봐야 할 지점은 그것과 자아의 관계이다. 그에 따르면, 행동에서 행동으로 자연스럽게 이어지는 이 흐름은 자아의 상실을 전제한다. 자아는 일반적으로 어떤 행동을 해야 할지 말아야 할지

17 빅터 터너 저, 이기우 · 김익두 역, 『제의에서 연극으로: 인간이 지니는 놀이의 진지성』, 현대미학사, 1996, 93면.

18 미하이 칙센트미하이 저, 김우열 역, 『몰입의 재발견』, 한국경제신문, 2009, 265~266면.

를 협상하는 역할을 하는데 흐름 속의 행위에는 그런 중개적 자아의 존재가 필요하지 않게 된다는 것이다. 그에 따르면, 자신의 행동을 인식하고 중재하는 반성성(reflexivity)이 부재하는 상태가 바로 흐름이 되는 것이다. 이후에 칙센트미하이는 흐름이라는 용어를 '몰입'이라는 용어로 바꾸어 부른다.[19] 몰입은 하나의 행동이 또 다른 행동을 자연스럽게 불러오는 체험이며 반성적 의식이 개입하지 않는 체험이기에 내가 하고 있는 행동 자체에 대한 인식이나, 어떤 행동을 해야 할지 말아야 할지에 대한 자아의 판단이 불필요한 상태이다. 칙센트미하이에 따르면, 재미는 몰입을 창출하는 경험이며, 이러한 경험은 자아를 잊는 것으로 특징지어진다.

그럼에도 불구하고 반복적인 몰입의 경험은 자아의 변화를 초래한다. 경험이란 우선은 "겪음"이다. 이정우에 의하면 주체는 살아가는 한 끝없는 겪음('파토스')에 처한다. "사물들에 대한 지각, 타인들과의 만남, 특정한 사건들과의 부딪침, 어떤 일에서의 성공과 실패, 더 넓게 말해 특정한 사회와 시대에 태어남, (근본적으로 볼 때) 인간으로서 태어남 [……] 이 모두가 겪음이고, 처-함이고, 닥쳐-옴이다. 시간과 장소, 타자들과 사건들이라는 근본 구조—생성하는 구조—에서 겪어-감이 살아-감이다."[20] 태어남부터 시작되는 인간의 경험은 모두 주체를 형성하는 계기가 되는 것이다. 그 가운데에서도 재미의 경험은 매우 중요하다. 칙센트미하이의 말에 따르면, "그러한 경험을 겪을 때마다 우리는 과거와 달라진다. 자신

---

19 칙센트미하이의 주장을 염두에 두면서, 놀이를 연구한 연행 이론가들은 몰입을 하게 되는 동안 반성성이 사라지게 된다는 점에 주목했다. 몰입에는 반성성과 대조되는 측면이 있다. 쉐크너 역시 연극과 제의의 차이를 언급하면서 몰입과 반성성의 차이를 이용한다. 그는 제의의 공연자가 영매 상태에 있는 반면 연극의 공연자는 자신의 행위를 의식하고 있다고 하였다. Richard Schechner, *Essays on Performance Theory*, Drama Book Specialists Publish, 1977, pp. 91~92.

20 이정우, 『주체란 무엇인가』, 그린비, 2009, 37면.

이 누구인지에 관한 정보가 개정되는 것이다. 일례로 자전거를 탈 줄 알게 된 아이는 자기가 두발자전거를 정복했으니 어른에 더 가까워졌다는 생각으로 자부심을 느낄 수 있다."[21] 아이는 두발자전거를 타는 동안 몰입하여 자아를 잊어버릴 것이다. 그러나 몰입의 순간에서 벗어나게 되면, 반복적인 몰입의 결과에 대해, 자아의 변화라는 관점에서 언급할 수 있다. 반복되는 여기의 경험이 주체에게 미치는 영향은 미미할 수도 있고 중차대할 수도 있지만 중요한 것은 바로 변화를 가져온다는 지점이다. 반복되는 여기 경험의 가치와 의의는 자아에 대한 인식의 문제, 즉 정체성의 문제로 다루어져야 한다.

이 정체성은 먼저 자아와 내상 사이의 관계를 통해 구성된다. 몰입의 경험은 구체적인 대상과의 관계를 통해 만들어진다. 그 대상은, 책 · 활 · 바둑 · 연 등이 될 수 있다. 주의를 기울이는 대상은 자아를 구성하는 데 중요한 요소로 작용할 수 있다. 우리가 어디에 관심을 기울이는가 하는 것은 사소한 문제가 아니기 때문이다. 칙센트미하이는 "우리는 자신이 관심을 기울이는 것과 하나다."라고 말한다. 그는 자아가 본질적이며 선험적인 것이 아니라 우연적 구성물이라는 것을 전제하면서 몰입의 과정에서 이루어지는 자아 형성에 대해 언급한다. "자아가 우리 의식을 거쳐 가는 모든 것을 포용한다면, 우리가 오랫동안 주의를 기울이는 것이 자아를 형성한다는 결론에 이른다." 그는 동아프리카 누에르족의 예를 들면서 "그 부족의 남성들은 쉬지 않고 무기에 관심을 기울임으로써, 자신이 호전적이고 대단히 위험한 존재라는 것을 인식했다. 그리하여 이 정보가 자아의 핵심적인 부분이 되었다."[22]라고 하였다.

21 미하이 칙센트미하이 저, 김우열 역, 앞의 책, 336면.

22 미하이 칙센트미하이 저, 앞의 책, 312~313면.

칙센트미하이의 논의에서도 암시되었던 것처럼 대상에 대한 몰입이 주체를 구성하는 일부가 되기 위해서는 반복이 필요하다. 팀 에덴(Tim Edensor)서도 '습관'과 같은 반복이 정체성 형성에서 아주 중요한 역할을 한다는 점을 강조한다. 반복되는 경험과 무의식적인 습관이 없다면 그 경험에는 일관성이 주어지지 않을 것이며 세계를 이해하는 시간적 틀도 존재하지 않을 것이기 때문이다.[23] 일회적인 몰입이 아니라 반복되는 몰입 행위들에서 각각의 경험은 모두 정체성을 형성하는, 사소하지만 중요한 계기가 된다.

자아가 반복적으로 집중하는 대상은 자아의 정체성을 구성하는 하나의 요소가 된다는 점과 함께, 본 저서에서 정체성을 연구하는 또 다른 이유가 있다. 여기의 향유가 '관계적'으로 이루어지기 때문이다. 조선시대에는 신분에 따라 향유할 수 있는 여기가 따로 있었으며, 신분에 따라 여기의 향유 방식이 다르기도 했다. 규범화된 여기의 향유 방식이 아니라 하더라도 개인들은 자신들이 즐기는 일에 가치를 부여할 때에도 그것을 자신의 다른 즐거움이나 다른 사람의 즐거움과 비교하곤 했다. 이는 여기의 향유가 다른 주체들의 활동과 관계해서, 그리고 한 주체의 다른 활동과 관계해서 이루어지는 활동임을 시사한다. 그렇다면 여기를 향유하는 개인의 내적 요소를 탐구할 때에도 개인과 개인의 관계적 측면과, 한 개인의 다른 활동과의 관계적 측면에 집중할 수 있어야 한다. 정체성은 '나'와 타자가 맺고 있는 다양한 상호관계와 역할을 중시한다는 점에서 여기의 향유가 개인의 내적 요소에 미치는 영향을 탐구하기에 적절하다고 할 수 있다.

정체성은 '나'와 타자가 맺고 있는 다양한 상호 관계에서 구성되기 때

23 팀 에덴서 저, 박성일 역, 『대중문화와 일상, 그리고 민족 정체성』, 이후, 2008, 232~233면.

문에 정체성이 기본적으로 개인적인 것인가 혹은 사회적인 것인가에 대해서는 논란의 여지가 있다. 이러한 논란을 해결하는 것은 본 연구에서 특히 중요하다. 개인의 정체성을 탐구한다는 연구 방법의 설정은, 사회적 감수성으로서 재미라는 감정의 구조를 연구한다는 저술의 목적과 괴리를 보이는 것처럼 생각되기 때문이다. 이 둘 사이의 거리를 메우기 위해서는 본 연구에서 다루는 정체성의 성격에 대해 좀 더 언급해야겠다.

버거(Berger)는 개인적 정체성과 사회적 정체성을 구분하는 어려움에 대해 언급하면서도 사회 · 문화적 맥락을 떠나서는 정체성의 형성에 대해 생각할 수 없다고 본다.[24] 스튜어트 홀(Stuart Hall)에 의하면, 이러한 사회학적 관점은, 정체성이 '내부'와 '외부'—개인적 세계와 공적 세계— 사이에 있는 틈을 연결해준다는 장점이 있다. 사회학적 관점은, 주체와 그들이 살고 있는 문화적 세계를 모두 인정한다. 이때 개인의 정체성과 사회적 정체성은 서로 조화될 수 있는 것인데, 이런 조화가 가능한 것은, "개인이 사회 · 문화적 세계에서 차지하는 객관적 위치에 주관적 감정을 일치시키기" 때문이다.[25] 사회학적 관점의 정체성 논의를 참조하면, 개인들이 구성하는 것처럼 보이는 정체성에는 그들을 둘러싼 객관적 조건으로서의 사회 · 문화적 정황이 포함되기 마련이다. 다시 말하면 정체성이라는 용어는 개인적인 것처럼 보이지만, 거기에는 이미 주체가 처한 사회 · 문화적 정황이 반영되어 있다.

고프만(Goffman)이 잘 지적하였듯이, 어느 사회나 사람들을 범주화하는 방법이 있으며 각 범주에 속하는 사람들이 당연히 갖고 있다고 생각되는 일반 속성 또는 기질들을 확립해놓는다. 사회적 환경에 따라 어떤 범주의

24 버거 저, 이상률 역, 『사회학으로의 초대』, 문예출판사, 1995.

25 스튜어트 홀, 「문화적 정체성의 문제」, 전효관 외 역, 『모더니티의 미래』, 현실문화연구, 2000, 324면.

삶들을 마주치게 될지가 정해지기도 한다. 기존 환경에서 일상적인 사회적 교류가 이루어질 때는 특별한 주의나 생각 없이 예상되는 상대를 만날 수 있다. 그러나 낯선 사람이 우리 앞에 나타날 때 우리는 첫 모습을 보고 그가 속한 범주의 속성, 즉 그의 "사회적 정체성"(social identity)을 예측할 수 있게 된다. 여기에는 "직업"과 같은 사회구조적 속성뿐 아니라 "정직함"과 같은 개인적 속성도 포함되기 때문에 "사회적 지위"(social status)보다는 "사회적 정체성"이라는 용어가 더 적절하다.[26]

이 책에서 구성하고자 하는 정체성은 이른바 '양반들'의 것이다. 이들은 때로는 시대적 · 정치적 역할에 따라 훈구 · 사림 · 벌열 · 사대부 등 각기 다른 명칭으로 명명되기도 하였다. 그러나 여기에서 그들을 '양반'이라는 용어로 통칭하고자 하는 것은 그들의 사회적 정체성이 그러한 세부적 지칭을 넘어서는 어떤 '속성'을 가지는 것으로 보기 때문이다. 본 논의에서 사용하는 정체성은 자아가 원래부터 가지고 있던 본질적인 것이라기보다는 몰입의 과정을 통해 형성된 구성적인 것이며, 논의의 주체 혹은 자아는 개인이 아니라 조선시대 남성이며, 신분적으로 상층이라는 공통 '범주'를 가진다.[27]

---

26 어빙 고프만 저, 윤선길 · 정기현 역, 『스티그마』, 한신대학교 출판부, 2009, 14~15면.

27 내가 어떻게 '나'라는 정체성을 획득할 수 있는가라는 현대의 주체성 논의는 주체가 집단적인 것인가 아니면 개인적인 것인가, 근본적 특징이 고정된 본질인가 아니면 불완전한 사회적 효과인가에 따라 네 가지로 나타난다. 다시 말해 주체가 개체인가 아니면 범주인가, 주체에 내적 본질이 있는가 아니면 외적 효과만 있는가에 따라 주체를 바라보는 시각이 분류되는 것이다. 집단적 범주/개별적 개체, 본질주의(essentialsm)/구성주의(constitutivism)의 분류에 따라 주체는 본질주의적 집단, 구성주의적 집단, 본질주의적 개인, 구성주의적 개인이라는 네 가지 양상으로 나타난다. 어떤 주체 위치를 택하느냐에 따라 주체는 본질적 핵심을 가진 적극적이고 능동적인 집단이나 개인이 되기도 하고, 수동적이고 피동적인 입장에 놓인 집단이나 개인으로서 당대 이데올로기의 이차적 효과로 나타나기도 한다. 조현준, 『주디스 버틀러의 젠더 정체성 이론』, 한국학술정보, 2007, 10~11면. 이 책에서 언급하는 정체성은 구성주의적이며, 집단적 정체성에 가깝다.

대상에의 몰입을 통해 형성되는 정체성의 세부적 구성요소들에 대해 파악하는 과정에서는 기호학이 중요한 역할을 할 것이라고 본다. 기호학은 의미를 취하기 위해서 주체들에 의해 의식적으로 또는 무의식적으로 작동하는 가치가 무엇이며 그 가치가 어떤 식으로 부여되는가를 파악하게 해준다. 또한 기호학은, 핵심적인 약호와 함께 상호 작용하는 부수적 약호에 관심을 기울이게 함으로써 해석의 세밀함과 다양성을 고려하면서도 약호들의 관계를 위계화하기에도 유용하다. 또한 2부에서, 유희에 관한 인류학과 민속학의 실증적 연구 성과들을 참고할 때에도 기호학은 의미 있게 이용될 것이다. 기호학적 약호를 해석하는 과정은, 우리에게 친숙한 '재미'가 사실은 관습에 의해 성해진 자의적인 것임을 밝히는 과정이기도 하다. 기호학은 우리 안에 내면화되어 있는 재미를 느끼는 관습을 탈자연화(denaturalization)함으로써 그것들을 비판적으로 보는 데에도 효과적인 시각을 제공할 것이다.

여기에서 사용되는 기호학적 약호에 대해서 언급하기 전에, 먼저 1부와 2부의 각기 다른 위상에 대해 분명하게 할 필요가 있겠다. 1부와 2부 모두에서 조선시대 잡록은 중요한 텍스트이다. 1부에서는 잡록 자체의 독서가 어떻게 도덕적 가치를 중심으로 하면서 재미를 확보하게 되었는가를 살펴볼 것이다. 2부에서는 잡록의 내용들 가운데 양반들의 취미생활을 중심으로 살펴볼 것이다. 1부와 2부에서는 모두 유희가 중요한 대상이지만, 1부에서는 유희가 귀속점으로, 2부에서는 유희가 출발점으로 기능하는 셈이다. 1부에서는 잡록의 독서에 대한 기록을 통해 잡록 읽기가 어떤 재미를 구성하는가를 알아보고, 2부에서는 유희가 구체적 내용으로 나타나는 잡록의 텍스트들을 대상으로 그것이 구성하는 재미가 어떻게 혹은 어떤 정체성을 형성하게 되는가를 살피기 때문이다. 즉 1부의 주된 목적이 잡록 읽기가 구성하는 재미에 놓여 있다면, 2부의 주된 목적은 재미가 구성하는 정체성에 맞추어져 있다. 보는 관점에 따라서, 1부는 재미가 무엇인가에 대한 연구로, 2부에 대한 메타적 틀이라고도 할 수도 있다. 이 틀은 2부의 구체적 내용을 통해 반추될 수 있다.

제1부
양반들의 유희적 독서

제1장
잡록의 세 가지 가치 혹은 재미: 진 · 선 · 미

1. 잡록의 세 가지 가치 혹은 재미

조선시대 경서를 중심으로 하는 독서는 학문적 성취 혹은 과거의 급제를 염두에 두는 목적적 독서였다고 할 수 있다. 조선시대, 그렇지 않은 독서를 찾아볼 수 있을까? 아마도 잡록 읽기는 학문적 성취나 과거 급제 같은 외적 보상이 뒤따르지 않았던 독서였을 것이다. 외적 보상이 따르지 않는 독서는 그것이 아무리 유희적인 것이라 하더라도, 도덕적 가치와의 관계 속에서 이루어졌다. 조선시대 유희적 독서에 대한 분석 역시 도덕적 가치와의 관계 속에서 진행할 수밖에 없다.

조선시대 '도덕적 가치'는 어떤 것이었을까? '도'(道)는 '당연지리'(當然之理) 또는 '당행지로'(當行之路)를 말하는 것이므로 사람이 사람으로서 마땅히 행해야 할 길을 의미하는 말이다. 또한 '덕'(德)이라는 것은 '도'를 행해 나가는 가운데 마음에 터득되는 것을 의미하는 말이므로 결국 '도'(道)에 상응하는 의미를 지닌 말이다. 따라서 도덕론은 문장이 도덕, 곧 삶의 참된 도리(道理)를 보여주는 알찬 내용을 담아야 한다는 이론인 동시에 그러한 알찬 내용을 담기 위해 작가 또는 시인이 취해야 할 태도, 곧 올바른 작가정신이나 시정신을 논하는 이론이다.[1] 문장은 도(道)를 나타내는 그릇이므로 도를 나타내는 문장이 참된 문장이라는 문학관에서 비롯된 도덕론들은 결국 한마디로 문이재도론(文以載道論)으로 요약된다.[2] 이 문이재도론의 글쓰기의 지침은, 전통적 글쓰기뿐만 아니라 글 읽기에서도 통용되었다. 도덕적 가치는 글쓰기와 글 읽기 모두에서 다른 가치들보다 중요한 것으로 생각되었다.

그러나 텍스트에서 발견될 수 있는 가치는 도덕적 가치 외에도 다양하다. 웨인 부스(Wayne Booth)는 도덕적 가치를 포함해서 텍스트에서 발견 가능한 가치들을 세 가지 범주로 나누었다.

① **지적**(intellectual) **또는 인식적**(cognitive) **가치**. 우리는 "사실들", 올바른 해석, 올바른 이유, 올바른 기원, 올바른 동기, 인생 자체에 관한 진리 등에 대해 강력한 지적 호기심을 가지고 있거나 갖게 될 수 있다.

② **특성적**(qulitative) **가치**. 우리는 어떤 완성된 패턴이나 형식을 보고 싶어 하는, 또 어떤 종류의 것이든 그 특성의 발전을 경험하고 싶어 하는, 강력한 욕구를 가지고 있거나, 갖게 될 수 있다. 이러한 가치는 특성적(aesthetic) 가치라고 부를 수 있다.

③ **실제적**(practical) **가치**. 우리는 우리가 사랑하거나 미워하는 사람, 존경하거나 혐오하는 사람들의 성공이나 실패에 대하여 알고 싶어 하는 강력한 욕망을 가지고 있거나, 갖게 될 수 있다. 우리는 이것을 인간적 흥미라고 부를 수 있다.[3]

이 '가치'는 서사를 읽어나갈 때 느끼는 재미와 관련된다. 실제로 웨인

---

1 정요일, 『한문학비평론』, 집문당, 1990, 7면.

2 정요일, 앞의 책, 42면.

3 웨인 부스 저, 최상규 역, 『소설의 수사학』, 새문사, 1985, 160면.

부스 역시 이 가치들을 '흥미'로 바꾸어 부르기도 한다. '가치'가 어떻게 '재미'가 될 수 있는가? 재미란 앞서 언급한 정의에 따르면 몰입을 창출하는 행위이다. 우리가 몰입하는 대상은 어떤 점에서든 몰입할 만한 가치를 가진다. 그것은 세 가지 범주로 나누어 볼 수 있는데, ① 지적 호기심을 유발하는 것—진(眞)의 영역, ② 특성적 욕구를 충족시키는 것—미(美)의 영역, ③ 성공과 실패에 대해 알려는 욕망—선(善)의 영역이 그것이다. 이 세 가지는 서로 확연히 구분되는 영역이기보다는 경계가 불분명하고 때로는 교차하기도 하는 유동적인 영역이다. 실제 독서에서 세 가지 가치 혹은 재미를 칼로 자르듯 구분하기는 어려울 것이다. 다만 각 가치들의 범주를 세부적으로 규정하고 이것들의 관계를 파악한다면, 세 가지 가치들은 조선시대 잡록의 서발문(序跋文)을 읽어내는 하나의 도구, 즉 읽기의 약호가 될 수 있을 것이라고 본다.

이 책에서 '유희적 독서'를 언급하는 것은, 이 세 가지 약호 가운데 특성적 약호와 인식적 약호를 특히 강조하기 위해서이다. 물론 독서를 하면서, "사랑하거나 미워하는 사람, 존경하거나 혐오하는 사람들의 성공이나 실패"에 대해 알고 싶어 하는 도덕적 호기심을 갖는 것 역시 텍스트를 유희적으로 향유하는 것일 수 있다. 그러나 이 책에서 실제적 약호 혹은 도덕적 약호보다는 다른 두 가지 약호에 더 관심을 가지는 것은 그것이 조선시대 내내 소외된 약호였다는 데 주된 이유가 있다. 조선시대의 모든 장르의 텍스트를 막론하고, 이 세 가지 약호들 사이에는 분명한 위계가 발견된다. 조선시대는 실제적 가치 혹은 도덕적 가치를 다른 어떤 가치들보다 중요시했던 시대였다. 당시에 특성적 가치와 인식적 가치의 위상은 낮을 수밖에 없었다. 이 책에서 조선시대 유희적 독서에 대한 연구는, 특성적 가치와 인식적 가치가 가지는 구체적 내용과 위상을, 도덕적 가치와의 관계 속에서 재구성하는 데에서부터 시작한다.

누차 강조하였듯이, 재미를 추구하는 것은 인간의 본원적 속성이라고 할 수 있지만 무엇을 재미있다고 보는가하는 것은 시대 · 제도 · 문화의 산물이다. 조선시대 잡록을 읽는 것은 몰입을 야기하는 활동 가운데 하나였다.[4] 조선시대에는 비록 재미를 추구하는 활동이라 하더라도 단순한 즐거움이 아니라 대의(大義)를 위해 행해지는 것이 많았다. 타구(打毬)와 같은 신체 활동이 무예에 도움이 된다거나, 소설을 읽는 것이 풍속을 이해하게 한다는 등의 논변이 뒤따르는 경우는 흔하다. 잡록 서문에는 그것의 간행을 비판적으로 보는 가상의 객(客)과, 잡록의 유용성을 설파하는 담론적 저자의 대화가 자주 나온다. 이 대화는 잡록 역시 단순한 즐거움을 위해 생산 · 수용되는 것이 아니라 실질적 유용성 · 효용성을 가진다는 것을 보여주기 위해 설정된다. 잡록의 유용성 · 효용성은 주로 도덕과의 관계에서 마련된다. 잡록의 서문이나 발문에 나타나는 저술과 유통의 상황뿐만 아니라 유학자들의 소설에 대한 비판론 역시 역설적으로 잡록에의 몰입을 반증하는 자료들이다. 이러한 자료들은 잡록을 읽을 때에도 도덕률이 늘 작동하고 있음을 시사한다. 그렇다면 먼저, 도덕적 가치와의 관계 속에서 특성적 가치를 중심으로 하는 독서와 인식적 가치를 중심으로 하는 독서가 어떤 모습으로 이루어졌으며, 어떤 위상을 가지게 되었는가를 살펴보아야 할 것이다. 그리고 외적 보상이 따르지 않는 유희적 독서에서

4 여기에서 '잡록'이라고 하는 것은 기존 논자들에 의해 '잡기', '패관문학', '필기문학' 등으로 불리는 것이다. '잡록'이 그 가치 판단에 있어 가장 중립적이라는 생각이 들어 이 책에서는 이 단어를 사용한다. 잡록의 상위 항목과 항위 항목에 대한 논의와, 나아가 다양한 명칭의 함의에 관해서는 다음 논문들을 참고할 것. 김석하, 「잡기문학론 서설」, 『동양학』 5, 단국대학교 동양학연구소, 1975; 성기동, 「조선조 「골계류」 작품의 문학적 자리매김」, 『현산 김종훈 박사 회갑기념논문집』, 집문당, 1991; 임완혁, 「조선전기 필기연구: 조선전기 필기의 장르적 성격규명을 위하여」, 성균관대학교 석사학위논문, 1991; 김근태, 「골계작품류의 성향과 소설사적 관련 양상」, 『고소설사의 제문제』, 집문당, 1993; 이래종, 「선초 필기의 특성에 대한 고찰」, 『태동고전연구』 14집, 태동고전연구회, 1997.

독서의 주체는 어떤 정체성을 형성하게 되었는가 알아보아야 할 것이다.

본격적인 논의에 들어가기에 앞서 '잡록'과 '담론적 저자'라는 생소할 수 있는 용어에 대한 이해가 필요하다고 본다. '잡록'(雜錄)은 다른 논자들에 의해 '수필'(隨筆), '패관문학'(稗官文學), '필기'(筆記) 등 다양한 이칭으로 불렸다. 어떤 명칭을 사용하는가는 중요한데, 해당 장르의 성격 가운데 무엇을 강조하는가와 직결되기 때문이다. '수필'은 일정한 격식이 없는 자유로운 형식을, '패관문학' 혹은 '패설'은 그 소재의 습득 방식과 연원을, '필기'는 배경과 작자 의식을 중시하는 용어들이다. 각각의 용어는 글쓰기 방식, 수록 내용, 취재 연원, 형성 배경과 작자 의식 등에 각기 다른 비중을 두어 명명한 것이다.[5] 본 논의에서 '잡록'을 사용하는 것은 거기에 수록된 내용이 매우 방대하고 다양하다는 점, 그리고 그것들은 담론적 저자의 의식적 정리와 조정을 비껴갈 수 있는 가능성을 가지고 있다는 점을 강조하기 위해서이다.

텍스트가 여러 다른 목소리의 복수성에 의해 구조화되어 있다면, 그 발화에 엄밀하고 결정된 하나의 근원을 부여하기란 불가능하다.[6] 더군다나 잡록 한 편에는 풍속 · 역사 · 민담 · 일화 등등 상이한 하위 장르들이 모두 포함되어 있다. 잡록은 다양한 하위 장르가 모여 하나의 단일 텍스트를 이룬 것이다. 이런 점에서 잡록의 최종적 의미, 혹은 작가의 의식이나 의도에 대해서는 쉽게 언급하기 어렵다. 그것은 '편찬자'라고 하는 실제 저술 주체가 명시적인 의도를 가지고 텍스트 어디엔가 기입한 것이 아니다. 오히려 그것은 그가 처한 시대와 문화의 무의식적 가정들, 이데올로기들이 텍스트 내에 침입한 결과물이라고 보아야 한다. 이런 이유로 여기

5 신상필, 「15세기 筆記에서의 敍事 수용 양상」, 『한국한문학연구』 33집, 한국한문학회, 2004, 115면.

6 벵상 주브 저, 하태황 역, 『롤랑 바르트』, 민음사, 1994, 142면.

에서 편의상 '성현'(成俔) 혹은 '조위'(曺偉) 등으로 부르는 인물은 실제 작가가 아니라 '담론적 저자'로서의 의미를 가진다. 결국 이들을 실제 작가가 아니라 담론적 작가라고 보는 이유는 두 가지이다. 첫째, 잡록의 언술 주체가 본질적이고 개인적인 의식의 소유자가 아니라 가변적이며 사회적인 의식의 소유자라는 것, 그리고 특정 의미에 대한 의도적인 생산자가 아니라 의미에 대한 무의식적 생산자이자 소비자라는 것이다.

잡록의 담론적 저자(그리고 독자)가 만들어내는 유희적 독서에 대해 연구하기 위한 대상으로 이 책은 잡록의 서발문(序跋文)을 선택했다. 서문이나 발문은 본문에 대한 메타 담론의 역할을 한다. 『이아』(爾雅)에 따르면 "서(序)는 서(緖)이다"라고 하였다. '서'(序)는 또 '서'(敍)라고도 한다. 언설이나 서사(敍事)가 마치 실이 뽑아 나오듯 조리정연한 것을 모두 '서'(序)라고 부를 수 있다. 시간이 지나면서 서적이나 문장을 소개하는 글이나, 작가의 일생 · 사적을 소개하거나 저작의 동기 · 경위를 설명하거나, 저작의 내용 · 체제를 밝히고 평가하는 등의 글을 '서'라고 부르게 되었다.[7] 그러나 이 담론들은 본문을 소개하거나 설명하는 데에서 그치는 투명한 담론이 아니다. 그것들은 본문과의 균열을 통해 풍부하고 다양한 담론을 산출한다.[8] 이 책에서 서발문을 연구 대상으로 하는 것은 서발문이 본문의 다양한 내용을 일목요연하게 반영하고 있기 때문이 아니라, 잡록을 저술하는 의도를 해석하는 바탕을 제공하기 때문이다. 그렇기 때문에 이 책에서 최종적으로 언급하는 유희는 본문 읽기를 통해 마련되는 유희와는 다를 수 있겠지만 잡록의 담론적 저자들이 가지고 있던, 잡록 읽기의 긍정적

7 진필상 저, 심경호 역, 『한문문체론』, 이회, 1995, 224면.

8 송효섭은 『삼국유사』 기이편 서문과 기이편의 균열에 대해서 언급하였는데 서문과 본문이 가지는 이러한 관계는 잡록의 서발문에도 발견된다. 송효섭, 『초월의 기호학』, 소나무, 2002, 301~315면.

지향점에 기반한다. 이는 실제 본문 읽기가 창출하는 유희보다는 이상화된 것이라고 할 수 있다.

2. 휴식과 긴장의 이분법

자서(自序)의 경우도 있기는 하지만, 서발문은 지인들이 써주는 경우가 많았다. 이때 잡록의 출간을 합리화하기 위한 담론이 본격적으로 생성되는데, 잡록의 효용을 언급하는 것이 대표적인 방식이다. 잡록의 효용을 언급히기 위해서는 수로 전고(典故)가 사용된다. 여러 잡록의 서발문에서 자주 언급되는 대표적인 전고인 '이장지도'(弛張之道)를 분석하면서, 잡록의 생산과 소비가 합리화되는 지점을 살펴보도록 하겠다.

이승소(李承召, 1422~1484)가 쓴 「약태평광기」(略太平廣記)의 서(序)를 보자. 성후(成侯, 成任, 1421~1484)는 『태평광기』(太平廣記)를 축약하여 50권으로 만들었다. 이것을 이승소에게 보이고는 서문을 써달라고 하면서 "후대 사람들이 이 책을 성스럽지 못하다고 하면 어찌할까?"라고 묻는다. 이에 대해 이승소는 다음과 같이 답한다.

> 진실로 천하의 이치는 무궁하며 사물의 변화 또한 더불어 무궁하므로 한 가지 이치만 고집할 수는 없다네. [……] 먼저 육경(六經)의 도학에 밝아 정대하고 고명한 지경에 나아갔다면, 비록 가담항어(街談巷語)로서 매우 비리한 말이라 하더라고 모두 이치가 담겨 있어서 자신을 계발하는 데 도움이 된다네. 하물며 우울할 때에 이것을 얻어 보게 되면 옛 사람과 함께한 자리에서 이야기하고 웃고 농담을 나누는 것과 같아서 무료하고 불평스러운 기분이 바뀌면서 얼음이 녹는 듯하여 가슴속을 시원하게 해줄 것이다. 이것이 어찌 한 번 죄었다가 한 번 풀어주는

방도가 아니랴.[9]

여기에서 "한 번 죄었다가 한 번 풀어주는 방도"[一張一弛之道]라고 한 것은 이장지도(弛張之道)를 의미한다. 서거정(徐居正, 1420~1488)은 『태평한화골계전』의 자서(自序)에서 "'문왕 · 무왕의 이장지도(弛張之道)'를 듣지 못했는가?" 하고 객에게 묻는다. 양성지(梁誠之, 1415~1482) 역시 〈동국골계전서〉(東國滑稽傳序)에서 같은 대목을 인용한다. 좀 더 후대에는 홍서봉(洪瑞鳳, 1572~1645)이 『속어면순』(續禦眠楯)의 발문에서 이장지도에 대해 언급한다. 이렇게 '이장지도'는 서발문에서 잡록의 저작 행위를 합리화하는 대표적인 전거(典據)가 된다.

'이장지도'의 원문은 『예기』(禮記), 「잡기」(雜記) 하(下)에서 찾을 수 있는데,[10] "활을 당기기만 하고 풀지 않는 것은 문왕 · 무왕도 능히 하지 못할 것이요, 풀기만 하고 당기지 않는 것은 문왕 · 무왕도 하지 않는 일이다. 한 번 당기고 한 번 푸는 것이야말로 문왕 · 무왕의 도인 것이다"[張而不弛 文武弗能也 弛而不張 一張一弛 文武之道也]라는 구절이다.

여기에서 활을 당기고 푸는 것을 하나의 긴밀히 관련된 리듬으로 인정한다는 것을 알 수 있다. 활을 당기는 것과 푸는 것은 '嚴 · 緩, 興 · 廢, 盛 · 衰, 禮 · 非禮, 文 · 武' 등등으로 비유될 수 있으며, 여러 가지 해석이 가능한 매우 함축적인 말이다.[11] 일반적으로 활을 당기는 것[張]은 노동

9 誠以天下之理無窮, 而事物之變, 亦與之無窮, 未可以執一論야. [……] 若能先明六經之道學, 而造乎正大高明之域, 則雖街談巷語鄙俚之甚者, 皆理之所寓, 必有其子之益. 況於岑寂伊鬱之際得此而觀之 則如輿古人談笑戲謔於一榻之上 無聊不平之氣 將渙然永釋 而足疏蕩胸懷矣 斯豈非一張一弛之道乎. 이승소, 〈略太平廣記序〉, 『三灘集』 권10.

10 오춘택에 따르면 '이장지도'는 농민들로 하여금 노고와 휴식의 적당한 균형을 갖도록 하기 위한, 군왕의 통치술에서 비롯되었다. 오춘택, 「고소설의 효용과 이장론」, 『어문논집』 27집, 민족어문학회, 1987, 216면.

11 강재철, 「『논어』 장구와 관련한 고전소설 논의와 '권선징악' 이론」, 국어국문학회 편, 『고전산

[勞]과 긴장의 순간을, 활을 푸는 것[弛]은 휴식[佚]과 이완의 순간을 의미한다.[12] 긴장과 이완은 모두 사람에게 꼭 필요한 것이다. 당연한 것이겠지만, 잡록의 서발문에서는 '긴장'보다는 '이완'의 순간을 중요한 고려의 대상으로 삼았으며 적절한 휴식의 방식에 대해 구체적으로 언급하기도 하였다.

『파수록』(破睡錄) 서문을 보면, 어떤 손님이 스스로 '부묵자'(副墨子)라고 칭하는 『파수록』의 저자를 찾아와 책의 내용과 관련해 대화를 나누는 장면이 있다. 객이 묻는다. "어찌하여 권선징악[勸懲]한다는 뜻의 제목을 달지 않고 파수(破睡)라고 하였소?" 부묵자가 대답한다.

> 재여(宰予) 같은 사람은 공자 문하의 제자로서 덕행 · 언어 · 정사 · 문학에 이름이 있었거늘, 낮잠 자고 있는 것을 공자께서 몹시 꾸짖어서, '여(予)에게 어떤 벌을 주어야 하겠는가?' 하시고 또 말씀하시길, '바둑이나 장기도 있지 아니한가? 그것이라도 하는 것이 아무것도 하지 않는 것보다는 오히려 낫다'라고 하셨소. 성인께서 바둑 · 장기라도 하라고 가르치신 것은 한가롭게 놀며 배불리 먹고 하는 일 없는 것의 해로움을 강조해서 말씀하신 것이오. 이 책을 읽노라면 생각에 잠겨 혼자 웃으며 뜻을 풀이하는 가운데 봄날이 지루하다든가 여름날이 노곤하다든가 하는 것도 잊고서, 수마(睡魔)를 벗하거나 호접몽(胡蝶夢)을 짝할 사이도 없을 것이니, 바둑이나 장기보다는 낫지 않겠소? 이 책이 사람에게 주는 도움이 많을 것이니, 그대는 어찌하여 의심을 하시오?[13]

문연구』 2, 태학사, 1998, 22면.

12 이런 용법은 자주 발견되는데, 다음에 나오는 세종과 김종서의 대화도 그 예이다. 세종과 함께 시경의 영대편(靈臺篇)에 대해 논하던 중 김종서(金宗瑞)는 다음과 같이 대답한다. "영대를 만든 것은 요기를 관망하고 재앙과 상서를 살피는 것이 본래의 취지였으나, 때때로 거기서 구경하고 놀면서 노일(勞佚)을 조절하는 것도 또한 성인(聖人)의 일장일이(一張一弛)의 도(道)입니다." 세종, 46년 11월 10일, 22일.

이 부묵자의 대답에는 낮잠을 자다가 공자께 혼이 난 재여의 일화가 나온다. 『논어』(論語)의 「양화」(陽貨) 편에 나오는 이 일화는 사소한 것처럼 보일 수도 있지만 중요한 의미를 갖는다. 낮잠 자는 것처럼 아무 하는 일 없이 보내느니 장기나 바둑을 두면서 노는 편이 낫다고 생각하는 유교적 논리의 단초를 보여준다. 공자가 하필이면 바둑이나 장기를 말한 것은 그것이 당시의 대표적인 여기였기 때문이다. 바둑이나 장기를 두는 것은 "한가롭게 놀며 배불리 먹고 하는 일 없는 것"보다는 낫다. 낮잠을 자는 일은 해롭지만 바둑이나 장기를 두는 일은 해롭지는 않다.

이장지도에서 알 수 있듯이, 휴식은 꼭 필요한 일이다. 그렇다고 해서 모든 휴식이 인정되는 것은 아니다. 낮잠을 자는 것과 같은 방식의 휴식은 경계해야 한다. 휴식은 아무것도 하지 않는 것이 아니라 적합한 쉼의 방식을 선택해야 하는 활동이다. 어떻게 쉴 것인가 하는 '휴식의 활용'은 중요한 문제였다. 잡록을 읽는 것은 이완, 즉 휴식의 일환이었다. 그러나 잡록 읽기는 『파수록』의 서문에 보이는 것처럼 바둑이나 장기보다 나은 적합한 휴식이라는 사실이 강변되어야 한다는 점에서 애매한 위상을 가지는 것이기도 했다. 잡록 읽기가 적합한 휴식에 들 수 있는 것은, 잡록을 읽으면서 "생각에 잠겨 혼자 웃으며 뜻을 풀이"할 수 있기 때문이다. 후술하겠지만 이것은 잡록을 통해 적극적으로 도덕적 가치들을 생성하는 과정에 대한 언급이기도 하다.

그렇다면 잡록의 독서 활동이 어떤 가치들을 생성하며, 그것들은 서로 어떤 관계를 가지는가 살펴보자. 앞서 언급한 것처럼 잡록의 가치들은 서로 대등한 관계를 가지고 있지 않았다. 무엇보다도 도덕적 가치가 중시되

---

13 如宰予 以聖門高弟 名在四科 夫子甚責晝寢 曰於予與何誅 又曰 不有博奕者乎 猶賢乎已 聖人教人博奕 甚言優遊素餐 無所於事之害也 覽是書而潛心着意 自笑自解 不知春晝之永 夏日之困 不暇乎友睡魔而伴胡蝶 亦其不賢於博奕哉 然則是編之有補於人者多矣 子何怪焉.

었고 다른 가치들, 특성적 가치나 인식적 가치는 이에 비해 부수적인 것으로 생각되었다. 먼저 도덕적 가치가 특성적 가치와 어떤 관련을 가지는가 알아보고, 이어서 도덕적 가치가 인식적 가치와 어떤 관련을 가지는가 알아보도록 하겠다.

제2장
도덕적 가치와 특성적 가치의 관계

1. 특성적 가치와 도덕적 가치의 이분법

앞서 언급한 세 가지 가치 가운데 웨인 부스는 특성적 가치에 매우 많은 장을 할애해서 설명한다. 특성적 가치를 느끼게 되는 작품의 세부적인 요소들로는 작품 내 사건들의 인과관계, 장르가 주는 관례적 예상과 그것의 어김에 따른 놀라움, 반복 · 대조 · 비교와 같은 운문의 패턴, 위트나 환상 같은 약속된 특성이 있다.[1] 그에 따르면 특성적 가치는 인과관계와 같은 작품의 구조, 반복과 같은 형식, 그리고 위트나 환상 같은 형식적 특성에서 비롯될 수 있으며, 독자가 이런 형식적 측면을 중시하게 될 때 텍스트는 미(美)의 약호를 중심으로 해석된다.

부스는 실제적 가치에 대해, 우리가 사랑하거나 미워하는 사람, 존경하거나 혐오하는 사람들의 성공이나 실패에 대하여 알고 싶어 하는 욕망이라고 언급한다. 선한 인물이나 존경하는 인물에 대해서 가지는 인간적 관

1 웨인 부스 저, 앞의 책, 163~164면.

심은 그의 성공 여부에 대한 것이며, 악한 인물이나 혐오스러운 인물에 대해서 가지는 관심은 그의 실패 여부에 대한 것이다. 선한 인물이 성공으로, 악한 인물이 실패로 귀결되기를 바라는 관심은 선의 영역에 위치한다. 이렇게 텍스트를 권선징악의 서사체로 읽게 될 때, 실제적 가치는 도덕적 가치와 직결되며, 텍스트는 선(善)의 약호를 중심으로 해석된다.

부스는 또한 특성적 가치에 대해 언급하면서 특성적 흥미가, 도덕적 흥미와 충돌하기 쉽다는 것에 주목한다. 가령 주인공이 범죄를 저지른다고 할 때, 우리는 그의 '행복'을 바라는 욕구와, 정당한 '징벌'에 대한 욕구 사이에서 분열될 수도 있다는 것이다. 여기에서 특성적 가치(부스의 또다른 용어로는 흥미)를 추구하는 읽기는, 설령 악행을 저지르는 등장인물이라고 하더라도 그의 행복을 바라는 것이 될 텐데, 독자가 그의 행복을 바랄 만큼 그에게 매혹될 수 있어야 한다. 선악의 판단을 떠나 인물에게 매혹되는 것은 인물에 대한 실감나는 형상화를 동반한다. 특성적 가치가 등장인물(사건)이, 선악의 판단을 떠나 새로운 관심을 환기할 때 구성되는 가치라고 할 때, 이 과정에는 인물에 대한 특별한 형상화가 수반된다.

도덕적 가치는 인물의 성공과 실패에 대한 관심이기에, 인물의 운명이 귀결되는 마지막 지점에서야 그 흐름이 완성된다. 그러나 특성적 가치는 매 사건마다 부각될 수 있으며, 인물이 소개되는 배경부에서부터 주되게 작동할 수 있다. 도덕적 가치가 결과적 측면에 초점을 둔다면, 특성적 가치는 과정적 측면에 초점을 둔다.

특성적 가치는 형식적 요소를 비롯한 텍스트 내적 요소를 통해 만들어진다. 이것은 도덕적 가치 역시 마찬가지일 수 있다. 인물 행적의 귀결을 선악의 관점에서 보여준다면, 도덕적 가치는 텍스트 내부에 기입된 것이다. 그러나 어떤 인물에 대한 도덕적 판단은 텍스트 외부에 실재하는 규범에 의해 내려질 수 있다. 어떤 인물의 행위가 악한 것임을, 독자가 세계

내적 규범을 통해 파악할 수 있는 것이다. 이 경우 도덕적 가치는 현실에 대한 실제적 관심에서 파생된다. 특성적 가치나 도덕적 가치는 모두 텍스트 내부에 기입될 수도 있지만, 특성적 가치에 집중하는 독서보다는 도덕적 가치에 집중하는 독서가 텍스트 외적 요소를 중요하게 생각하며 진행된다.

이상의 논의에서 특성적 가치와 도덕적 가치를 다음과 같이 구분해볼 수 있다.[2]

특성적 가치 / 도덕적 가치
심미적 측면 / 도덕적 측면
미(美)의 약호 / 선(善)의 약호
특성의 형상화 / 선악의 귀결
구체적 형상 / 추상적 의미
과정적 측면 / 결과적 측면

부스에 따르자면, 서사에서 권선징악의 도덕적 메시지를 읽어내는 것은 단지 도덕이나 교훈을 습득하는 문제가 아니라 서사의 가치를 발견하는 과정이다. 잡록 서문에 교훈이 직접적으로 나타난다는 것은, 잡록의

2 조선시대 소설 비평에 대한 기존 연구는 소설의 효용을 크게 쾌락적 기능(심미적 기능)과 교훈적 기능으로 나누면서 이루어졌다. 오춘택, 「조선전기의 소설의식」, 『어문논집』 23집, 민족어문학회, 1982, 547면; 김광순, 「조선조 유학자의 소설관」, 『고소설연구』 1집, 고소설학회, 1995, 35~36면. 김경미 역시 조선 후기 소설 비평에서 소설의 효용을 "권선징악을 통한 교육적 효과"와 "미적 쾌감을 통한 심미적 효과"로 나누어 고찰한다. 김경미, 『소설의 매혹』, 월인, 2003, 254~283면. 여기에서 쾌락적 기능 혹은 심미적 기능은 텍스트의 문학성에서 비롯되는 것으로, 특성적 가치와 연관되기도 한다. 그러나 기존의 쾌락적 기능과 심미적 기능이, 독자에게 텍스트가 미치는 심리에 대해 언급하는 용어들이라면, 특성적 가치란 용어는 그러한 심리를 가능하게 하는 텍스트 내적 조건을 의미한다는 점에서 기존의 용법과 다르다.

담론적 저자들이 도덕적 가치(재미)의 관점에서 본문의 내용을 평가하고 있다는 말이 된다. 잡록의 서문에서 도덕적 가치는 강하게 유표화되는 반면, 특성적 가치, 즉 인물이나 사건의 구체적 형상화 자체에서 느껴지는 흥미는 자주 언급되지 않는다.

특히 잡록 가운데 소화집(笑話集)은 웃음을 주기 위해 편찬된 책이다. 이 점을 염두에 두고 보면, 서문에 드러나는 도덕적 가치와 특성적 가치의 편차는 매우 의미심장하다. 웃음을 주는 요소들은 무엇보다도 특성적 가치와 관계를 가진다. 웃음에 관한 이론이나 희극 일반론을 참고할 때 그 부분을 명확히 알 수 있다. 베르그송(Bergson)이 "생명적인 것에 덧붙여진 기계적인 것이 웃음을 야기"한다고 했을 때에 웃음은 생명이 있는 것과 기계적인 것의 형상화를 전제한다. 또한 바흐친(Bakhtin)이 웃음은 "존경스럽고 두려운 것들의 배후를 살피게 해준다."[3]고 했을 때에도 웃음은 배후의 형상화를 전제한다. 코리간(Corrigan)은 비극과의 관계 속에서 희극의 장르적 특징을 언급하면서 개인의 도덕적 행동의 영향이 상대적으로 중요하지 않다고 하였다.[4] 희극에서 인물들은 도덕적 반성 대신 자신의 어리석음을 반성하는 경향이 있다는 것이다. 이는, 인물의 도덕적 반성이 희극의 주된 경향이 아니라는 점을 시사한다. 희극에서 도덕적 메시지를 읽어내는 것은, 불가능한 것은 아니지만 인물 설정 자체에서 의도된 것은 아니다.

이상의 논의를 통해 볼 때, 잡록, 특히 소화집을 읽으면서 느끼는 재미는 기계적인 인물이나 어리석은 인물의 형상화, 대단해 보이는 인물 배후

---

3 M. Bakhtin, *The Dialogic Imaginagion: Four Essays*, Edited by Holquist, Michael, trans. Emerson, Caryl & Michael Holquist, University of Texas Press, 1984, p. 23.

4 로버트 코리간 저, 송옥 외 역, 『비극과 희극, 그 의미와 형식』, 고려대학교 출판부, 1995, 206면.

의 형상화 등 '형상화'에서 비롯된다는 것을 알 수 있다. 웃음은, 특성적 가치와 관련을 가진다. 그런데 소화집의 서문에조차 편찬자는 도덕적 가치를 강조한다. 조선시대에 특성적 가치는 아무리 그것이 강조될 법한 상황 속에서라 해도, 독립해서 존재하는 것이 아니라 도덕적 가치와의 상호작용 속에서 존재한다. 이 장에서는 특성적 가치에 초점을 두면서, 그것이 도덕적 가치와 어떤 관계를 가지는가를 살펴볼 것이다. 특히 도덕적 가치와 쉽게 결합하기 어려워 보이는 특성적 가치들에 주목하여, 부정적 사건과 부정적 인물의 형상화가 야기하는 재미에 초점을 둘 것이다. 도덕적 가치와 결합하기 어려워 보이는 특성적 가치가 도덕적 가치와 결합하는 방식을 살펴본다면, 특성적 가치와 도덕적 가치의 관계를 가장 단적으로 알 수 있을 것이다. 이제 부정적 사건과 부정적 인물이 만들어내는 재미가 어떻게 합리화되는가, 즉 담론적 저자들의 세계에서 어떻게 도덕적인 것으로 인정되는가를 살펴보자. 뒤에 자세히 언급하겠지만, 부정적 형상화가 합리화되는 방식에 따라 독자의 역할과 위상, 허구-현실의 관계 등에 대한 서로 다른 전제가 나타나게 된다.

2. 특성적 가치와 도덕적 가치의 위상과 상호작용

1) 특성적 가치를 통한 도덕적 가치의 구성

서거정은 『태평한화골계전』의 자서를 쓰면서, 자신이 들은 이야기 가운데 "털이 빠질 만큼 우스우면서도 사람을 경계할 만한 말"을 골라 『태평한화골계전』을 쓴다고 했다. 그의 언급에 따르면 『태평한화골계전』에는 '웃음'과 '경계'가 함께 들어 있다. 서거정은 강희맹(姜希孟, 1424~1483)에게 서문을 부탁하면서 자신의 책이 "군자(君子)에게 죄를 얻고 뒷세상에 웃음거리를 끼치게 되지 않겠는가?"라고 걱정한다. 이 걱정은, 텍스트에 내재한다고 생각되는 두 가지 요소 중 '웃음'에서 비롯된 것이다. 즉 『태평한화골계전』에 특성적 가치와 도덕적 가치가 함께 있다고 할 때 특성적 가치인 웃음을 주는 요소들은 매우 우려할 만한 것이 된다. 이에 대해 강희맹은 다음과 같이 언급한다.

> 그렇지 않다. 선생이 바야흐로 문필(文筆)을 잡아 안을 크게 하고 밖을 넓히는 그 글이, 세상이 보배롭게 여기는 바 되어 있고, 남은 기름과 향기가 사람들의 입에 오르내려서 베끼고 외우기를 그치지 않는다. 다만 우리나라에서만 소문이 퍼진 것이 아니라 또한 중국에까지도 그 명성(名聲)이 퍼져나가, 크게 중국 선비들의 좋아하고 권면(勸勉)하는 바 되어 있다.
>
> 우리나라가 시작된 이래로 학문의 바름과 문장의 성(盛)함이 공(公)의 한 몸에 모여 있으니 어찌 외가(外家)의 할아버지 권문충공(權文忠公)에게 크게 양보할 것이 있으랴. 선생의 바른 논의를 보면 그 근본이 있는 것을 지킴을 알 수 있고, 선생이 하시는 실마리를 보면 변화의 무궁함을 알 수 있다. 비유하건대 뛰어난 말[馬]이 마음대로 달리는 것 같아도 단 한 걸음도 궤도(軌道)와 전범(典範)에서 벗어나지 않는 것과 같다. 웅장(雄壯)한 파도가 힘차게 솟구치는데 어찌 남은 물결이 웅덩이를 차고 넘치는 것을 묻겠는가? 그 쌓은 것이 두터운 데에 말미암았기 때문에 발(發)함의 성(盛)함이 여기까지 이르렀으니, 어찌 이것으로써 선생을 작게 여기리오! 하물며 성인(聖人)께서도 장유자(牆有茨)를 그대로 두고 잘라버리지 않으셨으며, 원양(原壤)을 때린 것을 업신여기지 않으셨으니 그 뜻이 은미(隱微)한 것이다.

강희맹는 뛰어난 말과 웅장한 파도의 비유를 들고 있는데 이는 근본과 실마리의 관계에 대해 유추하게 한다. 말이 궤도와 전범을 지키는 것은 근본에 해당하며 마음대로 달리는 것은 실마리의 변화이다. 파도가 솟구치는 것은 근본에 해당하며 남은 물결이 웅덩이를 차고 넘치는 것은 실마리의 변화이다.

말과 파도의 비유를 통해 보건대 근본과 실마리의 관계는 하나의 사물의 다른 모습이다. 이렇게 다른 두 가지 모습을 가질 수 있는 것은 모두 "그 쌓은 것"이 두터워서 "발"(發)하고 "성"(盛)하게 되었기 때문이다. 발하고 성함은 쌓은 것이 밖으로 흘러넘치는 모양의 형용어이다. 그렇다면 근본과 실마리의 관계는 필연적으로 넘나든다. 근본을 지키는 것이 두터울수록 실마리의 변화는 풍요로워지는 것이다. 여기에서 보건대 특성적 가치는 실마리에 해당하는 것이기는 하지만 근본인 도덕적 가치와 상호 작용한다. 그렇다면 특성적 가치와 도덕적 가치는 어떻게 넘나드는 것일까 살펴보자. 다음은 성현(成俔, 1439~1504)이 쓴 『촌중비어』(村中鄙語)의 서문이다.

『시경』에는 장자와 순분 같은 말이 있었지만, 공자가 이를 버리지 않았고 역사가의 골계전을 태사공 사마천도 기록하였다. 깎아 내버려 기록하지 않을 만한 것이었는데도 오히려 버리지 않았던 것은 대개 뜻이 있었기 때문이니, 사람으로 하여금 경계함을 알아 악을 징계하려는 것이었다. 『제해』는 괴이함을 적은 것인데도 장자(莊子)가 본받아서 그 말이 더욱 괴이하게 되었다. 그 뒤로 글을 짓는 자들이 모두 그 법을 숭상하여 고무시켰다. 한(漢)나라 이래로 일을 기록한 작가가 한둘이 아니었으나 모두 조정에는 없는 바의 일을 기록하여 견문을 넓히는 바탕으로 삼았으니 제가의 기록이 아니었다면 민간[野外]의 일을 누가 알 수 있겠는가. 한갓 권계하는 데 관계됨이 있을 뿐 아니라 실로 나라 역사에 보탬이 됨이 있었으니 그 공을 어찌 얕다 하겠는가. [……][5]

이 텍스트는, 『시경』의 장자와 순분을 예로 들면서, "기록하지 않을 만한 것들"이 사람들에게 경계함을 알려주고 악을 징계하게 할 수 있다고 하였다. 여기에는 앞서 언급한 강희맹이 말한 서문의 내용과 공통되는 전고를 사용한다. 『시경』의 〈장자〉 (혹은 〈장유자(牆有茨)〉라고도 함)를 성인이 그대로 두어 기록했다는 것이다. 『촌중비어』의 서문과 『골계전』의 서문은 모두 이 시가 성인에 의해서 삭제되지 않고 기록되어 남아 있는 것을 통해 잡록의 저작 행위가 가지는 정당성을 입증한다. 『시경』「용풍」(鄘風)의 〈장유자〉는 집안에서 일어난 부끄러운 일을 밖에 차마 이야기할 수 없음을 노래한 시이다.[6] 위나라 선공(宣公)이 죽은 뒤에 아내 선강(宣姜)이 서자(庶子)인 소백(昭伯)과 정을 통한 사실이 있었다. '담장 덮은 납가새'[牆有茨]는 바로 위나라 왕실에서 일어난 추악한 사실을 시적 상징으로 형상화한 것이다. 이 시에서 '장유자' 로 상징되는 사건은 성적으로 문란하며 비도덕적이다. '순분'(鶉奔)은 쌍쌍이 노는 메추리를 형상화한 것으로, 선강의 사건을 형상화한 것이다.

사건과 인물의 특성을 묘사하는 데 있어서 바람직하지 못한 사건과 인물을 형상화하는 것을 "부정(不定)의 형상화"라고 하자. 특성적 가치가 사

5 詩有牆茨鶉奔之語 而孔子不刪 史家滑稽傳 太史公錄之 是可刪去不錄 而猶不去者 盖有意焉 所以使人 知戒而懲惡也 齊諧志怪者也 南華子效之 其言尤怪 然後之作文者 皆祖尙其法而鼓舞之也 自漢以來 記事之家 非一 而皆記朝廷所無之事 以資聞見之博 若非諸家之錄 則野外之事 誰得知之 非徒有關於勸戒 實有助於國乘 其功豈淺淺也 [……] 성현, 『허백당집』(虛白堂集) 7권, 〈村中鄙語序〉, (무악고소설연구회 편, 『한국고소설관련자료집』 1권, 99면).

6 여기에서 인용된 『시경』의 〈장유자〉는 다음과 같다. "담장 덮은 납가새는 쓸어버릴 수가 없네[牆有茨 不可掃也] / 그 속에서 일어난 일 말할 수가 없다네[中冓之言 不可道也] / 말할 수가 있다 해봐도 말만 추해진다네 [所可道也 言之醜也] / 담장 덮은 납가새는 없앨 수가 없네[牆有茨 不可襄也] / 그 속에서 일어난 일 자세히 말할 수가 없다네[中冓之言 不可詳也] / 자세하게 말을 해야 말만 길어진다네[所可詳也 言之長也] / 담장 덮은 납가새는 묶어버릴 수가 없네[牆有茨 不可束也] / 그 속에서 일어난 일 외워 말할 수가 없네[中冓之言 不可讀也] / 외워 말할 수가 없지만 말만 욕이 된다네[所可讀也 言之辱也]."

건과 인물의 생동감 있는 형상화를 통해 얻게 되는 것이라면, 그 형상화는 이론적으로 부정의 형상화와 정(正) 혹은 선(善)의 형상화로 나뉠 수 있다. 〈장유자〉와 〈순분〉은 모두 부정의 형상화를 다룬 것인데, 담론적 저자는 이것들이 "사람으로 하여금 경계함을 알아 악을 경계하게 한다"는 효용을 가진다고 본다. 부정적 인물과 사건이 악을 경계하게 하기에 부정적 형상화는 도덕적 가치를 가질 수 있다는 것이다. 부정적 형상화를 도덕적으로 독해하는 구체적 방식은 강희맹이 쓴 『촌담해이』(村談解頤)의 〈자서〉에 잘 나타나 있다.

> 그렇다면 그 교훈됨이 무엇인가 하면, 진실로 '모란'의 속임수를 간파해낸다면 가정에서 여색에 침혹함이 적고 부부 간의 윤리가 바르게 될 것이며, '어리석은 하인'의 속임수를 살핀다면 집안에 혼란한 질서가 없어져 상하의 분별이 안정될 것이며, '미치광이 하인'이 중매한 이야기에서는 주인을 보좌하는 충성심을 얻을 것이요, 〈두더지 혼인〉 이야기에서는 평안함과 위태로움의 분별이 드러나게 될 것이오. 아이들을 다스림에 그 은혜를 잃는다면 '사미승'이 홍시를 훔친 일이 무어 괴이할 것이며, 은혜를 받고도 갚지 않는다면 '교활한 토끼'의 송사를 어찌 원망할 수 있으리오. '홍선'(洪善)이 '천모'(天帽)를 맹신한 것과 '혜능'이 '연화'에게 목을 매인 것까지는 모두가 세속을 경각시키는 거울이니, 그것으로 수신을 하면 몸이 닦여지지 않을 수 없을 것이요, 그로써 제가를 하면 집이 다스려지지 않음이 없을 것이며, 그로써 미루어 천하에 통하게 되면 어디에 간들 그 공이 미치지 않을 것이겠소. 옛날 성현(聖賢)이 모범을 드리우고 가르침을 세운 말도 여기에서 벗어나지 않을 뿐이오.[7]

7 其爲敎也奈何 苟能辨牧丹之詐 則內無色荒 而夫婦之倫正矣 察癡奴之僞 則家無亂政 而上下之分定矣 狂奴行媒 輔主之忠得矣 鼴鼠圖婚 安危之分著矣 撫少失恩則何怪乎 沙彌之偷柹 受恩不報 則奚怨乎狡兒之決訟 以至洪善之妄信天帽 致義之虛逐雙口 慧能之係頸烟花 皆駭俗之殷鑑

모란의 속임수, 어리석은 하인의 속임수, 미치광이 하인의 중매, 두더지의 혼인, 감을 훔친 사미승, 천모를 맹신한 홍선, 연화에게 목을 매인 혜능의 이야기는 모두 『촌담해이』에서 웃음을 유발하는 핵심적인 사건들이다. 분명 『촌담해이』에는 이런 특이하면서도 부정적 사건들이 형상화되어 있다. 부정적 사건들의 형상화 자체에서 느끼는 재미는 특성적 가치라고 할 수 있다.

저자는 특성적 가치를 도덕적 가치와 관련시킨다. 모란의 속임수라는 특성적 가치는 '가정에서 여색에 침혹하지 않게 될 수 있다'는 도덕적 가치를 생산한다. 도덕적 가치가 만들어지기 위해서는 특성적 가치가 다른 층위로 "전환"되어야 한다. 특성적 가치는 그 자체로 인정되는 것은 아니다. 창가(娼家)의 이야기는 가정(家庭)의 이야기로, 두더지와 토끼의 동물 이야기는 인간의 이야기로, 사미승의 이야기는 아이들의 이야기로 전환해서 해석되어야 한다. 도덕적 가치는 텍스트에서 '발견'되는 것이 아니라 독서의 주체에게 '해석'되는 것이다. 이때 도덕적 가치 자체는 텍스트에 내재하지 않는다. 특성적 가치는 텍스트에 명시적으로 나타나지만 도덕적 가치는 텍스트에 나타나지 않는다. 『촌담해이』 텍스트에 나타난 것은 특성적 가치뿐이며 그것을 통해 도덕적 가치를 읽어내는 것은 주체의 몫이 된다.

텍스트가 말한 것을 통해 말하지 않은 것을 찾아내고자 할 때에는 그것을 찾아내는 주체의 능력이 강조된다. 강희맹은 앞서 서문에서, "영(郢)나라 사람이 쓴 것을 연(燕)나라 사람이 이해한 것처럼 하는 사람이 있다면 [……] 단지 웃음거리를 주는 것에 그치지는 않을 것이다"[若如郢人書而燕人

也 以之修身 則身不得不修 以之齊家 則家不得不齊 推而達之 天下安往而不致其功哉 古者聖賢垂世人敎之言 亦不過如斯而已. 강희맹, 『촌담해이』 〈自序〉, (『한국고소설관련자료집』 1권, 89~92면).

解 (……) 不但付之嘻笑而已也]라고 하였다. 이것은 『한비자』(韓非子) 「외저설좌」(外儲說左) 상(上)에서 인용한 것이다. 초(楚)나라의 수도 영(郢) 사람으로 연(燕)나라 재상에게 편지를 보내려는 자가 있었다. 밤에 편지를 쓰는데 불이 밝지 않았으므로 하인에게 불을 밝히라고 지시하고는 자신도 그만 실수로 그렇게 쓰고 말았다. 뒤에 연나라 재상이 편지를 받고 그것을 설명하여 말했다. "'불을 밝히라'고 한 것은 밝음을 존중하라는 뜻이다. 밝음을 존중한다는 것은 현명한 사람을 천거하여 임용한다는 것이다." 연나라 재상은 왕에게 아뢰었고, 왕은 매우 기뻐하였으며, 현자(賢者)를 많이 등용하여 나라는 잘 다스려졌다. 이 전거는 작가(의 의도)와는 상관없이 작품 해석이 이루어질 수 있음을 시사한다. '불을 밝히라'는 해석은 작가의 의도와는 상관없이 이루어지지만 결국 긍정적 효과를 가져온다. 강희맹은 이상의 전거를 인용하면서, 주체의 능력에 따라 웃음거리가 도덕적 메시지로 읽힐 수도 있음을 강조하였다.

> 일에는 아름다움과 흉함이 없으니 풍속을 경계하는 것이 중요하고, 말에는 정밀함과 거칢이 없으니 바른 도리에 이르는 것이 귀한 것이다. 이러므로 바퀴 깎는 것을 보면 그가 스스로 얻은 바가 묘(妙)함을 알 수 있고, 「창랑가」를 들어보면 그 스스로 취한 바 기틀을 헤아릴 수 있다. 어찌 비리(鄙俚)한 말이나 뒷골목의 논의라고 해서 저 정밀한 의리의 머무는 곳을 궁구(窮究)하지 않을 수 있으랴?[8]

강희맹은, 일에는 아름다움과 흉함이 없다고 하였다. 바퀴를 깎는 것과 〈창랑가〉는 모두 하찮은 것이지만, 스스로 취한 바인 '자취'(自取)와 스스

8 事無美惡 警俗者爲重 言無精粗 詣理者爲貴 是以觀斲輪則知其自得之妙 聽滄浪則審其自取之機 庸可以鄙諺巷論 而不究夫精美之所寓耶.

로 얻은 바인 '자득'(自得)의 산물이다. 사소하거나 천한 일들이지만, 모두 아름다움을 가지고 있는 경우들이다. 비리한 말이나 뒷골목의 논의라고 하더라도 의리가 머물 수 있다. 일 자체의 사소함이나 천함이 중요한 것이 아니다. 거기에 깃든 의리를 궁구하는 것이 중요한 것이다. 이러한 논의는 그러한 '궁구'를 가능하게 하는 주체를 전제한다.

이 주체가 이치를 '궁구'하는 것이 가능한 것은 이치가 하나가 아니기 때문이다. 이승소는 「약태평광기」(略太平廣記)에서 "천하의 이치는 무궁"하기에, "한 가지 이치만 고집할 수는 없다."고 하였다. 이어서 이승소는 "먼저 육경(六經)의 도학에 밝아 정대하고 고명한 지경에 나아갔다면, 비록 가담항어(街談巷語)로서 매우 비리한 말이라 하더라도 모두 이치가 담겨 있어서 자신을 계발하는 데 도움이 된다."고 하였다. 육경의 도를 파악한 후 가담항어의 이치를 알 수 있는 것이다. 다시 말하면 육경의 도를 파악한 후라면 가담항어를 비롯한 비속한 텍스트들에서도 이치를 알 수 있기에 텍스트의 비속함 여부를 가릴 필요가 없게 된다. 이승소에 의하면, 비속한 텍스트 혹은 부정적 형상화를 동반한 텍스트들 역시 이치를 담고 있거나 이치를 궁구하게 한다. 천하의 이치는 여러 가지라서, 육경의 이치를 깨우치고 그것을 통해 다른 이치를 깨우칠 수 있기 때문이다.

앞서 언급한 것처럼 특성적 가치를 중심으로 텍스트를 읽는 주체는 도덕적 가치를 구성해야 한다. 도덕적 가치를 만들어내는 일이 주체의 몫이기 때문에 특성적 가치 자체가 가지는 부정성은 문제시되지 않는다. 게다가 이렇게 특성적 가치를 통해 도덕적 가치를 추구하는 것은 얼마든지 가능하다. 도덕적 가치가 주체의 능력에 의해 구성되는 것으로 볼 때 텍스트가 다룰 수 있는 특성적 가치의 종류와 양은 이론적으로 무궁무진할 수 있다. 주체가 도덕적 가치를 찾을 수 있다는 것을 전제할 때, 도덕적 가치를 강조하는 것처럼 보이는 이면에는 특성적 가치를 위한 무한한 공간이 생성된다.

2) 특성적 가치와 도덕적 가치의 공존

텍스트를 읽는 주체가 항상 특성적 가치를 도덕적 가치로 전환시키면서 교훈을 구성해내야 하는 것은 아니다. 특성적 가치와 도덕적 가치가 함께 드러나는 경우도 있기 때문이다. 이것이 어떻게 함께 드러날 수 있는가에 대해서는 조금 다른 두 가지 태도가 있다.

> ① 책 속에 실린 바 인정과 물태(物態)가 분명하여 손바닥을 가리키는 것 같으니 옛것을 거슬러 올라가 열매를 주워 모아서 세속을 징험하며 세교를 도울 만하다.[9]

> ② 이웃에 패관언서가 많이 있다는 소식을 듣고 수삼 종을 빌려와 다른 이로 하여금 읽게 하고 들었더니, 대개 한결같이 그 주지(主旨)는 남녀의 혼인으로 시작하여 규방행적을 두루 서술하였다. 서로 다르기는 해도 모두 없는 이야기를 지어다가 지루하고 자잘하여 실로 취할 만한 것이 없었다. 그러나 서로 인정과 물태 같은 것은 있는 그대로 잘 그려내고 있어서 무릇 슬프고 기쁜 것과 얻는 것과 잃는 경우와 현명하고 어리석은 것과 착한 것과 악한 것이 구분되는 것이 왕왕 사람으로 하여금 보고 느끼게 하는 바가 있었다.[10]

---

9 固知見笑於文方 而第書中所載人情物態 瞭如指掌 可以溯古摭實 驗諸俗而稗世教. 이원명(李源命), 『東野彙輯』.

10 聞隣家多藏稗官諺書 借來數三種, 使人讀而聽之, 蓋一篇宗旨, 始於男女婚媾, 而歷敍閨房行蹟. 互有異同, 皆架虛鑿空, 支離猷瑣, 固無足取. 然至若人情物態, 善於模寫, 凡悲嘆得失之際, 賢愚善惡之分, 往往有令人觀感處. 서유영(徐有英), 『육미당기』 〈序〉.

③ 내가 가만히 옛사람의 도서에 대하여 생각해본다. 반드시 선 · 악을 좌우로 갈라 그려놓은 것은, 지나간 자취로 권계를 보이고자 한 것이다. 국풍(國風) 가운데 정위(鄭衛)의 음성(淫聲)을 삭제하지 않은 것도 역시 이 같은 뜻이다.[11]

① 『동야휘집서』에서 인정과 물태가 분명하다는 것은 사람의 정[人情]과 물건(사건 · 배경)의 모습[物態]을 형상화한 것이 매우 생동감 있었다는 뜻이다.[12] 인정과 물태에 대한 세부적인 설명은 ② 『육미당기』(六美堂記)의 〈서〉에서도 찾을 수 있다고 하였다. 슬픈 것과 기쁜 것, 현명한 것과 어리석은 것, 착한 것과 악한 것이 구분되어 있는 것이 바로 그 구체적인 내용에 해당한다고 할 수 있다. 각각을 구분하거나 그렸다는 것은 사건과 사물의 세부적 특성에 대한 형상화이다.[13] 그렇다면 『육미당기』 〈서〉의 언급 역시 특성적 가치에 대한 것이라고 할 수 있다. ③ 「수양남행도후서」에서 "선악을 좌우로 갈라 그렸다"는 것은 대상을 선악의 관점에서 형상화한 것으로 볼 수 있다.

사람의 정과 물건의 모습을 형상화하는 특성적 가치들은, 그 자체로 의의를 가지지는 않는다. 이것들은 바로 도덕적 가치로 연결된다. 「동야휘집서」에서는 인정과 물태가 세속을 징험하고 세교를 돕는다는 것, 『육미당기』 〈서〉에서 사람으로 하여금 보고 느끼게 하는 바가 있었다는 것,

---

11 余竊思古人圖書 必左右分寫善惡 前述以示勸戒國風之不刪鄭衛者 亦此意也. 이식(李植), 「隋煬南幸圖後敍」, 『택당별집』(澤堂別集) 5권.

12 김경미는, 조선 후기 소설론에서 현실 반영의 문제가 주로 '인정물태'의 묘사를 강조하면서 논의되었다고 보며, 인정물태에 대한 관심은 조선 후기 당시 시정에 구전되던 이야기들을 기록한 야담집의 편찬을 통해서도 알 수 있다고 하였다. 김경미, 『소설의 매혹: 조선 후기 소설비평과 소설론』, 월인, 2003, 208면, 212면.

13 김흥규는 인정물태를 "사람과 사물들이 구체적 상황 속에서 이러저러하게 놓여서 얽히고 움직이며, 살아가는 모습"이라고 하였다. 김흥규, 「조선 후기와 애국계몽기의 인정물태론」, 『한국문학연구』 13집, 동국대학교, 1990. '인정물태론'은 형상화에 있어서 '구체성'을 중시한다.

「수양남행도후서」에서 권계를 보이고자한다는 것은 모두 특성적 가치가 도덕적 가치로 귀결된다는 생각을 보여준다.

「동야휘집서」에서는 인정과 물태가 "분명하여 손바닥을 가리키는 것과 같"아서, 그것들이 열매를 모은 것처럼 축적된 결과 "세속을 징험하며 세교를 도울 만하다."고 하였다. 「육미당기서」에서는 인정과 물태가 "그대로 잘 그려"져 있어서 선악이 구분된다고 하였다. 「수양남행도후서」에서는 선악을 "좌우로 갈라 그려놓은 것"이 "권계를 보인다."고 말한다. 특성적 가치의 분명한 형상화 자체가 도덕적 가치를 가질 수 있는 것처럼 언급된다. 인정과 물태에 대한 잘된 형상화, 즉 '훌륭한' 형상화는 선악이 '분명한' 형상화이기도 하다. A에 대한 훌륭한 형상화는 그 자체로 A라는 도덕적 가치를 드러낸다. 충신을 잘 형상화하면 충의 가치가 구현될 수 있고, 간신을 잘 형상화하면 악의 가치가 구현될 수 있는 것이다. 이러한 생각은 〈옥선몽〉 서문에 잘 나타난다.

> 만약 선행을 닦는 것이 있으면 반드시 그 선행에 대한 보응이 있고, 만약 악행을 쌓은 자취가 있으면 반드시 재앙을 받는 보복이 있으니 보는 사람이 잘못을 고칠 마음을 먹게 하고 읽는 사람이 마음속으로 깨끗한 행동을 할 뜻을 가지게 한다. 이로 말미암아 보건대 패관의 공 또한 작은 것이겠는가? [그러면] 무엇으로써 그것을 밝히겠는가? 진수가 『삼국지』를 짓자 충신이 자신의 몸을 잊었고, 『수호전』을 짓자 의기 있는 선비가 몸을 떨쳐 일어났고, 『서유기』가 나오자 괴상한 귀신이 그 요술을 거두었고, 『금병매』를 짓자 사나운 부인네가 그 투기하는 마음을 징계하였고, 초한(楚漢)의 역사를 연의하자 영웅이 운수가 돌아감이 있음을 알았고, 『전등신화』를 내세우자 탕자가 풍류에 절도가 있음을 알게 되었다. 태사공이 이른바 완곡히 정곡을 찌르는 것으로도 분란을 해결할 수 있다고 한 것은 아마도 패관을 위해 말한 것이 아니겠는가?[14]

선행을 닦는다거나 악행을 쌓는다는 것은 선과 악의 특정 행동 양식에 대한 묘사이다. 텍스트에는 선행이나 악행에 대한 형상화뿐만 아니라 '보응'과 '재앙' 같은 사건의 '귀결' 또한 나타난다. 이러한 귀결은 한편으로는 독자가 관심 갖는 인물 특성의 운명적 귀결을 보여준다는 측면에서 특성적 가치를 가지기도 한다. 다른 한편으로 그 귀결점이 인물 행위를 보상과 처벌의 관점에서 서술하는 것이라고 한다면 이는 도덕적 가치를 가지기도 한다. 〈옥선몽〉의 담론적 저자는 텍스트에 특성적 가치와 도덕적 가치가 함께 나타난다고 본다. 이때 도덕적 가치의 인과관계, '복선화음'(復善禍淫)[15]은 텍스트에 기입된 것이지, 독자가 구성해낸 것은 아니다. 텍스트의 인과관계가 이미 도덕적으로 정립되어 있기 때문에, 보는 사람이 잘못을 고칠 수 있고, 읽는 사람이 깨끗한 행동을 지향하게 되는 것이다.

〈옥선몽〉의 담론적 저자가 상정하는 독자는 텍스트의 도덕적 가치를 '구성'하는 독자라기보다는 도덕적 가치를 '발견'하는 독자이다. 그렇다고 이런 독자가 수동적인 것은 아니다. 〈옥선몽〉의 담론적 저자가 상정하는

---

14 設爲修善之方, 而必有善果之應, 設爲稔惡之跡, 而必有坫厄之報. 見之者,翟然有改過之意, 讀之者, 油然有潔行之志. 由此觀之, 稗官之功, 亦可微哉. 何以明其然也? 陣壽作志而忠臣忘軀, 水滸成傳而義士奮身, 西遊之記出而怪鬼戢其妖術, 瓶梅之書作而悍婦懲其妬心, 演楚漢之義而英雄知曆數之有歸, 倡剪燈之話而蕩子知風流之有節, 太史公所謂談言微中, 亦可以解紛者, 抑亦爲稗官而說歟. 〈옥선몽(玉仙夢)〉, 104~106면, (김경미, 앞의 책, 276면, 재인용).

15 강재철은 중국과 한국의 '권선징악' 이론을 시 · 소설 · 문장일반으로 나누어 살펴보면서, 소설의 경우 특히나 권선징악이 강조되고 있다고 하였다. 그는 "'착한 일을 하는 자는 반드시 창성하고 악한 일을 하는 자는 반드시 망한다'는 말은 복선화음을 말한 것으로, 〈창선감의록〉(彰善感義錄)뿐만 아니라 많은 고전소설이 주제 실현을 위해 복선화음을 환하게 보여주고 있다"고 하였다. 강재철, 「중국과 한국의 '권선징악' 이론의 전통」, 『동양학』 24집, 단국대학교 동양학연구소, 1994, 90면. 강재철의 논의는, 명시하지는 않지만, 텍스트가 복선화음을 보여주는 것으로 봄으로써, 도덕적 가치가 독자의 차원이 아니라 텍스트의 구조 차원에 나타날 수 있음을 시사하고 있다.

독자는, 텍스트의 가치를 구성하는 데에는 수동적으로 보일 수 있어도, 텍스트에서 발견한 가치를 실천하는 데에는 적극적이다. 『삼국지』의 충신, 『서유기』의 귀신, 『금병매』의 부인네, 초한(楚漢) 연의의 영웅, 『전등신화』의 탕자는 모두 그것들을 읽은 독자들로, 도덕적 실천을 하는 주체들이다.

3) 특성적 가치의 부정과 주체에 대한 비판

앞서 언급한 것처럼 특성적 가치는 도덕적 가치와 결합되어 합리화될 수도 있지만 결합되지 않을 수도 있다. 소설의 서발문들은 소설의 출판을 전제하고 쓰이기에, 특성적 가치를 합리화하는 방향을 선택한다. 그러나 서발문 외 다른 잡록에서는 소설의 특성적 가치에 대한 비판이 제기되기도 한다. 이 경우는 서발문을 대상으로 하는 이 장의 논의와는 거리가 있지만 서로 대별되는 요소가 있기에 잠깐 다루기로 하겠다.

> 소설(小說)은 가장 사람의 심술(心術)을 무너뜨리는 것이므로 자제들에게 보지 못하도록 하여야 한다. 한 번 거기에 집착하면 헤어나지 못하는 자가 많게 된다. 명나라 청원(淸源) 홍문과(洪文科)의 말에 "우리나라 소인(騷人)과 묵객(墨客)들이 완사계[浣沙溪, 사패(詞牌)의 이름], 홍불기[紅拂記, 극곡(劇曲)의 이름. 장봉익(張鳳翼)이 지었다], 절부기[竊符記, 장봉익이 지은 극곡(劇曲) 이름], 투필집[投筆集, 전겸익(錢謙益)이 지은 것으로 전후 백 편이다] 등을 지었는데, 무릇 혈기가 있는 자들이 분발할 줄 알게 하였다. 이는 진실로 사람의 마음을 감동시키는 데 한 가지 도움이 되었으니 훌륭하다 이르겠다"고 하였는데, 슬프다! 이 어찌 될 법이나 한 말인가? 내가 듣건대, 명나라 말기에 유적(流賊)들이 『수호전』(水滸傳)에 나오는 강도들의 이름을 많이 도용했다고 하는데, 이것도 사람의 마음을 감동시키는 데 한 가지 도움이 된 것이라고 말하겠는가? 내가 일찍이 『수호전』을 보았지만, 인정(人情)과

> 물태(物態)를 묘사한 데는 그 문사(文思)가 교묘하여 소설 중의 우두머리이며 녹림(綠林) 중의 동호(董狐)라고 이를 만하다. 그러나 사대부들도 끝내 거기에 현혹되었고, 또 일본(一本)에는 종백경[鍾伯敬, 백경은 명(明)의 학자 종성(鍾惺)의 자]이 비평(批評)했다는 말까지 있는데, 백경이 제정신을 상실했음이 어찌 그 지경에까지야 이르렀겠는가? 이는 부화를 좋아하는 무리들이 백경의 이름을 빌려 간행(刊行)하여 그 글을 중시하도록 만든 것이 아닌가 생각된다.[16]

이것은, 소설에 몰두하는 것이 사람의 마음[心術]에 부정적 영향을 미친다고 보는 소설 부징론의 대표적인 주장이다. 이덕무(李德懋, 1741~1793)는 『수호전』의 예를 들어 소설을 긍정했던 홍문과의 주장을 비판한다. "명나라 말기에 유적(流賊)들이 『수호전』(水滸傳)에 나오는 강도들의 이름을 도용했다."는 것이다. 이덕무는 소설의 독자가 소설의 부정적 사건을 모방하여 현실을 혼란시킬 수 있다고 본다. 소설의 부정적 사건은 현실에서 똑같은 종류의 부정적 사건을 유발할 것이기에 위험하다. 이덕무에게 소설 세계와 현실 세계는 일대일로 대응한다. 그는 『수호전』이 "인정(人情)과 물태(物態)를 묘사한 데는 그 문사(文思)가 교묘"하다고 하였다. 이것은 『수호전』의 특성적 가치에 대한 언급이다. 이러한 특성적 가치는 독자들

16 小說最壞人心術. 不可使子弟開看. 一着於此. 淪沒者多. 明朝淸源洪文科曰. 我朝騷人墨客. 作浣紗紅拂. 竊符投筆等記. 凡有血氣者. 咸知奮發. 誠感激人心之一助. 可謂盛矣云. 嘻嘻. 烏足道哉. 余嘗聞明末流賊. 多冒水滸傳中强盜名字. 是亦感激人心之一助哉. 余嘗看水滸傳. 其寫人情物態處. 文心巧妙. 可爲小說之魁. 合號綠林董狐. 然士大夫一向沉湎. 一本有鍾伯敬評批者. 伯敬之顚倒. 乃如是耶. 意者. 浮薄輩. 借伯敬名字. 入梓以重其書歟. 又有金聖嘆者. 姿意評讚. 自言天下之文章. 無出水滸右者. 善讀水滸. 其爲人綽綽有裕. 又肆然罵孟子. 爲未離戰國遊士之習云. 雖不詳知聖嘆之爲何許人. 而其狂妄鄙悖. 從玆可知也. 其爲言也. 抑揚眩亂. 才則才矣. 可謂耐菴之丘明. 法門之宋江矣. 意者. 耐菴以錦繡之才. 有一塊寃憤. 疊鬱於中. 發此無實之言. 叙其平生罵世之心歟. 其心則悲且苦矣. 其罪則擢髮難贖也. 이덕무, 『청장관전서』(靑莊館全書) 제5권, 〈세정석담〉(歲精惜譚), (한국고전종합DB).

을 미혹시킨다. 이덕무가 상정하는 독자는 도덕적 자질을 가진 주체라기보다는 소설을 무비판적으로 모방하는 주체라는 것을 알 수 있다.

또한 이덕무는 『금병매』(金瓶梅)의 폐해에 대해서도 언급하였다. "『금병매』가 한 번 나오자 음란함을 조장함이 많았다. 소년들이 이 책을 보지 못하면 큰 수치로 여기니 폐해가 또한 크도다. 명나라 말기부터 지금까지 소설이 인심을 잘못된 길로 빠지게 하였다."라는 것이다. 이덕무에 따르면, 『금병매』는 음란한 책으로 소년 독자들을 음란하게 만든다. 그에게 텍스트의 성격은 바로 독자의 성격이 된다. 여기에서도 독자들은 음란함을 무비판적으로 받아들이는 무능력한 주체들이다. 소설이 인심을 잘못된 길로 빠지게 한다는 진술 역시 이덕무가 텍스트와 읽기 주체들의 관계를 평면적으로 상정하고 있음을 보여준다. 이덕무에게 무능력한 주체는 개인이 아니라 집단이기도 한다.

> 소설은 원(元)에서 시작하여 명(明)에서 한창 유행되었는데, 오늘날에 이르러서도 더욱더 유행되고 있다. 대저 소설은 난잡한 글이고 원은 어지러운 나라이다. 맨 처음 소설의 앞잡이가 된 자에게는 백성을 어지럽힌 죄를 가해야 옳을 것이다.[17]

이덕무에게 소설은 난잡한 글이고 원나라는 난잡한 나라이다. 소설 텍스트의 독자 혹은 작가의 난잡함이 공동체인 '원나라'의 난잡함으로 연결된다. 주체들은 텍스트의 부정성으로 인해 직접적으로 영향을 받는다. 텍스트와 주체의 관계는 평면적이며, 텍스트의 부정성은 바로 주체의 부정

17 夫小說. 亂書也. 元. 亂國也. 其作俑者. 可以加亂民之誅矣. 이덕무, 앞의 글. (한국고전종합DB).

성으로, 주체가 속한 집단의 부정성으로 확장된다. 『소재집』(疏齋集)에서 이이명(李頤命, 1658~1722) 역시 비슷한 주장을 한다.

> 『수호전』에 이르러서는 도적들이 창궐(猖獗)하고 횡행(橫行)하는 모습을 자세히 그려, 명나라 말엽의 도적들[流賊]이 모두 이것을 본받았다. 그들이 틈왕(闖王)이니 천왕(天王)이니 이름 하는 부류는 양산박(梁山泊)의 옥기린(玉麒麟)과 구문룡(九文龍)의 유법(遺法)이니, 그 폐단이 이미 분명하게 드러난 것이다. [……] 그밖에도 음란하고 괴탄한 작품들은 나오면 나올수록 더욱 기이해지니, 천하의 풍속을 어지럽히기에 충분하다.[18]

소설에서 도적떼가 창궐하고 횡횡하는 모습을 묘사했다는 것은 부정의 형상화에 관해 지적한 것이다. 이이명에 따르면 『수호전』은 잦은 부정의 형상화를 보여주었고, 이는 명말에 도적들이 창궐하는 데 결정적 영향을 미쳤다. 그는 현실과 허구 세계를 일대일로 대응시키고 있는데, 음란하고 괴탄한 작품들이 나올수록 천하의 풍속이 어지럽게 되는 것은 이런 허구-현실의 관계를 놓고 보면 당연한 귀결이다. 소설에 대한 비판적 견해들은 공통점을 가진다. 부정의 형상화가 부정적 가치를 만들며, 실제 세계는 허구 세계를 재생산하는 것으로 전제한다. 소설의 부정적 형상화는 곧 부정적 가치를 양산하며, 소설의 세계와 현실 세계는 다를 바가 없다.

충신을 잘 형상화하면 충이 구현될 수 있고, 간신을 잘 형상화하면 악을 경계할 수 있다는 믿음이 이 담론의 세계에는 없다. 이 세계는 사물의

---

18 至於水滸 則極形容羣盜猖獗橫行之狀 故明末流賊悉效此 其標立名稱以闖天王之類 卽梁山泊玉麒麟九文龍之遺法 其弊已明著矣. [……] 其他淫褻荒怪之作 愈出愈奇 足以亂天下風俗耳. 이이명, 『소재집』(疎齋集) 12권, (『한국고소설관련자료집』 1권, 태학사, 2001, 227~228면).

질서에 도덕적 질서가 내재하고 있는 세계가 아니다. 또한 부정적 가치의 형상화를 통해 긍정적 가치를 재구성하는 도덕적 주체에 대한 믿음도 없다. 이 세계에서 주체는 등장인물을 모방하면서 구성되는 주체이다. 소설 부정론에서 현실 세계는 허구 세계의 영향을 직접적으로 받는 것으로 본다.

3. 일원론적 세계, 특성적 가치의 한정적 위상

잡록 텍스트에서 특성적 가치와 도덕적 가치의 결합 방식에 대해 몇 가지 이론적 가능성을 언급해보자. 먼저 특성적 가치와 도덕적 가치가 서사 내에 모두 나타나는 경우가 있을 수 있다. 이 경우 두 가지 하위 유형이 가능하다. 하나는 특성적 가치 가운데 선(善)만이 형상화되어 있는 경우와 선악(善惡)이 모두 형상화되어 있는 경우이다. 선의 형상화는 가장 바람직한 특성적 가치로 여겨진다. 선의 형상화가 교훈을 직접 전달하기에 특성적 가치는 곧 도덕적 가치가 되기도 한다. 선악이 모두 형상화된 경우 도덕적 가치는 주체에 의해 탐구되어야 하지만 실제로 선인의 보상과 악인의 징벌이 텍스트에서 발견되기에, 즉 텍스트가 도덕적 가치를 기입하고 있기 때문에, 이 탐구는 주체마다 비슷한 결론에 이를 수 있다.

앞서 언급한 것처럼, 텍스트에 특성적 가치만 드러나고 도덕적 가치는 전혀 드러나지 않는 경우도 가능하다. 이때 독자는 특성적 가치의 독서를 통해 도덕적 가치를 읽어내야 한다. 이 과정에서 특성적 가치의 범주를 전환해야 하기에 독서 주체에 따라 다른 양상의 독서를 할 수 있다. 『촌담해이』 자서에서 본 것처럼, 담론적 저자가 이 전환을 가능하다고 생각하게 되면, 그 텍스트에서는 서사가 수용할 수 있는 특성적 가치의 폭이 넓어진다. 그러나 도덕적 가치로의 전환 가능성을 배제하게 되면 특성적 가치를 비판하고 서사 자체의 효용성을 문제 삼을 수 있다. 후자의 경우, 담론적 저자는 도덕적 전환을 수행할 독서 주체의 능력에 대한 믿음을 전제하지 않는다. 오히려 그가 상정하는 독서 주체는 소설의 부정적 형상화를 그대로 현실 세계에 적용하는, 모방적 주체이다.

전환의 가능성과 그것을 수행할 주체의 능력에 대한 믿음은 조선 초기의 자서나 저자의 친우들이 쓴 서발문에서 주로 나타나지만 조선 후기의 서발문에서도 찾아볼 수 있다. 이런 경향이 시대에 한정되어 나타나는 것은 아니다. 도덕적 전환의 가능성을 전제하는 독서와 그렇지 않은 독서는 조선시대 독서 활동의 두 가지 대표적 경향이라고 할 수 있다.

이 장에서 우리의 첫 번째 목표와 관련해서, 유희적 독서에서 특성적 가치는 어디에 어떻게 자리 잡고 있는지 살펴보아야 하겠다. 잡록의 서발문에 나타난 것처럼 특성적 가치는 매우 불안전한 위상을 가진다. 그것은 도덕적 가치로 연결되어야만 긍정될 수 있는 가치라는 점에서 도덕적 가치에 의존적이며, 부수적이다. 반면 도덕적 가치는 특성적 가치를 전제하지 않고도 도출이 가능하다. 특성적 가치가 전제되지 않는 시나 문장에서도 도덕적 가치를 찾을 수 있다. 도덕적 가치는 특성적 가치를 전제로 하지 않아도 인정되지만, 특성적 가치가 인정받기 위해서는 도덕적 가치를 전제해야 한다. 특성적 가치가 인정될 때, 두 가치의 관계는 옐름슬레우(Louis Hjelmslev)가 말한 "한정"(determination)의 관계와 가깝다.[19] 따라서

19 하나의 항이 다른 항을 전제로 하며 그 역도 참인 쌍방 존속을 옐름슬레우는 상호 종속(interdependance), 하나의 항이 다른 항을 전제로 하지만 그 역은 참이 아닌 경우를 한정(determination), 두 개의 항이 양립 가능하지만 서로를 전제로 하지 않는 자유로운 관계를 들러리(constellation)라고 한다. 김성도, 『구조에서 감성으로』, 고려대학교 출판부, 2003, 79면, 단, "determination"과 "constellation"의 번역어는 서성철, 『기호에서 텍스트로』, 민음사,

특성적 가치의 위상은 옐름슬레우의 의미에서 "한정적" 위상이라고 할 수 있다.

특성적 가치가 도덕적 가치로 전환되어 읽힐 가능성은 많다. 사물의 질서에 도덕적 질서가 내재한다고 보는 경우 특성적 가치는 곧 도덕적 가치가 되기도 한다. 이 경우 독자들은 인물의 선과 악을 그 귀결과 상관없이 처음부터 인지하게 될 것이다. 그렇지 않다 하더라도 소설의 서발문은, 특성적 가치가 어떻게 귀결되는가에 대해 인과적으로 설명하고 있다. 텍스트에 이러한 도덕적 가치가 기입됨으로 해서, 독자들은 독서 과정에서 다소 어려움을 겪을 수는 있어도, 궁극적으로 선과 악을 분별하게 된다.

문제가 되는 것은 부정의 형상화로 인해 구성되는 특성적 가치이다. 이에 대해서는 두 가지 극단적 태도가 있었던 것으로 보인다. 부정의 형상화가 주체의 능력에 따라 긍정적 가치를 도출할 수 있기에 도덕적 가치와 관련될 수 있다고 보는 시선과, 부정의 형상화가 비도덕적 가치를 도출하기에 비판받아야 한다는 입장이 그것이다. 잡록의 서발문에서 부정적 형상화에 대해 다룰 때에는 전자의 입장을 취하지만, 유학자들의 소설 부정론은 후자의 입장을 취하기도 한다.

도덕적 질서는 주체에게 내재한 것으로 여겨지기도 하였다. 따라서 도덕적 주체는, 부정의 형상화에서 나타나는, 선악이 분별되지 않는 사물의 세계를 도덕적으로 전환시켜 이해할 수 있다. 도덕적 주체가 적극적으로 전환을 수행할 경우, 부정의 형상화는 전혀 문제시되지 않는다. 허구 세계에서 형용 가능한 특성적 가치들의 종류와 양은 다양할 수 있다. 그러

1998, 132면을 따랐다. 언어학에서 한정의 관계는 접두사와 어간의 관계로 설명 가능하다. 접두사는 어간 없이는 존재할 수 없는 반면 어간은 접두사 없이 존재할 수 있다. 서성철, 앞의 책, 133면.

나 도덕적 주체를 상정하지 않는 담론적 저자들에게 허구 세계에 나타난 부정의 형상화는 현실 세계에서도 부정적 가치를 양산하는 것으로 이해된다. 이때 허구 세계의 형상화는 현실 세계에 그대로 영향을 미치는데, 이는 허구 세계와 현실 세계를 동일한 메커니즘을 가진 일원론적 세계로 이해했기 때문이다.

허구-현실의 관계를 일원론적으로 파악하는 것은 "전환"을 통해 허구의 사건을 현실의 사건으로 우회적으로 이해하고자 하는 경향에서도 마찬가지이다. 이 경향의 선구자들은 허구의 부정적 형상화가 주체의 읽기 행위에 의해 도덕적으로 재해석될 수 있는 가능성을 언급하였다. 특성적 가치가 도덕적 가치로 전환될 수 있다고 해서 허구와 현실의 관계가 이차원적인 것은 아니다. 이러한 주장 역시 허구 세계의 사건과 인물이, 현실 세계 사건과 인물의 우의적 표현이라는 것을 전제한다. 허구의 기표들은 현실 속에 기의를 가지는 것이다.[20]

대부분의 서발문에서 특성적 가치는 바로 도덕적 가치가 되기도 하며, 주체의 능력에 따라서는 부정적 가치마저 도덕적 가치가 될 수도 있다. 특성적 가치는 독립적이지는 않지만 주체의 도덕적 능력이 전제되는 한 광범하게 존재할 수 있는 것이다. 특성적 가치는 도덕적 가치에 비해 열등한 것이고 도덕적 가치 없이는 존재할 수 없는 것이지만 역으로 도덕적 가치가 전제되는 한 광범하고 유동적으로 영역을 넓힐 수 있다는 점에서 매우 역설적 위상을 가지기도 한다.

20 허구와 현실을 이차원적으로 이해하는 경향이 있다면 그것은 허구와 현실이 서로 다른 법칙들에 의해 운용된다는 것을 전제해야 할 것이다. 허구-현실의 이차원적 관계 맺음은 조선시대 서발문에서 발견되지 않는다.

4. 도덕적 선택의 기로에 선 주체

앞서 말한 것처럼, 잡록 서발문에서 그 효용으로 가장 빈번하게, 그리고 명시적으로 나타나는 것이 도덕적 가치의 문제였다. 푸코에 따르면, 도덕이라는 말은 다양한 규율 기구를 통해 개인이나 그룹들에 제한되는 행동 규칙과 가치들의 총체를 의미한다. 이 규칙들의 총체를 '도덕적 규약'이라고 부를 수 있다. 그러나 도덕이라는 말은 또한 그들에게 제기된 규칙과 가치들과의 관계 속에서 개인들의 도덕적 행동을 의미하기도 한다. 이러한 측면을 '행동의 도덕(성)'이라 부를 수 있다.[21]

이렇게 규약과 행동, 즉 규칙과 그것의 구체적 실천이라는 두 가지 축으로 도덕이 구성된다고 할 때 중요한 것은 규칙과, 이 규칙에 맞게 조절할 수 있는 행동이 별개임을 인정하는 것이다. 각각이 관계 맺는 방식의 다양함 속에 개인의 편차나 시대별 특징이 자리 잡는다. 잡록의 서문은 도덕적 규약이라고 불릴 만한 것들을 직접적으로 언급하기도 한다. 그러나 잡록을 편찬한다는 것은 경전과 같은 규범적인 저술의 편찬과 다르다. 잡록의 편찬 행위는 도덕적 규약을 언급해야 정당화될 수 있다는 데에서도 단적으로 알 수 있다. 잡록의 특성적 가치를 통해 도덕적 가치를 확인하는 담론적 저자의 논리는 도덕적 규약을 염두에 두는 하나의 구체적 실천이라고 할 수 있다. 앞서 살펴본 것처럼 그 구체적 실천은 끊임없는 선택의 과정이다. 어떻게 쉴 것인가, 독서를 하면서 쉴 경우에는 어떻게 도덕적 가치를 찾아낼 것인가, 혹은 이미 텍스트에 드러난 도덕적 가치를 어떻게 적용 혹은 실천할 것인가. 잡록을 읽는 주체는 끊임없이 도덕적 선택을 해야 한다.

---

21 미셸 푸코 저, 문경자 · 신은영 공역, 『성의 역사』, 나남출판, 1990, 39~40면.

텍스트를 도덕적 가치의 관점에서 독서하는 주체라고 해서 텍스트에 몰입하지 못하는 것은 아니다. 그러나 도덕적 가치는 현실을 참조하면서 만들어지는 것이기에 도덕적 가치를 염두에 두는 독서에서 텍스트의 허구적 세계는 현실 세계와 지속적으로 교섭을 하게 된다. 도덕적 가치를 강하게 전제하는 텍스트일수록 주체의 허구적 세계에의 몰입은 제한될 수 있다. 반면 도덕적 가치가 숨겨지고 특성적 가치가 유표화되는 텍스트일수록 주체는 허구적 세계에 쉽게 몰입할 수 있다. 그러나 조선시대 특성적 가치에 대한 유희적 독서는 표면적으로는, 그것을 통해 도덕적 가치를 찾을 수 있다는 믿음을 전제하면서 이루어지는 경향이 있었다.

앞서 언급한 것처럼 일과 휴식, 휴식의 방법, 잡록을 읽는 방식은 모두 일련의 선택이었다. 이 선택은 유교적 관점에서 올바른 것을 찾고 올바르지 않은 것을 배제하려는 지향점을 가진다. 도덕적 주체는 계속적인 선택의 과정에 있기는 하지만 주체에 대한 믿음에 따라 각기 다른 활용의 범위를 가졌던 것처럼 보인다. 주체에 대한 믿음의 차이는 '본연지성'(本然之性)에 대한 믿음의 차이이기도 하다. 즉, 마음[心性]에 내재되어 있는 도덕적 본성의 인식 능력을 낙관하는 사람들과, 그것을 낙관하지 못하는 사람들 사이의 차이이기도 하다.[22] 잡록의 독서에서, 인간 마음에 내재된 도덕적 본성에 대한 낙관을 전제할 때 독자는 "도덕적 주체"가 될 수 있으며 그렇지 못할 경우 "모방적 주체"가 된다. 도덕적 주체는 선(善)을 어떻게 찾을 것인가에 대해 관심이 있다면 모방적 주체는 선을 선한 방법으로만

22 김정신에 따르면 조선 후기에는 특히나 수양의 요구가 대두하였는데, 그 이유는 "마음의 기적인 측면은 지각능력보다는 형기에 구애되거나 물욕에 가려져 본연의 성(性)을 상실할 수 있다. 본연지성(本然之性)은 선하지만 기질지성(氣質之性)은 악할 수 있기에 두 가지의 괴리" 때문이다. 김정신, 「조선 전기 훈구 · 사림의 정치사상 비교」, 연세대학교 박사학위논문, 2008, 195면. 여기에서는 이를 조선 전기와 조선 후기의 변별적 차이보다는 주체에 대한 믿음이 발생할 수 있거나 없었던 메커니즘의 차이로 이해하고자 한다.

찾으려고 한다. 잡록의 서발문을 통해 보건데, 잡록의 독서는 모방적 주체보다는 도덕적 주체를 상정하면서 이루어졌고, 이것은 잡록의 독서가 도덕의 활용에 있어서 그 범위가 상대적으로 넓었음을 의미한다.

제3장 도덕적 가치와 인식적 가치의 관계

1. 박학(博學), 견문의 기록

앞서 우리는, 잡록의 서발문에서 특성적 가치가 '인정'과 '물태'의 묘사로 나타나며, 이것은 도덕적 가치와 불안정하면서도 포괄적인 관계를 가지고 있었음을 살펴보았다. 유희적 독서는 인간과 사물의 특성이 얼마나 잘 형상화되었는가 하는 특성적 가치를 찾는 과정이기도 하지만, 또 다른 한편으로는 단순한 사실에 대한 호기심을 충족해가는 과정이기도 하다. 웨인 부스의 언급을 상기한다면, 우리는 독서 과정에서 "'사실들', 올바른 해석, 올바른 이유, 올바른 기원, 올바른 동기, 인생 자체에 관한 진리 등에 대해 강력한 지적 호기심을 가지고 있거나 갖게 될 수 있는 것"이다.[1] 이 장에서는 사실에 대한 호기심인 인식적 가치가 도덕적 가치와 어떤 관련을 가지고 있는가를 살펴보기로 하겠다.

잡록에는 설화 · 소설 · 평론 · 시화 · 잡담 · 견문 · 수록(隨錄) · 해학 ·

1 웨인 부스 저, 앞의 책, 160면.

기담 · 격언 · 속담 등 광범한 문학 양식들[2]이 포함된다. 이렇게 다양한 양식들이 수록될 수 있었던 것은 견문을 자유롭게 기록한다는 저술 맥락과 관련이 있다. 일단, 견문의 기록으로서의 잡록은 인식적 가치와 긴밀한 관련을 가질 것이라고 가정해볼 수 있다. 견문을 자유롭게 기록한다는 저술의 맥락은, 잡록의 서발문에 피력된 파한(破閑)의 목적과 자연스럽게 연결되기도 한다.

이 장은 잡록의 서발문에서 '앎'(박학[博學])의 문제가 처리되는 방식에 관심을 가진다. 잡록은 자유롭게 견문을 기록하기에 기록된 내용들은 서로 이질적일 수밖에 없다. 이질적 내용이 독자에게 어떤 효용을 가지는가를 생각해볼 때 이 역시 이질적일 수밖에 없다. 문제는 이 효용이 양립하기 어려운 것이라는 데 있다.[3] 어떤 사건이나 사실이 단순히 보거나 들은 것이기에 기록되었다면 혹은 한가한 시간을 사용하기 위해 기록되었다면 그것은 독자들에게, 도덕적 가치를 가지기 힘든 내용을 전달할 수 있다. 즉 텍스트의 실제적 가치와 인식적 가치는 충돌할 수 있는 것이다. 그렇다면 서발문에서 담론적 저자들은 이러한 가치의 충돌을 인식하고 있었을까? 인식하고 있었다면 이들의 관계를 어떻게 상정하고 있었을까 살펴보자.

---

2 김석하, 「잡기 문학 서설」, 『동양학』 5권, 단국대학교 동양학연구소, 1975, 206면.

3 강재철은 성종시대 "패관소설"의 융성 동인을 연구하면서 서발문에서 찾을 수 있는 동인으로 패관소설이 ① 박학다식을 위해 필요하거나 박학다식의 표현이라는 점, ② 파한(破閑)과 지수(止睡)를 위해 필요하다는 점, ③ 세교의 교화수단이라는 점, ④ 잡록의 저술을 역사로 인식했다는 점, ⑤ 패관소설을 읽고 독자에게 미치는 선악의 영향은 독자 자신 탓으로 돌렸다는 점을 언급하였다. 강재철, 「성종조 패관소설의 융성동인 연구」, 『한문학논집』 3집, 근역한문학회, 1985, 195~208면. 이 장의 논의는 기존 논의에서 확인된 잡록의 효용을 토대로 하면서, 서로 양립하기 어려워 보이는 효용들, 예컨대 박학 혹은 파한과 세교의 관계를 담론적 저자들이 어떻게 일관된 것으로 인식했는가를 중심으로 이루어진다.

2. 인식적 가치와 도덕적 가치의 위상과 상호작용: 박학(博學)과 세교(世敎)의 관계

잡록이 박학(博學) · 박람(博覽) · 박문강기(博聞强記)를 위한 것이라는 표현은 잡록의 유통과 소통 과정에서 빈번하게 등장하는데, 그 가치에 대해서는 논란의 여지가 있다. 성종(成宗) 때에 경상감사 이극돈(李克墩, 1435~1503)이 『유양잡조』(酉陽雜俎), 『당서시화』(唐宋詩話), 『유산악부』(遺山樂府), 『파한집』(破閑集), 『보한집』(補閑集), 『태평통재』(太平通載) 등의 책을 바쳤는데, 이에 대해 탄핵이 있있다. 특히 문제가 되는 것은 『유양잡조』 였다. 『유양잡조』는 당나라의 단성식(段成式, ?~863)이 엮은 책으로, 선불인귀(仙佛人鬼)로부터 동식물에 이르기까지를 기재하고 있는 일종의 잡록이다. 문제가 커지자 이극돈은 성종에게 이 책을 위시하여 여러 책들의 간행 이유에 대해 게(啓)를 올렸다.

"『태평통재』, 『보한집』 등의 책은 전에 감사(監司)로 있을 때 이미 인간(印刊)하였고, 유향(劉向)의 『설원신서』(說苑新序)는 문예(文藝)에 관계되는 바가 있을 뿐만 아니라, 또한 제왕(帝王)의 치도(治道)에도 관계되며, 『유양잡조』(酉陽雜俎)가 비록 불경(不經)한 말이 섞여 있다 하나 또한 널리 보는 사람들[博覽者]이 마땅히 섭렵(涉獵)하는 바이므로, 신이 간행(刊行)하게 하였습니다."[4]

이극돈은 『유양잡조』에 불경한 말이 섞여 있다는 것을 인정하지만, "널리 보는 사람들" 즉, "박람자"가 섭렵해야 하는 것이므로 간행하게 되었다고 하였다. "불경"은 비도덕적 가치를, "박학"은 인식적 가치를 표현하는 말이다. 이극돈은 『유양잡조』에 비도덕적 가치와 인식적 가치가 함

4 성종 24년, 12월, 29일, 기축.

께 있음을 인정하고 있다고 하겠다. 또한 『유양잡조』가 간행된 것을 통해, 그가 "불경"의 부정적 요소보다는 "박람"의 긍정적 요소를 중시했거나, 긍정적 요소가 부정적 요소를 무시할 만큼 대단하다고 판단했음을 알 수 있다. 경우에 따라서 "박람"의 인식적 가치는 "불경"의 비도덕적 가치를 뛰어넘을 수도 있다. 그러나 『유양잡조』의 간행이 많은 논란을 불러온 데에서 알 수 있는 것처럼 그러한 판단에는 항상 문제제기가 따른다.

그렇다면 잡록의 서발문에서 도덕적 가치와 인식적 가치는 어떤 관계를 가지고 나타날까.

① 공의 박문강기(博聞强記)는 보통 사람보다 훨씬 뛰어나 선현의 본집뿐만 아니라 전기(傳記)에 실린 것이나, 보고 들은 것이 있으면 속되거나 우아하거나를 묻지 않고 이내 붓을 들었다.

② 경(經)과 사(史)는 진정 성군(聖君)과 현상(賢相)이 국가와 천하를 다스리는 방법인 것이오, 패관소설에 있어서도 유자가 문장이나 농담으로써 혹 박문을 바탕으로 하기도 하고 혹 파한(破閑)으로 인(因)하여 하는 것이니, 모두 없어서는 안 될 것이다.[5]

① 『동인시화』 서(序)에서 김수온(金守溫, 1410~1481)은 "박문강기"를 저자의 미덕으로 언급한다. 박문강기는 속된 것[俚]과 우아한 것[雅]을 모두 포섭한다. 『동인시화』에서 말한 속된 것은 『유양잡조』의 불경한 것과 상

5 日經日史 固星君賢相所以治國治天下之道也. 至於稗官小說, 亦儒者以文章以劇 或資博聞 或因破閑 皆不可無者也. 서거정, 『徐四佳全集』.

통한다. 이 부분은 속된 것과 우아한 것이 모두 『동인시화』에 나타나고 있음을 인정하고 있다. 심화된 해석도 가능하다. 속된 것이 『동인시화』에 포함될 수밖에 없었던 것은 『동인시화』가 박문강기의 결과물이기 때문이다. 그렇다면 박문강기와 속된 것은 불가분의 관계일 수 있다. 박문강기는 속된 것을 수반할 수밖에 없다. 박문강기는 가치를 따지지 않고 기록하는 행위이기 때문이다.

② 『태평한화골계전』 〈후서〉(後序)에서 서거정은, 경과 사의 사용 주체를 '성군'과 '현상'으로 보고, 잡록(패관)의 사용 주체는 '유자'로 본다. 전통적 문장과 농담은 박문을 이루는 것들이자, 파한을 가능하게 하는 소재라고 할 수 있다. 서거정은 박문과 파한으로 이루어진 패관과, 국가와 천하를 다스리는 방법인 경사(經史)가 모두 필요하지만, 서로 다르다는 것을 전제한다. 서거정은, 박문으로 이루어진 패관소설이 경사와는 차별적인 요소들을 가지고 있다고 인식하였다. 그렇다면 그러한 요소들은 구체적으로 어떤 것일까?

잡록의 서문에서는 박문의 구체적 범위나 세부 항이 언급되기도 한다.

> 『서포만필』(西浦漫筆) 한 책을 살펴보면, 대개 성현(聖賢)의 경전에 실려 있는 것으로, 은미하게도 천인(天人)의 성명(性命)이 되는 것과, 뚜렷하게는 예악(禮樂)의 명물(名物)이 되는 것으로부터, 역대 흥망성쇠의 자취, 인사(人事)의 시비득실의 귀결에 이르기까지, 그리고 성력(星歷) · 산수(算數) · 산천 · 토지 · 제자학(諸子學) · 외국사(外國事)를 모두 꿰뚫고 포괄하여, 문장을 논하고 시를 해설하는 것과 해담(諧談) · 패설(稗說)에 이르기까지 모두 갖추고 있는데, 마침내는 앞사람이 드러내지 않은 바를 드러냄이 많았다.[6]

6 漫筆一書, 盖自聖經賢傳之所載 微而爲天人性命 著而爲禮樂名物, 以及歷代興亡盛衰之跡 · 人

'박학'의 내용은 무수히 많은 세부 목록으로 이루어진다. 그것은 경전에 실린 것부터 해담이나 패설에 이르기까지의 내용을 모두 갖추고 있다. 잡록의 내용은 경전과 일부는 유사하지만 일부는 다르다. 바로 그런 광범위함이 장점이 될 수도 있는데, '앞사람이 드러내지 않은 것을 드러내기' 때문이다. 그 목록들이 많을수록 앞사람이 말하지 않은 것들을 언급할 가능성은 크다. 그러나 이런 세부 목록들의 길이와 넓이는 그 자체로 중요한 것은 아니다.

> [서거정이] 『태평광기』를 읽었는데, 이는 송나라 학사(學士) 이방(李昉)이 지어서 송(宋)나라 태종에게 바친 저서이다. 분량은 500권으로 패관소설과 여항비어(閭巷鄙語)를 모았으니, 세교(世敎)에 관련 있는 게 아니라 다만 골계의 지름길일 따름이다. 그래서 속으로 보잘것없게 여겼다. [……]
>
> 화중은 웃으며 말했다.
>
> "자네 말은 진정 타당하네. 그런데 군자는 이전의 언행들을 많이 알아야 한다네. 유자(儒者)로서 널리 배우고 궁벽하지 않아 넓히면서도 요약할 수 있다면 무엇이 해롭겠는가? 더구나 긴장하고 늦추지 않는 건 문왕 · 무왕도 하지 못한 것으로, 반드시 모두 성현(聖賢)의 글이라야 읽는다면 기운에 미흡한 바가 있으니, 상하고금에 출입하고 관통하여 통달한 유자가 될 수 있겠는가? 자네 어찌 그리 좁은가?"[7]

事得失是非之歸, 與夫星曆 · 算數 · 山川土地 · 諸子之學 · 外國之事, 皆貫穿包括, 至於論文 · 說詩, 繼以諧談稗說, 無不備具, 而卒多發前人之所未發. 김춘택(金春澤), 〈西浦漫筆序〉, 『西浦集 · 西浦漫筆』, 통문관, 1971, 375~377면, (『한국고소설관련자료집』 1권, 태학사, 2001, 143면).

7 及讀太平廣記, 乃宋學士李昉所撰, 進之太宗者也. 爲書總五百卷, 大抵集稗官小說 · 閭巷鄙語, 非有關於世敎, 徒爲滑稽之捷徑耳. 心竊少之. [……] 和仲笑曰 "子誠確論也. 然君子多識前言往行, 儒有博學而不窮, 能博而能約之, 庸何傷乎況張而弛, 文武不爲, 必皆聖賢而後讀之, 騁氣有

『태평광기』가 세교가 아니라 골계에 관여하기 때문에 그 책을 못마땅하게 여기던 서거정에게 성간(成侃)은 유자가 널리 배워야 하는 이유를 말한다. "넓히면서도 요약할 수 있어야 한다."[能博而能約之]는 것이다.[8] 이는 『맹자』의 「이루」(離婁) 하(下)를 인용한 것인데, '능박능약'(能博能約)은 유가적 학문의 지향점이기도 하다.[9] 유학적 앎은, 지식을 무한히 축적하는 데 있지 않다. 그것은 '약'하기 위해서이다. 이 약(約)은 "천리와 본성에 일관한 도(道)"를 깨닫는 것과 관련이 있다. '약'은 도덕적 가치를 깨닫는 과정 혹은 도덕적 가치 자체라고 할 수 있다. '약'(約)이 중요하다고 해서 자신의 경험에만 근거하여 할 수는 없다. '약'(約)하기 위해서는 '박'(博)이 필요하며 '박'(博)이 확충될수록 제대로 된 '약'(約)에 도달할 수 있다. '박'과 '약'은 서로 다른 범주를 구성하지만 서로 끊임없이 순환하면서 학문의 일반성과 객관성을 담보한다.

화중에게, 박문강기는 도를 깨닫기 위한 것이다. 박문강기는 그것이 제대로 이루어진다면 도덕적 가치와 상충하지 않는다. 화중의 생각은 경전에 근거한 것이었는데, 『맹자』에서는 인식적 가치와 도덕적 가치가 순환하면서 발전한다는 이상적 관계를 상정하고 있다. 여기에는 인식적 가치와 도덕적 가치 사이의 괴리가 없다. 반면 서거정은 인식적 가치가 골계로 연결될 뿐 도덕적 가치와 연결되지 않는다고 생각한다. 이러한 그의 생각은 화중과의 문답을 통해 바뀌게 된다. 서거정은 도덕적 가치와 인식적 가치를 별개로 생각하는, 아직 깨닫지 못한 독자를 대변하기도 한다.

所未周, 安能上下古今, 出入貫穿, 爲天下之通儒乎何子之示狹也" 서거정, 〈詳節太平廣記序〉, 『四佳集』 4권, (『한국고소설관련자료집』 1권, 태학사, 2001, 83~84면).

8 『孟子』, 「離婁下」 孟子曰 博學而詳說之 將以反說約也.

9 강재철, 「성종조 패관소설의 융성동인 연구」, 『한문학논집』 3집, 근역한문학회, 1985, 195~208면, 196면.

서거정이 화중과의 대화를 통해 깨달은 것처럼, 독자들도 이들의 대화를 읽어가면서 도덕적 가치와 인식적 가치가 통합된 것이라는 깨달음을 얻을 수 있다. 깨달음의 핵심에는 '박'과 '약'의 관계에 대한 이해가 놓여 있는데, 인식적 가치와 도덕적 가치는 서로 다른 범주를 구성하는 듯하지만, 박이 확충됨으로써 약에 도달하게 되는 것처럼, 인식적 가치는 도덕적 가치로 통합 가능하다.

서거정은 인식적 가치가 골계를 지향할 뿐이라고 언급한 바 있다. 바로 그 이유 때문에 인식적 가치는 낮게 평가되었다. 인식적 가치는 도덕적 가치로 통합될 수 있는 가능성이 열리고 나서야 긍정적으로 평가될 수 있었다. 그러나 경우에 따라서 인식적 가치는 도덕적 가치로 쉽게 통합되기도 하였다.

> 우해는 젊어서 도가(道家)의 방술(方術)을 대단히 좋아했었다. 서호(西湖)에서 일없이 지내며 수양하는 틈에 우리나라의 누락된 역사와 예원(藝園)의 여러 이야기와 유교 · 불교 · 사곡가(詞曲家)로부터 이름난 사람들의 별호(別號)와 시골 방언에 이르기까지 널리 갖추어서 자세히 기록해놓지 않은 것이 없었다. 요컨대 세교(世敎)를 돕고 사람들의 기강을 바로잡는 데에서 벗어나지 않았다. 그 중에는 한두 가지 우스갯말로써 보는 이에게 웃음을 제공하기도 하였으니, 이는 역시 사마천과 반고가 우전(優旃)과 동방삭(東方朔)의 사적을 남긴 뜻과 같은 것이리라.[10]

10 于海少也, 酷好道家之方, 坐閱於西湖, 修養之暇, 雜取我東國乘所漏, 藝園叢談及儒 · 仙 · 釋 · 詞曲家, 以至聞人別號 · 閭里方言, 靡不博綜而該錄, 要不出扶世敎關人紀, 間有一二滑稽之說, 以資覽者解頤, 是亦遷 · 固記優旃 · 方朔之遺意也, 不可有二, 不可無一矣. 김득신, 〈旬五志序〉, 『洪萬宗全集』 上, 태학사, 1980, 1~2면(『한국고소설관련자료집』 1권, 태학사, 2001, 140면).

김득신(金得臣, 1754~1822)은 『순오지』 〈서〉에서, "누락된 역사와 예원(藝園)의 여러 이야기와 유교 · 불교 · 사곡가(詞曲家)로부터 이름난 사람들의 별호(別號)와 시골 방언에 이르기까지" 『순오지』의 다양한 세부 사항들이 세교를 돕고 기강을 바로잡는 것들이라고 하였다. 김득신은 『순오지』의 세부 사항들 대부분이 도덕적 가치를 가진다고 본다. 그러나 앞서 언급한 것처럼 박학의 세부 사항들은 매우 다양하며 박학의 결과에는 고상한 것, 경전과 유사한 것뿐만 아니라 비속한 것, 경전과 다른 것이 필연적으로 수반된다. 김득신 역시 이에 대한 인식이 있었던 듯하다. "그 가운데 한두 가지 우스갯말로서 보는 이에게 웃음을 제공하는 것이 있다."는 표현은 세교로 수렴되지 못하는 세부 사항들이 있다는 것, 그것이 웃음을 제공한다는 것을 알려준다. 웃음을 제공하는 것은 세교와는 관련이 없는 것으로 인식된다. 이는 서거정이 문장과 농담으로 이루어진 패관소설이 경서와 다르다는 것을 전제한 것과 같은 맥락이다.

이렇게 세교와 웃음의 대립적 인식은, 앞서 언급한 것처럼, 서거정이 『상절태평광기』 〈서〉에서 『태평광기』가 "세교(世敎)에 관련 있는 게 아니라 다만 골계의 지름길일 따름이다."[11]라고 했을 때에도 나타난다. 양성지는 『동국골계전』 〈서〉에서 잡록의 세부적 지향점에 대해 다음과 같이 언급한다.

> 무릇 조야 사대부의 일언(一言) · 일사(一事)라도 귀에 들리면 바로 적고 붓으로 글을 지어내 명교(名敎)에 도움을 주기도 하고 담소(談笑)에 도움을 주기도 하니, 강호(江湖)에 묻혀 사는 자가 새롭게 지어낸 이야기가 아니라 바로 국노(國老)가

11 非有關於世交 徒爲滑稽之捷徑耳. 서거정, 『상절태평광기』(詳節太平廣記) 〈序〉, (『한국고소설 관련자료집』 1권, 83면).

동헌(東軒)에서 나눈 필담(筆談)이다.[12]

여기에서는 잡록의 세부 사항 가운데 세교에 직접 관련이 있는 것과 담소에 도움을 주는 것이 있음을 언급한다. '세교 · 명교 / 웃음 · 골계 · 담소'가 서로 대립적으로 인식될 수 있음을 보여준다. 잡록의 세부 사항들 가운데 일부는 세교로 통합 · 귀속되지만 일부는 통합 · 귀속되지 않고 웃음 · 골계 · 담소가 된다. 그렇다고 해서 세교와 골계는 대등한 관계의 대립항이라고 보기는 어렵다. 유몽인(柳夢寅, 1559~1623)은 『종리호로』(種離葫蘆)에 대해 "외설스러워서 차마 보고 들을 수가 없는데, 유독 두 가지 일만은 세교(世敎)에 관련될 만하다."라고 언급한다. 여기에는 세교와 외설의 이분법이 작동한다. 물론 텍스트의 특성에 따라 '골계'를 사용할 수도 있고 '외설'을 사용할 수도 있다. 그러나 텍스트의 차이에 따라 '세교'를 이르는 말이 크게 달라지지는 않는다. 이는 '세교'와 대립되는 언어에 대해 합의된 명칭이 부재했다는 것을 보여준다. 이런 제반 상황에 내재하는 질서에 대해서는 '세교'와 '골계'의 이분법보다는 '세교'와 '세교 아닌 것'의 이분법으로 명명하는 것이 더 적절하다.[13]

지금까지, 잡록 서발문에 대해 살펴보면서 잡록을 구성하는 세부 사항들이 세교를 지향한다는 것, 그러나 세교로 통합되지 않는 세부 사항들도 있다는 것, 그리고 그것들은 세교가 아닌 잉여적인 것으로 처리되고 있다는 것을 알 수 있다. 여기에서 잉여는 도덕적 가치로 통합되지 않고 남아

12 凡朝野士大夫間, 一言一事, 聞耳輒書, 伸筆爲文. 于以贊名教, 于以助談笑, 非湖海歸田者新話也, 乃國老東軒之筆談也. 양성지, 『東國滑稽傳』〈序〉, (『한국고전소설관련자료집』 1권, 78면).

13 이것들은 모두 비천한 것, 낮은 것, 억압해야 할 것으로 제대로 된 통칭을 가지지 못한 것이 아닐까 한다.

있는 것을 통칭한다. '잉여'는 대상을 지칭하는 안정된 의미로 환원되지 않고 남아 있는 부분이다. 이 잉여는 명칭이 부여되지 않았다는 의미에서, 의식적 영역이 아니라 무의식의 영역에 속한다. 세교로 명명되지 않고 남아 있는 잉여의 처리는 서발문의 저자들에게 남겨진 문제이기도 했다.

3. 도덕적 가치로 귀속되지 않는 인식적 가치의 처리 방식

잡록은 견문을 자유롭게 기록한 것이기 때문에 여기에 수록된 내용들 사이에는 편차가 크다. 세교로 귀속되지 않는 잉여 역시 잡록마다 다를 수밖에 없다. 동일한 텍스트를 놓고 보아도 읽는 사람에 따라 잉여에 대한 판단과 해석이 달라진다.

『필원잡기』(筆苑雜記) 서문은 두 명의 저자들이 썼으며 그 발문은 한 명의 저자가 썼다. 1486년 표연말(表沿沫, 1449~1498)이, 1487년 조위(曺偉, 1454~1503)가 서를 썼으며, 1487년 이세좌(李世佐, 1445~1504)가 발문을 썼다. 이는 『필원잡기』라는 동일한 텍스트에 대한 각기 다른 메타 담론들이라고 할 수 있다. 여기에는 모두 잉여의 존재에 대한 인식이 나타나지만 그 처리 방식은 다르다.

> ① 그 저술한 바가 모두 우리나라의 일을 널리 찾아 모은 것이니, 위로는 조종(祖宗)의 신사(神思) · 예지(叡智)로 창수(創垂)하신 큰 덕을 기록하였고, 아래로는 공경(公卿)과 어진 대부(大夫)들의 도덕 · 언행 · 문장 등 정치에 모범이 될 만한 일에 미쳤으며, 국가의 전고(典故)와 여항(閭巷)의 풍속 가운데 세교(世敎)에 관계있는 것으로서 국사에 실려 있지 않는 것을 갖추어 기록해서 빠짐이 없으니, 비유하건대 진시황의 무덤을 발굴하니 진귀한 보물이 모두 나오는 격이요, 우저(牛

渚)에서 무소뿔을 태우니 괴물들이 달아나지 못한 격이라. 읽는 사람으로 하여금 계속하여 싫증을 잊게 하였다. 대개 필담(筆談)은 벼슬을 그만두고 거처하던 때[林下]에 보고 들은 것을 말한 것이요, 언행록은 명신(名臣)의 실제 행적을 기록한 것이니, 이 책은 이 둘을 겸한 것이다. 어찌 『수신기』(搜神記) · 『유양잡조』(酉陽雜俎) 등의 책과 같이 기괴한 일을 들추어서 두루 섭렵하였음을 자랑하며, 웃음거리로 이바지하는 데 그치겠는가?[14]

② 혹자가 "공의 저술은 다 후세에 가르침이 될 만한데, 간혹 한두 가지 패설(稗說)과 골계(滑稽)를 답습한 것은 무엇 때문인가?" 물었다. 대답하기를 "공의 박문강기(博聞强記)는 천성에서 비롯된 것으로 혹시 한가할 때에 장난삼아 붓을 잡아 평상시에 듣고 본 바를 기록한 것일 뿐이요, 애초에 저서(著書)에 뜻을 둔 것이 아니다. 우전(優旃) · 동방삭(東方朔)의 말을 사마천과 반고가 빼지 아니하고 기록하였으니, 이것도 기사체(記事體)다"라고 하였다.[15]

③ 이 책은 모두 우리나라의 전고와 어진 신하의 사적을 겸하여 갖추었고 넓으며 분변을 잘했으니 실로 나라의 역사에 도움이 될 것이요, 골계스러운 소설과는 비교할 바가 아니다. 하물며 공의 덕업(德業)과 문장(文章)은 진실로 일세의 으

14 其所著述, 皆博採吾東之事, 上述朝宗神思 [……] 睿智, 創垂之大德, 下及公卿賢大夫道德 · 言行 · 文章, 政事之可爲模範者, 以至國家之典故 · 閭巷 · 風俗, 有關於世教者, 國乘所不載者, 備錄無遺, 譬如塚發驪山, 珍貝盡獻, 犀燃牛渚, 光怪難逃. 讀之令人, 亹亹忘倦. 叢筆談, 談林下之聞見, 言行錄, 錄名臣之實迹, 而是篇殆兼之. 豈若 『搜神』 · 『雜俎』 等編, 摘奇抉怪, 誇涉獵之廣博, 供談者之戲劇而止耶 표연말, 『筆苑雜記』 〈序〉, (『한국고소설관련자료집』 1권, 93면).

15 或曰: "公之所錄, 皆可爲訓於後世, 而一二事未免襲稗說滑稽, 何耶?" 曰: "公之博聞强記, 出於天性, 時於讌閑, 戲用翰墨, 書其平日所見聞者耳, 初非有意於著書也. 優旃方朔之言, 遷固書而不削, 此亦紀事之體也." 조위, 『筆苑雜記』 〈序〉, (『한국고전소설관련자료집』 1권, 96면).

뜸으로 백대에 솟아났으니 어찌 이 책의 전함을 기다린 후에야 더욱 나타나겠는가?[16]

①에서 표연말이 쓴 『필원잡기』의 〈서〉(序)를 보면 『필원잡기』는 '위'와 '아래'라는 과거와 현재의 사실들, 국가의 공식적 사실과 여항의 풍속들이 모두 망라되어 있는 것으로 나타난다. 그러나 그것들은 선택의 과정을 거쳐 기록된 것처럼 보인다. 이러저러한 세부적 사실 "가운데 세교(世敎)에 관계있는 것으로서 국사에 실려 있지 않는 것을 갖추어 기록해서 빠짐이 없"다고 한 언급을 보면, 의도에 따른 선택의 과정이 있다는 것, 그 과정에 세교와 역사라는 두 가지 기준이 관여하고 있다는 것을 알 수 있다. 이것은 『수신기』와 『유양잡조』 같이 기괴하며 웃음거리가 되는 저술들과는 다르다. 한 가지 더, 세부적 사실은 국사를 보완하는 역할을 할 수도 있다. 그 의의에 대해서는 후술하기로 하고, 여기서는 일단 박학의 결과가 역사를 보완할 수 있다는 내용만을 정리하기로 하자.

③에서 이세좌는 『필원잡기』가 "우리나라의 전고와 어진 신하의 사적을 겸하여 갖추었"다고 하면서 그 세부들의 다양성에 대해 언급한 다음 "넓으며 분변을 잘했으니 골계스러운 소설에 비교할 바가 아니"라고 하였다. 세부 사항들이 다양하기는 하되 분변된 것이기에 골계스러운 소설과 다르다는 것인데, 세부 사항들은 선택의 과정을 거쳐 기록된 것처럼 언급하고 있음을 알 수 있다. 표연말의 서문과 이세좌의 발문은 『필원잡기』의 다양성을 인정하고 있으면서도 그것들을, 세교를 위해 선택된 세부로 본다는 데에 공통점이 있다. 이들은 또한 다른 패설들이나 골계스런

16 是書皆吾東方國家之展攷 · 賢臣之事蹟, 該而備, 博而卞, 實羽翼於國乘者, 非滑稽小說之比也. 況公之德業文章, 固將冠一世而聳百代 奚待此書之傳而後益顯耶? 이세좌, 『筆苑雜記』〈跋〉. (『한국고소설관련자료집』 1권, 98면).

소설과 『필원잡기』를 비교하고 있는데 비교의 이유는 『필원잡기』가 그것들과는 다르다는 것을 강조하기 위한 것이다.

반면 ②에서 조위가 『필원잡기』의 세부를 보는 방식은 조금 다르다. 조위는 『필원잡기』가 한두 가지 패설과 골계를 답습한 것에 대해 혹자의 질문을 받고, 대답의 형식을 동원해서 설명하고 있다. 그의 설명은 "공의 박문강기(博聞强記)는 천성에서 비롯된 것으로 혹시 한가할 때에 장난삼아 붓을 잡아 평상시에 듣고 본 바를 기록한 것일 뿐이요, 애초에 저서(著書)에 뜻을 둔 것이 아니니"라는 것이다. 그렇다면 한두 가지 패설과 골계를 답습한 부분은 박문강기의 천성에서 비롯된 부분일 것이다. 이것은 『필원잡기』에 세교로 환원되지 않는 잉여적 지식이 있음을 드러낸다. 조위는 세교로 환원되지 않는 잉여가 있을 수밖에 없는 이유를 저자의 "천성"에서 찾는다. 조위에 따르면 『필원잡기』는 저자의 천성에 따라 보고 들은 모든 것들을 기록한 것이다. 이는 『필원잡기』가 세교를 위해 세부를 선택하지 않았음을 전제한다. 조위가 "우전(優旃)·동방삭(東方朔)의 말을 사마천과 반고가 빼지 아니하고 기록하였"다는 점을 강조하는 것을 보면 선택 이전, 모든 세부의 기록이 의미를 가질 수 있다고 생각하였음을 알 수 있다. 조위의 언급에 따르면, 천성에 따라 기록한 박문강기의 내용들은 골계와 패설을 답습할 수도 있다. 텍스트의 인식적 가치를 가능하게 하는 저작 주체의 자질은 도덕적으로 질서를 내재한 것처럼 보이지는 않는다.

①의 표연말 서문과 ③의 이세좌 발문은, ②의 조위의 서문과 공통의 목적을 가진다. 이들은 모두 『필원잡기』의 내용을 소개하고 저작의 동기를 설명한다. 이 과정은 객관적이라기보다는 가치평가적이다. 『필원잡기』의 내용과 저술의 동기에 대해 긍정적·이상적 진술을 하게 되는 것이다. 이렇게 이 세 가지 텍스트는 유사해보이기는 하지만 세부의 처리 방

식에 대해서 기본적 전제가 다르다. 표연말과 이세좌는 『필원잡기』에 세교가 아닌 잉여로서의 세부가 없는 것으로 본다. 그것이 『필원잡기』에 대한 긍정적 · 이상적 진술이라고 생각하기 때문이다. 이런 진술에는 텍스트의 모든 세부가 의미를 가지는 것이 아니라 세교를 위해 선택된 세부만이 긍정적 의미를 가질 수 있다는 전제가 있다. 반면 조위의 텍스트는 『필원잡기』에 세교로 통합되지 않는 잉여가 있음을 인정한다. 그리고 그러한 선택 이전의 세부가 '기록'으로 의미를 가질 수 있다고 본다.[17]

이들은 『필원잡기』를 골계 혹은 패설과 비교할 수 있는가, 없는가에 대해서는 의견의 차를 보이고 있지만 『필원잡기』를 골계 혹은 패설과의 비교를 통해 이해하고자 한다. 『필원잡기』를 골계나 패설과의 대립관계 속에서 해명하고자 하는 것은 『필원잡기』에 기록된, 보고 들은 세부 내용들의 위상을 높이기 위한 것이지만 『필원잡기』에 그러한 것들과 비교될 만한 내용이 있음을 전제하는 것이기도 하다.

앞서 언급했듯이, 박문의 세부 사항들이 세교를 위한 것이라고 강변(强辯)되는 데에서 인식적 가치와 도덕적 가치의 뚜렷한 위계를 볼 수 있다. 잡록에 나타난 인식적 가치들은, 도덕적 가치에 종속되어야 의미 있는 것이 된다. 그러나 인식적 가치는 도덕적 가치에 수렴되지 않고 남아 있기도 한다. 도덕적 가치에 종속되지 않고 남는 잉여들은 골계 · 패설 · 담소 · 외설 · 불경으로 언급되며 일종의 처리 과정을 거친다.

그 대표적인 처리 과정은 전고와 수사로 이루어진다. ②에서 볼 수 있는 것처럼 잉여적 존재가 인정되고 나면 특히 많은 전고가 개입된다. 『맹

---

17 이것은 앞서 언급한 『동인시화』 서문에서 보이는 시각이기도 하다. '박문강기'(博聞强記)가 보통 사람보다 훨씬 뛰어나 보고 들은 것이 있으면 속되거나 우아하거나를 묻지 않고 이내 붓을 들었다는 언급을 보면, 박문강기의 천성은 속된 것과 우아한 것을 선택하지 않고 기록하게 한다. 박문강기의 결과 속된 것 역시 기록될 수밖에 없는 것이다.

자』, 『논어』의 구절에서부터, 멀게는 사마천과 반고, 가깝게는 익재의 패설 편찬이 언급된다. 또한 잉여를 해결하기 위해서, 조위나 서거정의 텍스트에서 본 것처럼, 질문과 응답이라는 수사가 끼어들기도 한다. 이 잉여들이 받아들여지기 위해서 전고와 수사가 필요하다는 것은 이 잉여들이 포장되어야 인정될 수 있는 불안한 위치에 있음을 방증한다. 이는 세교로 수렴되지 않는 순수한 지식의 불안한 위상이기도 하다.

4. '들러리'로서의 인식적 가치

인식적 가치와 특성적 가치는 모두 도덕적 가치보다는 낮은 것, 저열한 것, 부수적인 것이라는 데 공통적이다. 인식적 가치가 가지는 불안한 위상은 특성적 가치의 그것과는 또 다르다.

앞서 이극돈의 출판 행위에 대한 반론이 있었을 때 성종은 이극돈을 변호하면서 이렇게 말하였다. "임금은 당연히 선악을 관찰하여 권계를 삼아야 되는데 만일 너희들의 말과 같이 한다면 요사이 간행한 『사문유취』에는 허무맹랑한 말이 없는가?"[18] 선악을 관찰하여 권계를 삼는다고 할 때 박문의 내용은 도덕적 관점에서 관찰할 수 있는 다양한 케이스들을 제공할 수 있다. 이는 성종이 『유양잡조』의 긍정성을 강조하면서 한 말이지만, 박문의 대상이 도덕적으로 해석 가능한 범위 내에서 인정받을 수도 있다는 사실을 역설적으로 보여준다.

반면 인식적 가치는 드물기는 하지만, 도덕적 가치와 관련을 가지지 않을 수도 있다. 골계는 바로 도덕적 가치로 통합되지 않는 인식적 가치의

18 성종, 24년 12월 28일.

귀결점 가운데 하나이기도 하다. 표연말이 쓴 『필원잡기』 서문에서도 알 수 있다시피, 도덕적 가치로 통합되지 않는 또 다른 인식적 가치는 '역사'로 언급되기도 한다.

> 우리나라는 예의로써 중국에 알려졌고, 박아(博雅)한 선비가 끊이지 않았지만, 전기(傳記)는 많이 없어지고 문헌은 적으니 어찌 애석하지 않은가? 대체로 역대로 소설이나 여러 가지 서적이 있는 것은 박학(博學)의 자료로 삼고 옛 사실을 고증하기 위함이니, 또한 적어서는 안 되는 것이다. 고려조의 『보한집』 · 『역옹패설』 같은 것들과 우리 조선의 『필원잡기』 · 『용재총화』 등 십여 편을 넘지 못하니, 그동안 세상에 전하여야 할 사적들이 모두 다 사라져버린 것이다.[19]

여기에서도 박학의 대상은 "전하여야 할 사적"이 된다. 세상에 전하여야 할 사적들은 반드시 도덕적으로 선한 것일 필요는 없다. 박학은 도덕적 가치를 동반하지 않고도 '역사'로 긍정될 수 있는 여지가 있음을 알 수 있다. 박학이 역사에 도움이 된다는 주장은 여러 서발문에서 발견된다.

> 한(漢)나라 이래로 일을 기록한 작가가 한둘이 아닌데 모두 조정 바깥의 일들을 기록하여 해박한 견문의 자료로 삼았습니다. 여러 인사들의 기록이 없었다면 재야의 사건들은 누가 알 수 있겠습니까? 권계하고 징계하는 데 관계될 뿐만 아니라 역사에도 도움이 되니 그 공이 어찌 얕다고 할 것입니까?
>
> 우리나라에 선비라고 일컫는 사람들이 한둘이 아닌데 다만 사조(詞藻)로 글을

19 我東方 以禮義聞於中國 博雅之士 殆接迹焉 而博記多闕 文獻鮮徵 豈不惜哉 夫歷代之有小說諸書 所以資多聞證故實 亦不可少也. 如前朝補閑集 · 櫟翁稗說 我朝筆苑雜記 · 慵齋叢話 不過十數家而止. 其間史蹟之可傳於世者 率皆泯泯也. 『지봉유설』(芝峯類說), 경인문화사, 1970, 4면(『한국고소설관련자료집』 1권, 태학사, 2001, 128면).

지을 줄만 알고 저서로써 모범을 남길 줄을 알지 못했습니다. 오직 이인로 · 최자 · 이제현만이 파한집 · 보한집 · 역옹패설을 저술하였는데, 다만 시화(詩話)를 기록했을 뿐 당시 사건들을 널리 기록하지 못했으니 우스울 따름입니다.

내 친구 채기지(蔡耆之)가 한가할 때에, 평소에 들었거나 동료들과 나눴던 말들이 비록 비리한 이야기라 할지라도 모두 버리지 않고 기록하였다. 그 근면히 저술하고 깊이 힘을 쓰는 것이 어찌할 수 있겠습니까? 가히 후배들에게 권계가 될 것이요, 재야의 뛰어난 역사가 될 것이며, 노년에 감상하고 한가로울 때에 즐길 만한 것이 될 것입니다.[20]

성현(成俔)은 『촌중비어』 서문에서 『촌중비어』가 견문의 기록이라는 것을 밝히고 나서, 이것이 권계하는 데 관계될 뿐만 아니라 나라의 역사에 보탬이 된다고 하였다. 역사에 보탬이 된다는 주장은 마지막에서 다시 한 번 강조가 된다. 박문의 기록은 권계와 역사 둘 다에 관여할 수 있다. 이것이 가능한 이유는 앞서 언급한 것처럼 잡록이 많은 세부 사항들로 이루어졌기 때문일 것이다. 그것들 가운데 일부는 권계로, 일부는 역사로 통합된다면, 잡록의 내용이 둘 다에 관여할 수도 있다.

인식적 가치는, 독자적 가치를 인정받는다는 측면에서 도덕적 가치와의 관계를 따졌을 때, 특성적 가치보다는 독립적이라고 할 수 있다. 인식

---

20 詩有牆茨鶉奔之語 而孔子不刪 史家滑稽傳 太史公錄之 是可刪去不錄 而猶不去者 盖有意焉 所以使人 知戒而懲惡也 齊諧志怪者也 南華子效之 其言尤怪 然後之作文者 皆祖尙其法而鼓舞之也 自漢以來 記事之家 非一 而皆記朝廷所無之事 以資聞見之博 若非諸家之錄 則野外之事 誰得知之 非徒有關於勸戒 實有助於國乘 其功豈淺淺也. 我國名爲孺子 亦非一家 徒知詞藻之爲文 而不知著書垂範. 惟李仁老 · 崔 · 滋 · 李齊賢 著破閑 · 補閑 · 稗說等書 然惟錄詩話而不能廣記時事 可笑也已. 吾友蔡耆之氏 於退閑之際 以平昔所嘗聞者 與夫朋僚談諧者 雖鄙俚之事 皆錄而無遺. 其著述之勤. 用力之深 非老於文學者 其何能爲 可爲後人之勸戒也 可爲野外之逸史也 可爲老境之玩愒 而閑居之敲鍾也. 성현, 앞의 글, (『한국고소설관련자료집』 1권, 99면).

적 가치와 도덕적 가치는 서로 양립 가능하다. 또한 인식적 가치는 도덕적 가치와 무관하게 존재할 수 있다. 옐름슬레우의 용어를 빌려 말하자면 이 둘의 관계는 '들러리'(constellation)의 관계라고 할 수 있다. 세부들은 선택을 통해 구비될 때 도덕적 가치를 가질 수 있다. 선택 없이 구비된 세부들은 낮은 위상을 가지기는 하나, 그 자체로 의미를 가질 수 있다.

인식적 가치가 도덕적 가치에서 일부 독립할 수 있는 것은, 세부가 너무나 다양하여, 모두 도덕적 선을 함축할 수 없기 때문이다. 인식적 가치를 만들어내는 인간의 천성, 즉 박문강기의 천성은 반드시 선한 것만은 아니다. 인식적 가치를 가능하게 하는 '박문'의 주체가 도덕적 자질을 가지고 있다고 하더라도 자신의 가치에 맞는 것만을 기록할 경우 '박문'이라고 하기 어렵다. 특성적 가치를 읽어내기 위해서 주체의 도덕적 능력이 반드시 전제되었다면 인식적 가치를 도덕적 가치로 연결하는 과정에서 주체의 도덕성은 크게 문제시되지 않거나 방해가 될 수도 있다. 인식적 가치는 도덕적 가치와 독립적이면서도 도덕적 가치 주의를 떠도는 "들러리"처럼 존재한다.

앞서 특성적 가치에 대해서는 도덕적 주체의 능력을 전제하게 될 때, 그 운신의 폭이 넓다고 하였다. 세상을 도덕적으로 읽어낼 수 있는 능력이 있는 주체에게는 부정적 형상화라고 해서 문제될 것이 없었다. 그것은 악에 대한 경계를 드러내기에 알맞은 텍스트 요소이다. 이상의 내용을 주로 하는 담론들이 특히나 조선 초기 서발문에서 자주 나타난다. 그러나 인식적 가치를 읽어내는 도덕적 주체의 능력에 대해서 언급하는 경우는 별로 없다. 박문의 천성은 도덕성과는 별개의 것으로 가정되는 듯하다. 또한 박문의 천성은 '역사'처럼, 자체로 인정되는 부분이 있어서 그것을 굳이 도덕적 가치와 연결시킬 필요가 없었던 듯하다. 박문의 결과물로 다루어지는, 역사 혹은 역사서가 가지는 위상은 경전보다는 낮지만 소설보다는 높은 것이었다. "경사자집"(經史子集)은 분류의 항목이자 서열의 순서이기도 했다. 경서 · 역사서 · 철학서, 그리고 문학이라는 학문적 위계는, 시대에 따라 역사서와 철학서의 위상이 바뀌기는 했어도, 매우 고전적인 것이었다. 역사는 비교적 안정된 위상을 가졌다. 역사를 기록하는 박문의 천성은 도덕적 담론으로 포장될 필요가 상대적으로 적었다.

특성적 가치는 도덕적 가치보다 확실히 낮은 위상을 가지고 있었지만, 도덕적 주체가 특성적 가치를 도덕적 가치로 전환하는 능력을 가지고 있다는 믿음 하에, 특성적 가치의 존재는 광범하게 인정될 수 있었다. 특성적 가치는 열등하면서도 유동적인 영역을 가지고 있다. 반면 인식적 가치는 도덕적 가치에 비해 상대적으로 낮은 위상을 가지고 있었지만, 독립된 가치로 인정되었으며 바로 그 사실로 인해 인식적 가치는 도덕적 가치로 전환되지 않았다. 인식적 가치는 도덕적 가치에 비해 열등하기는 했지만 특성적 가치에 비해서는 우월한 영역에 위치하였고, 특성적 가치보다는 고정적 영역을 확보하고 있었다.

제4장
결론을 대신하여: 수렴적 유희로서의 잡록의 독서

'명교', '세교', '권계' 등의 도덕적 가치들은 유희와는 전혀 상관이 없는 것처럼 언급된다. 반면 '골계', '패설', '담소', '음설'은 모두 '유희적'인 것들이라고 할 수 있다. 특성적 가치 혹은 인식적 가치가 세교가 아닌 잉여로 남는다는 데에서 명교나 세교는 유희와는 상관없는 것처럼 재현된다는 것을 알 수 있다. 그렇다면 과연 도덕적 가치는 구체적으로 어떤 것이었을까, 그것은 특성적 측면과 인식적 측면을 배제하는 것이었을까에 대한 궁금증이 남는다.

> 금년 봄에 간행된 중국책 70권 소설의 제목 가운데 『종리호로』(種離葫蘆)라는 것은 서백(西伯)으로부터 나온 것으로 외설스러워서 차마 보고 들을 수가 없는데, 유독 두 가지 일만은 세교(世教)에 관련될 만하다.
>
> 그 하나는 어느 남자가 병이 들어 죽게 되었는데, 여러 자식들이 유교(遺教)를 청하자 그가 말하기를, "내가 죽으면 모름지기 구리로 만든 고리 4개를 관 옆에 달아라. 너희들이 풍수 선생의 말을 듣고 이리저리 몇 번이나 옮길지 모르겠다." 라고 하였다.

다른 하나에는 어리석은 사람이 밭에 호미를 두고 왔는데, 아내가 어디에 있느냐고 묻자 큰 소리로 "몇 번째 이랑에 있다."고 하였다. 아내가 말하기를, "이렇게 큰 소리로 말하면 혹시 듣는 사람이 있어 먼저 가지고 가면 어떻게 합니까?"라고 하였다. 그 사람이 돌아와 아내의 귀에 대고 말하기를, "호미가 이미 없어졌다."고 하였다.[1]

앞서, 유몽인이 외설과 세교를 이분법적으로 인식하고 있음을 살펴보았다. 유몽인은 『종리호로』의 음란하고 외설스러운 것들 속에서 세교에 관련된 것을 두 가지로 정리한다. 이 두 가지는 웃음을 야기하는 이야기들이다. 물론 웃음의 일반론을 참조하면, 웃음과 교훈은 반드시 대립되는 것은 아니다. 그러나 웃음이 곧 세교가 될 수 있는 것도 아니다. 세교는 명시되는 것이 아니라 주체의 해석에 의해 발견되어야 하는 것이다. 그 발견을 위해 해석 주체는 몇 가지 단계를 거치기도 한다. 웃음의 대상이 누구인가를 확인하고 그가 웃음의 대상이 되는 이유를 확인한 후 올바른 행동을 탐색하는 것이다.[2] 이 텍스트에서 유몽인이 세교를 확인하는 과정에 대해 추론해볼 때, 부정적 경우를 비판해서 올바른 경우를 탐색하는 방향성을 가진다는 것을 알 수 있을 뿐, 그 교훈의 내용이 무엇인지 명확

---

1 今年春刊中原書七十小說, 目曰, '種離葫蘆', 自西伯所來, 淫褻不忍覩聞. 獨其二事可關世敎. 其一曰: 有一夫病且死, 諸子請遺敎, 曰: '我死須着銅環四箇柩傍, 爾輩聽風水先生言, 這搬那搬, 不知幾遭.' 其一曰: "呆人失鉏于田, 妻問在何所, 高聲曰: '在田茅幾구 妻曰: '如是高聲, 或有人聞之, 先取去, 何' 其人歸附耳謂妻曰: '鉏已亡矣.'" 유몽인(柳夢寅), 『어우야담』 권3, (『한국문헌설화전집』 6권, 246~247면).

2 웃음을 주는 사건들과 그것으로부터 얻을 수 있는 교훈의 문제는 강희맹이 쓴 『촌담해이』 자서에도 잘 나타난다. 이 텍스트에서 담론적 저자는 가상의 독자와의 대화를 통해 『촌담해이』 각 편들이 어떻게 교훈을 줄 수 있는가를 설명한다. 각 편들의 교훈은 그 자체로 텍스트에 나타나 있는 것이 아니라 담론적 저자의 설명을 통해 해석되는 것이다. 자세한 내용은 다음 장, 「잡록 읽기의 유희: 『촌담해이』(村談解頤)의 경우」 참고.

하게 알기는 어렵다. 이는, 세교라는 추상적 원리와, 웃음을 야기하는 구체적 정황 사이의 괴리가 크다는 것을 시사한다. 이 텍스트에서 세교가 무엇인지는 명시되어 있지는 않지만 세교와 관련이 있다고 하는 내용들이 자세히 소개된다. 도덕적 가치는 숨겨지고 구체적인 정황만이 드러나 있는 것이다. 앞서 언급한 것처럼 웃음을 야기하는 이 구체적 상황은 특성적 가치와 관련을 가진다. 그렇다면 구체적 경우들을 가지고 추상적 원리를 찾는 작업은 곧 특성적 가치를 통해 도덕적 가치를 발견하는 것이다. 그런데 이 도덕적 가치를 발견하는 과정 자체가 또한 유희적 속성을 가진다.

구체적인 것들을 추상적 원리로 귀결시키기 위해서는 앞서 말한 것처럼 해석이 필요하다. 상황이 구체적일수록 추상적 원리를 찾기는 더 어려울 것이다. 추상적 원리는 선험적으로 분명하지만 상황들은 매우 다양해서 쉽게 추상적 원리로 환원되기 어렵다. 웃음을 통해 세교를 찾아내는 것은 수많은 기표들을 하나의 기의로 귀속시키는 과정이라고 할 수 있다. 카이와는 유희에, 강제적이고 불편한 규칙에 따르게 하면서도, 이 앞에 더욱더 거추장스러운 장애물을 끊임없이 놓음으로써 그 성질을 구속하려는 경향이 있음을 언급하면서 이를 루두스(*ludus*)라는 원리로 설명하였다.[3] 루두스는 규칙을 중시하지만, 규칙을 위해 무수한 변칙들을 만들어 낸다. 규칙은 변칙을 포함하기 위해 존재하며 변칙을 포함할 때 그 규칙은 더욱 풍성하면서도 공고한 것이 된다. 무수한 변칙들을 통해 세교라는 변하지 않는 규칙을 찾아내는 잡록의 읽기는 일종의 수렴적 유희로서의 성격을 가진다.

『파수록』의 부묵자는 "생각에 잠겨 혼자 웃으며 뜻을 풀이하는 가운데

3 로제 카이와 저, 이상률 역, 『놀이와 인간』, 문예출판사, 1994, 37~38면.

봄날이 지루하다든가 여름날이 노곤하다든가 하는 것도 잊고서, 수마(睡魔)를 벗하거나 호접몽(胡蝶夢)을 짝할 사이도 없을 것이니, 바둑이나 장기보다는 낫지 않겠소?"라고 하였다. 그가 잡록을 읽으면서 생각에 잠겨 웃으며 뜻을 풀이하는 모습은, 잡록의 세부들을 통해 도덕적 가치인 세교를 찾아내는, 수렴적 유희의 모습이라고 해석 가능하다.

김춘택(金春澤, 1670~1717)은, 패관소설이 "그 유를 미루고 의를 이끌어낸다면 어느 것이든 인간을 교육하는 것이 아닌 것이 없다"[推類引義 將無往而非敎人者]고 하였다.[4] "의를 끌어들인다"고 할 때 '의'는, '세교'와 마찬가지로, 텍스트에 기입되지 않은 도덕적 가치라고 할 수 있다. "의를 끌어들이"는 활동은 독자들이 도덕적 가치를 중심으로 텍스트의 세부 사항들을 수렴하는 행위를 의미한다.

세교로 수렴되거나 (단계적으로) 수렴이 가능한 세부 사항도 있지만 쉽게 통합이 불가능한 세부 사항, 잉여도 있다. 앞서 잡록의 서발문에서 골계·패설·한담 등으로 언급되었던 것들이다. 골계·패설·한담들은 그 자체로 '유희적'이라고 할 수 있다. 그 자체로 유희적이라는 것은 좀 더 유희의 본질에 부합하다는 의미이다. 그것은 기분 전환, 자유로운 즉흥, 대범한 발산이라는 공통 원리에 기반한다. 카이와는 통제되지 않은 어떤 일시적인 기분이 표출되는 유희적 경향에 대해 언급하면서 그것을 파이디아(*Paidia*)라고 하였다.[5] 골계·패설·한담으로 남은 잉여들의 독서는, 세교로 수렴되는 세부 사항들의 독서보다 자유롭고 무질서하기에 확산적 유희라고 할 수 있다.

그렇다면 잡록 읽기에서 우리는 두 가지 유희를 찾아볼 수 있다. 하나

4 김춘택, 『북헌집』(北軒集) 권16 (강재철, 「중국과 한국의 '권선징악' 이론의 전통」, 『동양학』 24집, 단국대학교 동양학연구소, 1994, 89면 재인용).

5 로제 카이와 저, 이상률 역, 앞의 책, 37면.

는 인식적 가치와 특성적 가치들을 세교로 연결시키려는 수렴적 유희이고 다른 하나는 인식적 가치 혹은 특성적 가치를 그 자체로 즐기려는 확산적 유희이다. 잡록의 메타적 담론은 확산적 유희를 부정하거나 확산적 유희를 수렴적 유희로 귀속시키고자 하기에 앞서 언급한 것처럼 확산적 유희가 가지는 위상은 매우 불안하다. 그러나 도덕적 가치를 찾아내는 과정이 유희로서의 성격, 즉 수렴적 유희로서의 성격을 가진다는 것은 잡록의 유희적 독서와 관련해서 시사하는 바가 크다. 수렴적 유희는 잡록에 표상된 수많은 구체적 상황에서 추상적 원리를 찾아내는, 일종의 규칙 찾기의 유희이다. 그 원리와 쉽게 연결되지 않은 것처럼 보이는 요소들, 그것이 특성적 측면이건 혹은 인식적 세부이건 간에, 그러한 요소들의 존재는 일종의 장애물이 된다. 이것은 경주에서 일부러 만들어진 장애물처럼 목표 지점에의 도달을 어렵게 만들지만 장애물을 극복하는 과정 자체를 의미 있는 행위로 만들기에 유희적인 것이다. 다양한 변칙들을 통해 하나의 규칙을 실행하는 수렴적 성격을 가지는 이 유희는, 오히려 세교라는 도덕적 가치 자체보다는 그러한 가치가 발견될 수 있는 수많은 특성적 · 인식적 요소들을 강조하게 한다. 따라서 잡록 읽기는 그것이 특성적 · 인식적 요소들을 가지고 있기에 유희적일 뿐만 아니라 그것들을 도덕적 가치로 전환 혹은 환원시켜 읽어야 하기에 유희적이기도 하다.

보론
잡록 읽기의 유희: 『촌담해이』(村談解頤)의 경우

1. 유희성과 도덕성의 배분

앞서 잡록의 메타 담론들을 통해 인식적 가치, 특성적 가치 그리고 도덕적 가치들이 어떻게 유희적 독서를 구성하는가에 대해 언급하였다. 이제 하나의 텍스트 속에서 이들이 어떻게 상호작용하는가를 살펴보기로 하자. 이를 위해서 『촌담해이』(村談解頤)의 제 요소들을 분석하는 방법을 선택하고자 한다.

『촌담해이』는 강희맹이 지은 소화집이다. 저자의 서문에서 직접 언급되고 있는 작품의 수는 9편이며 현재 원문이 전해지고 있는 작품 수는 10편 정도이다.[1] 적은 수의 원문이 남아 있기 때문에 『촌담해이』에 대한 연구는 소화의 서발문 연구의 일부로 진행되었으며, 『촌담해이』만을 다룬 독자적인 논문은 몇 편 없고[2] 이마저도 이본이나 서지학적 문제에 치중하

1 『촌담해이』의 이본과 작품 수, 그리고 현전하는 작품과 자서의 관계를 검토한 것으로는 정용수, 『사숙재 강희맹 문학 연구』, 국학자료원, 1993, 5장을 참조할 것.

2 김현룡, 「촌담해이고」, 『한실이상보박사 회갑기념논총』, 1987; 정용수, 「촌담해이와 강희맹

고 있다.[3] 기존 소화집 연구들은 현전하는 작품 수가 많은 『태평한화골계전』이나 『명엽지해』, 『파수록』 등에 치중되어 있다. 작품 수가 많은 소화집들이 문학사에서 점유하는 의의를 인정하기는 하나 작품 수가 적다는 것이 본격적인 논의를 도외시하게 하는 유일한 이유가 되어서는 안 된다고 본다.

『촌담해이』에 수록된 작품들에는 공통된 특성이라고 할 만한 것이 있다. 주로 성소화로서의 성격을 가지고 있다거나, 각 편의 길이가 비교적 길다는 것 등이다. 이러한 『촌담해이』의 텍스트 내적 특징은 그것을 향유하는 계층들—양반들—과의 관계를 염두에 두고 볼 때, 매우 중요한 문제를 야기한다. 이들 이야기들은 대부분 성소화 혹은 육담으로 분류되는데, 이것들은 어떻게 양반들에게 향유되었을까. 『촌담해이』의 이야기 소재가 되는 성적 모티프들이 유희적 요소들을 가진다고 할 때 이 요소들은 양반들에게 받아들여질 수 있는 도덕적 방식으로 가공될 것이라는 가설 설정이 가능하다. 이 장의 관심사는 『촌담해이』에서 유희와 교훈의 상호관계를 살펴보는 것이다. 『촌담해이』가 유희성과 도덕성을 모두 추구한다는 것은 『촌담해이』에 관한 일반론이기도 하다. 그렇다면 그것은 어떤 양상으로 실현되는 것일까? 유희성을 추구하는 작품과, 도덕성을 추구하는 작품이 따로 있다기보다는, 하나의 작품이 유희성과 도덕성을 결합하는 양상일 것이다. 하나의 작품이 유희성과 도덕성을 결합한다고 할 때, 그것을 가능하게 하는 가장 단순한 메커니즘은 이야기가 유희성을, 자서나 논평이 도덕성을 담보하는 것이다. 이 책의 논의는 여기에서 출발한다. 과연 이야기 각 편이 양분되어, 이야기에는 유희성이, 자서나 논평에는

문학」, 『成大文學』 27호, 성균관대학교 국어국문학과, 1990, 157~174면.

3 유인본 『고금소총』(古今笑叢)에는 『촌담해이』 소화 중 10화(話)가 수록되어 있으며, 고려대학교 도서관본에는 4화만이 현전한다.

도덕성이 배당되어 있는 것일까? 그것이 아니라면 유희성과 도덕성은 어떤 방식으로 결합되고 이것들이 결합함으로써 어떤 일이 일어나는 것일까? 『촌담해이』는 이야기뿐만 아니라 이야기에 대한 논평 · 자서를 포함하고 있어서 각각의 관계를 살피기에 적합한 텍스트이다.

본격적인 논의를 시작하기 전에 『촌담해이』를 분석하는 데 있어 두 가지 전제들에 대해 논할 필요가 있다고 생각하다. 『촌담해이』는 몇 가지 층위로 구성된다. 첫 번째 층위는 이야기(본문), 두 번째 층위는 네 작품에서 발견되는 이야기에 대한 논평, 세 번째 층위는 가장 메타적 층위라고 할 수 있는 자서(自序)이다. 이 세 층위는 『촌담해이』라는 하나의 텍스트를 구성하고 있기에 함께 논의하는 것이 바람직하다고 본다.[4]

이 책에서 소화의 의미에 관해 논할 때에는 본문과 논평을 모두 고려한다. 의미는 본문이나 논평 둘 중 한 가지에서 파생된다기보다는 이러저러한 본문과 이러저러한 논평이 함께 나타나고 있다는 것 자체에서 발견되어야 한다고 본다.[5] 이 둘을 동시에 고려할 때의 장점은 본문의 요소들과 논평의 요소들을 비교하면서 논평이 본문의 요소들 가운데에 초점을 두고 있는 것이 무엇인가를 살필 수 있다는 것이다.

텍스트에서 말하지 않은 것을 찾아내려는 시도는 자서에 대한 읽기에서도 마찬가지로 적용될 수 있다. 소화의 서발문에는 소화가 차지하는 낮은 담론상의 위치를 보상하기 위해 보다 우월하다고 생각되는 담론들이 필연적으로 삽입된다. 소화의 서발문은 하나의 투명하고 논리적으로 통

---

4 소화에서 이야기에 나타나는 의미와 논평에 나타나는 의미의 차별성, 그것들의 충돌이 야기하는 웃음의 성격 변모에 대해서는 류정월, 「문헌 소화의 의미 작용에 관한 일고찰: 이야기부와 논평부의 상호 작용을 중심으로」, 『구비문학연구』 20집, 한국구비문학회, 2005, 417~443면 참고.

5 논평이 이야기 본문과 관계 맺는 방식에 대한 기존 논의 정리는 류정월, 「문헌 소화의 구성과 의미 작용에 대한 기호학적 연구」, 서강대학교 박사학위논문, 2004, 9~14면 참조.

일된 작품이기보다는 서로 다른 가치를 가진 담론들을 한 테두리에 묶고 있는, 해석의 여지가 많은 텍스트이다. 나는 『촌담해이』의 자서 역시 액면 그대로의 정보를 담고 있다기보다는 적극적으로 해석되어야 하는 불투명한 텍스트로 볼 것이다. 이 장의 2절에서는 이야기의 본문이, 3절에서는 논평이, 4절에서는 자서가 분석의 대상이 된다.

이 장의 작업은, 『촌담해이』 수재 성소화에 드러나는 여러 해석의 층위(약호)들을 살펴보는 것이기도 하다. 성소화를 성욕의 억압과 해방이라는 차원에서만 읽는 것은 성소화가 가지는 문화적 의미를 망각하게 하는 것이다. 성소화의 문화적 의미는 성소화가 야기하는 해석의 방향이 무엇이며, 각각의 해석들은 어떤 관계를 맺고 있는가를 살피면서 도출될 수 있다고 본다. 성적 층위 자체가 아니라 그것과 관련된 다른 층위들의 존재가 성소화의 수용과 향유의 특수성을 밝혀줄 열쇠가 될 것이다.[6]

2. 수렴적 유희, 사회적 경종으로서의 성소화

유인본 『고금소총』에 현전하는 10편의 이야기 요약은 다음과 같다.[7]

① 탐욕하는 기생 모란(牡丹)이 향생(鄕生)의 재물을 빼앗고 선비는 거지가 되다(〈牡丹奪財〉).

② 선비의 미첩이 고향에 갈 때 옥문을 모른다는 어리석은 종을 호행

6 '성적 유머는 억압–해방에 기반한' 것으로 생각되었다. 성적 유머에 대한 가장 우세한 이론은 성이 일반적으로 억압된 것이며 유머는 직접적이고 자연적인 방식이라기보다는 좀 더 적절하고 사회 · 윤리적으로 인정될 수 있는 방식으로 그 해방의 출구를 제공한다는 것이다. Raskin, Victor, *Semantic Mechanisms of Humor*, Kluwer Academic Publishers Group, 1985, p. 148.

7 이야기 요약은 『한국민족문화대백과사전』, 〈촌담해이〉 참조.

(護行)하게 했으나 도중에 첩과 종이 운우지락을 누렸다(〈痴奴護妾〉).

③ 인색한 주승과 영리한 상좌의 대화(〈菁父毒果〉).

④ 금산사 주지가 음기(淫妓) 연화(烟花)의 꾀에 봉변당하다(〈繫頸住持〉).

⑤ 중년 과부의 옥문에 쥐가 들어가고 그 집의 우직한 총각이 과부와 운우를 즐기다가 쥐에 물리다(〈鼠入其穴〉).

⑥ 부랑 소년이 의사라고 사칭하여 어리석은 처녀와 관계를 가진 후 정액을 받아 처녀의 고름이라고 하다(〈稱醫取膿〉).

⑦ 한 음녀가 코가 큰 사람을 유인하여 방사를 시작했으나 양물이 심히 작아서 그 코와 교접했다(〈鼻勝於陽〉).

⑧ 돈을 탐낸 부부가 과객이 부인을 겁탈했다고 관에 무고했으나 과객의 양물에 때가 잔뜩 끼어 있어 화를 면하다(〈陽物有垢〉).

⑨ 신승(神僧)이 정절 과부에게는 쌀을, 음탕한 과부에게는 양물을 주다(〈神僧藁俵〉).

⑩ 귀신이 준 양물이 총각으로 화해서 과부를 덮친다. 다른 과부가 그를 탐내 관가에 고발하다(〈鬼棒變怪〉).

이들 가운데 ③ 〈청부독과〉를 제외하고 나머지 9편은 모두 남성과 여성의 성적 결합 관련 이야기이다. 이런 소재적 차원을 놓고 보면, 남아 있는 『촌담해이』 작품들은 대부분 성소화 혹은 육담이 분명하다. 『촌담해이』 수재 이야기 가운데에는 성적 결합 외에 속임수가 등장하는 이야기도 여러 편 있다. 〈치노호첩〉(癡奴護妾), 〈청부독과〉(菁父毒果), 〈계경주지〉(繫頸住持), 〈칭의취농〉(稱醫取膿), 〈양물유구〉(陽物有垢), 〈신승고표〉(神僧藁俵)가 그것이다. 이 가운데 〈청부독과〉를 빼고는 모두 성적 관계를 빌미로 속임수를 사용하고 있다. 『촌담해이』 수재 이야기들에는 성적 관계와 속임수의 사용이 자주 등장한다고 할 수 있다. 이 두 가지를 중심으로 해석의 약호를 살핀다면, 『촌담해이』가 가지는 텍스트적 특징에 접근할 수 있을 것이다. 여기에서는 성적 관계와 속임수의 사용이 모두 나타나며, 이야기와 논평을 모두 살필 수 있는 〈치노호첩〉과 〈모란탈재〉(牧丹奪財) 두 편을 집중적으로 분석하고자 한다. 먼저 〈치노호첩〉의 일부를 보자.

한 선비가 있었는데 애첩을 거느리고 있었다. 하루는 그 애첩이 친정부모에게 문안 인사를 가겠다고 청하자, 선비는 음양의 일을 모르는 사람으로 하여금 그녀 행차를 호위하게 하고 싶었다. 그래서 종들을 불러놓고 물었다.

"너희들은 옥문이 있는 곳을 알고 있느냐?"

모두 미소만 지을 뿐 대답을 하지 않았다. 그 중 한 어리석은 종이 있었는데, 겉으로만 순박한 듯했지 실제로는 교활한 자였다. 그가 갑자기 대답하였다.

"바로 양미간에 있사옵니다."

선비는 그가 아무것도 모른다고 기뻐하며, 즉시 그 녀석더러 애첩을 수행하도록 하였다.

한 냇가에 이르자, 첩이 어리석은 종으로 하여금 안장을 풀고 잠시 쉬도록 하였다. 어리석은 종이 발가벗고 시냇물로 들어가 목욕을 하자, 첩은 그의 양물이 장대한 것을 보고 희롱하며 말하였다.

"너의 다리 사이에 있는 살 망치는 무슨 물건인고?"

"처음 생길 때에는 혹처럼 생긴 살이었는데, 점점 돌출[凸]되어 나오더니 이 지경까지 이르렀습죠."

"나도 날 때에는 다리 사이에 조금 패였던[凹] 것인데 점점 깊어져 깊은 구멍을 이루었단다. 너의 돌출[凸]과 나의 패임[凹]을 서로 물리면 즐겁지 않을까?"

그 둘은 마침내 더불어 사통하였다.[8]

8 有一士人 畜美妾 一日請歸寧 士欲得未識陰事者 護其行 呼群僕問曰 爾等知玉門在處乎 皆微笑

〈치노호첩〉에는 어리석음을 가장하여 주인을 속이는 트릭스터(trickster)가 나온다. 이 텍스트는 일종의 트릭스터담이라고 할 수 있는데 그것은 단순히 트릭스터가 등장하기 때문이 아니라 그가 어떻게 속임수를 쓰며, 그 속임수가 어떻게 밝혀질까 하는 것이 서사의 진행을 이끌어가기 때문이다.

속임수가 성립하기 위해서는 속이는 사람(트릭스터)과 속는 사람(듀프[dupe])이 필요하다. 이들이 동일한 사건에 대해 서로 다른 해석을 해야만 속임수는 발생하고 성공하게 된다. 트릭스터담의 서사구조는 기본적으로 '① 배경 → ② 모의 → ③ 속임수 사건 → ④ 속임수의 드러남 → ⑤ 평가 혹은 결과'라는 다섯 단계의 변형, 즉 다섯 단계의 기본 프로그램으로 이루어진다.[9]

이 이야기에서 트릭스터는 종이며 듀프는 선비이다. 이야기의 진행이 트릭스터인 종의 입장에서 행해지고 있기 때문에 독자들은 그가 저지르고 있는 일이 무엇인지를 정확하게 알고 있는 반면, 듀프인 선비는 사건의 진상을 모른다. 전체 이야기는 모의와 속임수 사건이 여러 개의 하위

不答 有一癡奴 外朴內黠 猝然對曰 正在兩眉間 士喜其不知 卽令護行 至一天邊 妾令癡奴 解鞍暫息 癡奴裸溪川中 妾見其陽壯戲之曰 汝脚間肉槌 是何物 奴曰 生時贅肉漸凸 以至於斯 妾曰 吾亦生時脚間微凹 漸成深穴 凸凹相抑 不亦樂乎 遂與之私. 〈痴奴護妾〉.

9 바우만은 개인 서사를 다루면서, 속임수가 나타나는 이야기의 구조를 ① 오리엔테이션(orientation), ② 모의(setup), ③ 속임수 사건(trick event), ④ 속임수에 대한 불신(discrediting of the fabricaton), ⑤ 평가(evaluation) 등의 다섯 단계로 나눈 바 있다. Richard Bauman, *Story, Performance, and Event*, Cambridge University Press, 1986, Chapter 3 참조.

트릭스터담의 구조를 분석하면서 필자는 바우만이 정형화한 구조 가운데 많은 부분을 수용하였다. 그러나 필자가 다루는 것은 행위적 조작이 일어나는 장난(practical jokes)이 아니기 때문에 '모의' 단계에 대해서는 약간의 변형이 가해져야 할 것이다. 이 장에서 모의는 트릭스터가 실제 계획을 위해 배치하는, 모든 언어적 · 비언어적 사건, 정신적 · 물질적 사건을 포함하는 것으로 정의한다. 그리고 마지막의 평가 부분은 이야기 자체에 대한 메타적 언급이 아니라 트릭스터(혹은 듀프)의 행위의 중대성을 반영하는 후일담을 포함하는 것으로 정의한다.

서사 프로그램[10]으로 구성되어 있다. 정리해보면 다음과 같다.

PN1: 음양의 일을 모르는 척하다.
PN2: 양반의 애첩을 수행하다.
PN3: 자신의 양물이 무엇인지 모르는 척하다.
PN4: 양반의 애첩과 사통하다.
PN5: 무엇인가를 깁고 있는 척하다.
PN6: 양반에게 애첩과 사통한 사실을 엄폐하다.
→PN7: 양반의 애첩과 사통하고 양반에게는 그 사실을 숨기는 데 모두 성공하다.

PN1, PN3, PN5는 모두 트릭스터인 종이 행한 모의 단계이다. PN2, PN4, PN6는 모의의 결과로 나타난 속임수 사건이다. 그러나 속임수 사건들은 모두 다음 단계의 서사 프로그램의 성공을 위한 하위 프로그램들로 이해될 수 있으므로 PN1부터 PN6까지를 모두 PN7을 위한 모의 단계로 볼 수 있다.

① 배경 단계에서 등장인물인 종에 대해 "겉으로만 순박한 듯했지 실제로는 교활한 자"라고 한 것은, 이 이야기에 종의 정체성 파악과 관련된 해석의 층위가 주되게 작동할 것임을 암시한다. 이것을 잠정적으로 '진실의 층위'라고 명명하자.

이 이야기의 ② 모의 단계는 일종의 언어유희로 구성되어 있다. 성기에

10 서사 프로그램(PN)이란 "대상의 위치 배치에 의해 변화된 것으로 인지된 접합 언술과 행위 언술을 끝과 끝에 놓는 기본 통합체이다. [……] 작은 변형들은 하위 프로그램의 결과이며 큰 변형은 기본 프로그램의 사건이다." 안 에노 저, 홍정표 역, 『서사, 일반 기호학』, 문학과지성사, 2003, 93~94면.

대한 언급은 '살 망치', '혹처럼 생긴 살', '다리 사이에 조금 패였던 것', '깊은 구멍', '돌출', '패임' 등의 단어로 대치된다. 성행위에 대해서는 돌출과 패임을 '서로 물리는 것'이라고 한다. 언어가 함축의미를 가지는 경우, 관습적으로 해호화되는 경향이 있기는 하지만 그 과정을 추적해보면 지시적으로 언급하는 것보다는 더 넓은 의미의 망을 가지고 있다는 것을 알 수 있다.[11] 예컨대 '구멍'은 뚫어진 자리를 지시하지만 여기에서는 '여성의 성기'에 대한 도상적 비유로 쓰인다. 도상적 표현과 물리적 표현들을 통해 성적인 약호를 읽어내는 일은 독자들의 몫으로 남는다.[12]

종의 입장에서 보았을 때, 그는 자신의 정체를 숨기기 때문에 속음수를 짜는 모의 부분에 도상적 · 비유적 언어를 사용하게 된다. 트릭스터인 종은 자신이 처음 설정했던 '순박한 자'라는 외관을 유지하기 위해, 성기와 성행위를 묻는 질문에 일부러 물리적 · 도상적 표현으로 대답한다. 즉 언어의 교묘한 사용으로 본질을 숨기는 것이 가능해지는 것이다. 트릭스터인 종이 음양의 일을 안다는 것을 숨기고 있고, 그것을 입증하는 수단으로 도상적 비유를 쓰기 때문에 이 소화에서 성적 층위는 이중으로 모호해진다.

④ 속임수의 드러남 부분은 선비의 재등장으로 시작한다. 선비는 자신의 첩과 종의 정사를 목격하고는 화가 나서 달려온다. 무슨 짓을 하고 있냐는 선비의 물음에 종은 다시 "배꼽에서 몇 마디 아래인 곳이 세로로 한두

11 지시의미와 함축의미의 차이는 [한 뜻밖에 없는] 의미화(signification)와 [모호한] 의미화 사이의 차이가 아니며 또 '지시적' 의사소통과 '정서적' 의사소통 사이의 차이도 아니다. 함축의미를 구성하는 것은 함축적 약호이다. 이 함축적 약호의 특징은 심화된 의미가 관습적으로 기본적(primary) 의미에 의존하고 있다는 사실이다. Umberto, Eco, *A Theory of Semiotics*, Indiana Univ. Press, 1976, p. 55.

12 여기에서 생물학적 약호나 성적인 약호는 기본적인 약호—주로 도상적 약호들이나 물리적 약호—에 의존하는 하위약호(subcode)가 된다.

마디쯤 갈라져", "꿰매고 있다"고 대답한다. 성기와 성행위에 대한 도상적 · 물리적 약호가 다시 작동하는 것이다. 그리고 이러한 대답은 배경에서 설명한 그의 인물됨과 다시 맞물리면서 선비를 완벽하게 속이게 된다.

⑤ 속임수에 대한 평가는 담화 상에 명시적으로 나타나 있지 않지만 선비의 마지막 발언을 통해 유추해낼 수 있다. 선비는 마침내 "너는 진실로 어리석구나"라고 말하기에 이른다. 종인 트릭스터의 일련의 행동이, 선비인 듀프가 마지막까지도 그 진상을 간파하지 못할 정도로 완벽한 속임수였음을 알려준다. 선비가 속임수를 끝까지 간파하지 못한 이 평가 부분을 근거로, 논평에서는 도덕적 판단을 내린다.

〈치노호첩〉에는, 간접적이기는 하지만 성기의 명명과, 성적 약호가 등장하고 있기 때문에 이 텍스트를 성소화로 읽는 것은 충분히 가능하다. 그러나 만약 이 텍스트가 당시에 성소화라는 장르적 인식을 가지고 향유되고 있었다고 하더라도 이 음탕한 이야기는 적어도 두 가지 측면에서 지적 유희의 성격이 강하다. 이 텍스트에서 주로 작동하고 있는 해석의 층위들, 즉 도상적 언어의 층위와 진실의 층위는 모두 일종의 지적인 유희와 관련이 있기 때문이다. 먼저 성기나 성행위에 대한 도상적 언어들의 해호화 방식을 보자. 프로이트는 성적 농담에 대해 언급하면서, 다음과 같이 말하였다.

> 성소화를 듣는 사람은 느슨하게 연관되어 있는 것들을 자신의 표상 속에서 완전하고도 직접적인 성소화로 재구성해낸다. 성소화로 직접 표현되는 것과 듣는 사람에게서 그로 인해 자극되는 것 사이의 불균형 관계가 커질수록 농담은 더욱 세련되게 마련이다.[13]

13 프로이트 저, 임인주 역, 『농담과 무의식의 관계』, 열린책들, 1997, 134~135면.

『촌담해이』에는 많은 성적 관계가 등장하기는 하지만 그것을 표현하는 언어는 듣는 사람이 다소 느슨한 표상을 통해 재구성해야 하는 것이다. 특히 〈치노호첩〉의 경우, 독자가 도상적 · 물리적 언어를 성적 약호로 재구성해야 한다. 여기에는 간접적이며 지적인 성적 상상의 공간이 포함된다. 물론 이런 언어 사용은 많은 성소화에서 공통적으로 발견되는 특징이다. 표현된 것을 통해 성적 약호를 재구성해야 한다는 점도 『촌담해이』만의 특징은 아니다. 그럼에도 불구하고 『촌담해이』의 성소화는 특히나 지적 유희를 추동한다고 할 수 있는데, 바로 성적 층위가 진실의 층위와 함께 작동하기 때문이다. 『촌담해이』에서는 성관계를 하는 주인공의 트릭스터로서의 정체성이 왜곡되고 숨겨지기에, 그의 '실재'와 '연기' 사이의 불일치를 파악해내야 한다. 그의 어리석은 '연기'를 통해 이면의 교활한 '실재'를 읽어내야 하는 것이다. 연기를 통해 실재를 재구성한다는 점에서 이 이야기의 '진실의 층위' 역시 지적 유희를 작동시킨다고 할 수 있다.

『촌담해이』에는 이렇게 성적 행위와 속임수가 함께 등장하는 여러 편의 작품들이 있다. 그것들 가운데에는 〈모란탈재〉처럼 성적 행위와 속임수가 등장하면서 또 다른 층위를 작동시키는 이야기도 있다. 〈모란탈재〉에서 트릭스터는 기생이며 듀프는 이생이다. 이야기의 진행이 트릭스터인 기생의 입장에서 행해지기 때문에 독자들은 듀프인 이생에게 부정적인 일이 발생하고 있다는 것을 알 수는 있지만 (속임수가 드러나기 이전 단계에서는) 구체적으로 어떤 의도로 일련의 행동들이 일어나는 것인지 완벽하게 알 수는 없다. 이 이야기의 모의와 속임수 사건은 특히 여러 개의 세부적인 서사 프로그램으로 이루어져 있다. 속임수의 드러남 부분에서 밝혀진 의도를 반영해서 모의 단계를 서사 프로그램으로 정리해보면 다음과 같다. 생략된 주체는 트릭스터인 기생이다.

PN1: 술과 음식으로 이생을 위로하다.

PN2: 이생과 사통하다.

PN3: (계집종에게) 음식을 지극하게 대접하게 하다.

PN4: 이생의 자물쇠와 열쇠를 맡다.

PN5: 다른 기생이 금비녀와 비단옷을 (어떤 양반에게서) 받았다고 말하다.

PN6: 이생으로부터 자신이 원하는 것을 모두 받다.

PN7: (정부에게) 비단 장사꾼으로 꾸며 찾아오게 하다.

PN8: 이생으로 하여금 나머지 재산을 모두 털어 비단을 사게 하다.

PN9: 밤을 틈타 비단을 가지고 도망하다.

→PN10: 이생의 재산을 모두 빼앗는 데 성공하다.

PN1부터 PN9까지는 모두 PN10을 위한 서사 프로그램들이다. 미시적으로 보았을 때, 홀수 번호는 모의, 짝수 번호는 속임수 사건에 해당한다. 모의 가운데에는 PN1, PN5처럼 기생 자신이 수행한 것도 있지만 PN3, PN7처럼 자신의 계집종과 정부를 조종하여 수행한 것도 있으며 PN9처럼 함께 수행한 것도 있다. PN2, PN4, PN6, PN8, (PN10)의 속임수 사건을 거치면서 이생의 처지는 점진적으로 하락하여 마침내는 빈털터리가 된다. 거시적으로 PN1부터 PN9까지를 모두 PN10을 위한 모의로 볼 수도 있다.

이생의 하락한 처지는 배경 단계에서 설명한 이생의 상황—노자와 행장을 성대 가진 사람—과는 상반되는 것이다. 듀프인 이생이 당한 경제적인 손실은 이어 사회적 지위의 박탈로 이어져 그는 결국 걸인으로 전락하고 만다. 모의 단계와 속임수 사건에 연이어지는 속임수의 결과는 이생의 사회적 · 경제적 처지를 점차적으로 하락시키고 있다. 이 이야기에서 성적 층위는 사회적 · 경제적 층위를 보조한다고 할 수 있다. 성적인 층위와 사회적 · 경제적 층위가 만남으로써 여기에는 시사적이며 도덕적인 메시지가 전달된다. 성적 방종은 위신의 하락과 심각한 재물의 손실을 가져오기에 자제해야 하는 것이 된다.

모란의 의도는 PN10 이후, 속임수의 모의와 속임수 사건이 끝나고 난 후, 이웃집 노파에 의해 밝혀진다. '속임수의 드러남'이 있고 나서야 모란의 속임수 사건의 전모가 밝혀진다고 할 수 있다. 이렇게 모란의 속임수로 인해 만들어지는 서사 프로그램은 그녀의 의도를 문제 삼는, 진실의 층위를 구성한다. 트릭스터인 모란이 가지고 있는 각 모의 단계별 의도가 숨겨지기에, 독자들은 그것을 궁금해 하며 유추하게 된다. 〈모란탈재〉 이야기 본문은 독자가 모란의 행동 이면에 있는 의도를 재구성해야 한다는 점에서 지적 유희로서의 측면을 가진다.[14]

『촌담해이』의 이야기 본문에는 성적 약호가 나타나기는 하나 그것은 도상적 · 물리적 약호에 의존하는 하위 약호이다. 도상적 · 물리적 약호들을 성적 약호로 재구성하는 작업은 지적인 작업이 된다. 따라서 성적 층위를 유희적 요소로, 그 외의 층위를 도덕적 요소로 분리 · 환원하기는 어렵다. 다만 여기에서 언급할 수 있는 것은 『촌담해이』의 이야기 본문이, 성적 쾌감을 야기하는 오락적 요소들, 즉 특성적 요소들과 함께 인식적 · 도덕적 요소들로 구성되어 있다는 사실이다. 『촌담해이』의 성소화는 '성'(性)과 함께 지적 작용인 '화'(話)에도 초점을 두고 씌어졌다는 것을 알 수 있다.

---

14 황인덕은 『촌담해이』 수재 소화들이 "줄거리가 길기 때문에 가볍게 읽힐 내용들이 아니"라고 하였다. 황인덕, 『한국기록소화사론』, 태학사, 1999, 91면. 『촌담해이』 수재 소화에서는 성적 층위, 진실의 층위, 사회적 층위가 혼재되어 있기에 대부분의 각 편들의 길이가 긴 것이다.

3. 논평에서 사회적 위계의 도래

〈치노호첩〉와 〈모란탈재〉에서는 트릭스터가 행하는 일련의 행위를 중심으로 서사가 진행되고 있다. 〈치노호첩〉에서는 속임수의 목적은 성관계이며 〈모란탈재〉에서는 성관계와 재산의 탈취이다. 이 본문을 읽는 독자들은 트릭스터인 종과 기생의 입장에 자신을 동일시하기 쉽다. 특히 〈치노호첩〉에서 본문에 작동하는 성적 층위는 독자들에게 성적 환상을 만들어냄과 동시에 독자를, 뛰어난 신체적 능력과 성적 경험을 가지는 트릭스터 하인과 동일시하게 한다.[15] 그러나 이 성소화는 본문뿐만 아니라 논평을 덧붙이고 있어 우리는 계속해서 이 문제가 어떻게 귀결되고 있는가를 살펴볼 수 있다. 논평은 다음과 같다.

> 태사공은 말한다. "사람을 아는 것이 가장 어려워 '아주 간사한 사람은 충신 같고, 큰 사기꾼은 신의가 있는 듯하다.'고 하더니, 바로 이 종을 두고 이르는 것이도다! 진실로, 선비가 법도로써 가정을 바르게 하고 일찍부터 간사한 사람을 분변하였다면 어리석은 종이 가정을 더럽히고 어지럽게 하는 길이 틀림없이 열리지 않았을 것이다. 집안에서 어른으로 아랫사람을 부리는 처지에 있는 사람이면 경계할 것이 무엇인지를 어찌 알지 못할 리 있겠는가?"[16]

15 〈치노호첩〉을 읽어나가는 독자는 트릭스터인 종에게 초점을 맞추게 되면서 종과 자신을 동일시하기 쉽다. 이러한 '상상적 동일시'의 즐거움은 특히 성소화의 경우에 중요하게 작용한다. 독자들이 성적 만족을 충족시키는 인물과 자신을 동일시하면서 '성적 욕망의 대리 충족을 경험할 수 있다.' 신동흔, 「문헌육담과 구전육담에 담긴 성의식」, 김선풍 외 『한국 육담의 세계관』, 국학자료원, 1997, 88면.

16 太史公曰 知人最難 大姦若忠 大詐若信 其癡奴之謂乎 苟使士人正家以法 辨奸於早則必不啓癡奴之瀆亂矣 長於家莅於下者 可不知所戒哉. 〈痴奴護妾〉.

논평자는 옛말을 빌려와 "크게 간사하면 충직스러운 듯하다."고 하며 첩과 종을 아울러 비판하고 있다. "사람을 아는 것"[知人]의 어려움이나, "아주 간사한 사람은 충신 같고, 큰 사기꾼은 신의가 있는 듯하다"[大姦若忠 大詐若信], 혹은 "크게 간사하면 충직스러운 듯하다"[大奸似忠]는 말들은 당시에 일반적으로 통용되던 정보이며 일반적으로 받아들여지던 견해이다. 이러한 문화적 약호는 유교 이데올로기와 관련을 맺고 있다. 이 문화적 약호는 그것을 해호(解號)하는 유교적 주체를 상정한다.

이어서 태사공은 법도를 다하지 못한 선비를 비판하고 있다. 본문에서 중시되는 것은 하인으로서의 신분이 아니라 신체적 능력과 그로 인한 성적 욕구의 충족이다. 이렇게 본문이 성적 유희 속에서 하인인 트릭스터와의 동일시를 용이하게 하는 방식으로 서술되었다면 논평은 사회적 위계를 바로 세우는 데 할애되는 듯하다. 논평은 선비의 본분을 통해 본문을 재해석하게 함으로써 이야기의 본문에서 무화되거나 전도되었던 사회적 위계를 교정하는 역할을 한다. 이렇게 본문과 논평 사이에는 일종의 전도가 나타난다.[17] 트릭스터 중심으로 독해되면서 본문에서 무화되거나 뒤바뀌었던 신분적 위계가 논평에서 제자리를 잡는 것은 〈모란탈재〉에서도 마찬가지이다.

> 태사공은 말한다. "심하도다! 뛰어난 미모를 갖춘 것들이여! 그토록 요염한 자태와 요사스러운 말재간으로 처음에는 슬그머니 꼬여 교태를 부리고 재물을 아끼는 척하다가, 중간에는 진정으로 사랑하는 체하며 기묘한 계고를 부려 속이더니, 마지막에는 선비를 안심시켜 모든 재물을 다 빼앗고 도망쳐 패망에 이르게

17 이야기의 본문과 논평의 대립적 측면에 대해서는, 류정월, 「문헌 소화의 의미 작용에 관한 일고찰: 이야기부와 논평부의 상호 작용을 중심으로」, 『구비문학연구』 20집, 한국구비문학회, 2005, 417~443면 참고.

하는구나. 아아, 슬프도다. 진실로 애초에 거절하여 멀리해야 하는 것을 분별하지 못하는 사람으로서는, 필경 그 구렁텅이를 피할 수 있는 자 드물지니, 가히 삼가고 조심해야 할지어다."[18]

본문에서 모란은 교묘한 트릭스터로서 연이어지는 속임수의 의도를 숨긴 채 이생의 재산을 조금씩 빼앗는다. 이생은 어리석은 듀프로서 연이어지는 속임수에 계속 속으며 처지가 하락한다. 본문에서는 트릭스터의 의도가 숨겨진다. 모란의 의도를 재구성하면서 읽을 때 서사적 긴장감은 극대화된다. 반면 이야기의 논평은 숨겨진 속임수의 의도를 모두 드러내면서 모란을 도덕적으로 비판한다. 모란의 행적이 "심하다"[甚]라는 도덕적 비판의 대상이 되는 것과는 달리 이생의 어리석음은 탄식[噫]할 만한 것이다. 이생에 대한 판단은 정서적 감정을 수반하며 도덕적 비판의 강도는 상대적으로 약해진다. 본문을 유희적으로 독해함으로써 트릭스터와 듀프 사이에 무화되었던 사회적 위계가, 논평에서 서로 다른 평가를 얻음으로써 제자리를 찾는다고 할 수 있다. 논평은 이렇게 트릭스터를 비판하고 양반으로서 할 일을 강조하면서 양반의 위신을 재정립하는 역할을 한다고 할 수 있다.

본문에 나타난 진실의 약호는, 하나의 해석학적 약호로 작동하면서 텍스트의 비밀스러운 지점들을 통해 이야기의 귀결을 끊임없이 궁금하게 하는 직선적 서사를 구성한다.[19] 우리는 트릭스터인 종의 정체나 기생의

18 太史公曰 甚矣 尤物之惑人也 妖姿佞說 始以狐媚矯情節儉 中以固愛奇謀詭計 終以奪財使生信而不疑 終至敗亡 噫 苟不辨之於早 拒而遠之 能不入於陷人抗者幾希 可不愼哉, 〈牡丹奪財〉.

19 발자크의 단편 〈사라진느〉를 분석하면서 바르트는 약호들을 다섯 가지로 정리한다. '해석학적 약호'는 신비로운 수수께끼와 그 해결을 결합하는 기능을 가진 단위들의 총체이다. '의미적 약호'는 테마장을 형성할 수 있는 내포적인 기표들의 총체이다. '상징적 약호'는 상징의 목

의도를 궁금하게 여기며 서사를 긴장감 있게 읽게 되는 것이다. 그러나 논평을 지배하고 있는 문화적 약호는 독자에게 친숙한 다른 약호—여기에서 유교적 약호—를 교차시키면서 유교적 주체를 호명한다. 텍스트에서 트릭스터의 속임수가 발견되고 도상적 약호 밑에 숨겨진 성적 약호들을 찾아내는 작업이 지적 유희의 요소를 구성한다면 논평에 나타난 문화적 약호는 도덕적 · 교훈적 요소라고 할 수 있다. 『촌담해이』 논평에서 이야기 본문의 유희적 요소에 대한 재언급은 나타나지 않는다. 논평은, 이야기 본문의 요소들 모두에 대해 논평하지 않는다. 논평이 이야기 요소를 선택하면서 이루어진다는 점에 대해서는 유희와 도덕의 상호 작용을 언급하는 결론에서 다시 한 번 강조될 것이다.

4. 교훈과 유희의 상호 존속

2장에서는, 이야기 본문에서 도상적 언어의 해호화 과정과 트릭스터의 정체 혹은 의도를 파악하는 과정에 지적 유희가 개입함을 언급했다. 3장에서는, 논평에서, 트릭스터가 야기하는 유희적 요소가 아니라 듀프가 입은 손실에 초점을 맞추면서 양반의 법도가 강조되고 도덕적 메시지가 작동한다는 것을 살펴보았다. 지금까지 논의를 고려하면, 『촌담해이』의 본문과 논평 모두에 성소화가 가지는 지적 자극을 관리하는 방식이 있음을 알 수 있다. 본문에서는 주로 지적 유희로, 논평에서는 선별적인 요소에

소리가 들릴 수 있는 곳으로 복수가치적이고 회귀적인 입구들을 가진 부분이다. '행위적 약호'는 인물들의 행위와 동작들을 시퀀스들로 구성하는 것이다. '문화적 약호'는 과학적 혹은 도덕적 권위에 기반한 집단적이고 익명인 판단들의 그물망이다. 벵상 주브 저, 하태완 역, 『롤랑 바르트』, 민음사, 1999, 67면.

대한 도덕적 논평으로 성적 쾌감의 자극이 관리된다.

이제 서문을 통해 성소화에서 도덕 혹은 교훈이 만들어지는 구체적인 방식에 대해 알아보자.

> 그렇다면 그 교훈됨이 무엇인가 하면, 진실로 '모란'의 속임수를 간파해낸다면 가정에서 여색에 침혹함이 적고 부부 간의 윤리가 바르게 될 것이며, '어리석은 하인'의 속임수를 살핀다면 집안에 혼란한 질서가 없어져 상하의 분별이 안정될 것이며, '미치광이 하인'이 중매한 이야기에서는 주인을 보좌하는 충성심을 얻을 것이요, 〈두더지 혼인〉 이야기에서는 편안함과 위태로움의 분별이 드러나게 될 것이오. 아이들을 다스림에 그 은혜를 잃는다면 '사미승'이 홍시를 훔친 일이 무어 괴이할 것이며, 은혜를 받고도 갚지 않는다면 '교활한 토끼'의 송사를 어찌 원망할 수 있으리오. '홍선'(洪善)이 '천모'(天帽)를 맹신하고 '치의'(致義)가 '쌍구'(雙口)를 몰아내고, '혜능'(慧能)이 '연화'(烟花)에게 목을 매인 것들은 모두 해괴한 풍속을 경각시키는 거울이니, 그로써 수신을 하면 몸이 닦여지지 않을 수 없을 것이요, 그로써 제가를 하면 집이 다스려지지 않음이 없을 것이며, 그로써 미루어 천하에 통하게 되면 어디에 간들 그 공이 미치지 않을 것이겠소. 옛날 성현이 모범을 드리우고 가르침을 세운 말도 여기에서 벗어나지 않을 뿐이오.[20]

모란의 속임수, 어리석은 하인의 속임수, 미치광이 하인의 중매, 두더지의 혼인, 감을 훔친 사미승, 천모를 맹신한 홍선, 연화에게 목을 매인

---

20 其爲教也奈何 苟能辨牧丹之詐 則內無色荒 而夫婦之倫正矣 察癡奴之僞 則家無亂政 而上下之分定矣 狂奴行媒 輔主之忠得矣 鼴鼠圖婚 安危之分著矣 撫少失恩則何怪乎 沙彌之偷柹 受恩不報 則奚怨乎狡兒之決訟 以至洪善之妄信天帽 致義之虛逐雙口 慧能之係頸烟花 皆駭俗之殷鑑也 以之修身 則身不得不修 以之齊家 則家不得不齊 推而達之 天下安往而不致其功哉 古者聖賢垂世入教之言 亦不過如斯而已. 〈自序〉.

혜능의 이야기는 모두 『촌담해이』에서 웃음을 유발하는 핵심적인 사건들이다. 이 서문에서는 구체적인 사건들이 어떤 구체적인 교훈을 산출해내는가에 초점을 두어 설명하고 있는데 여기에는 일정한 교훈의 산출 방식이 작동하고 있는 듯하다.

담론적 저자는 부정적 사건을 통해 긍정적 교훈을 산출해낼 수 있다고 한다. 이것이 가능한 이유는 무엇인가? 창가(娼家)의 이야기는 가정(家庭)의 이야기로, 두더지와 토끼의 이야기는 인간의 이야기로, 사미의 이야기는 아이들의 이야기로 새롭게 해석될 수 있기 때문이다. 텍스트에서 속임수에 속은 인물들, 즉 듀프들이 맞이하는 부정적 결말은 독자들을 '경각'시킨다. 이 텍스트에서 교훈은 해석의 층위가 이동되고 주인공 운명을 타산지석으로 삼으면서 도출되는 것이다. 이들 소화의 교훈은 모범적인 사례들, 즉 선의 형상화를 통해 도출되는 일이 드물다는 점에 주목할 만하다.

이 서문의 논리에 따르자면 소화에서는 부정적으로 형상된 인물들이 얼마든지 등장할 수 있게 된다. "일에는 정밀하거나 거칠거나 할 것 없이 지극한 이치가 존재"[21]하기 때문에 "비록 비천한 일을 다루고 견강부회한 말을 사용하였다 할지라도 안 될 이유"가 없는 것이다. 중요한 것은 다루는 사건이나 인물의 특성이 아니라 그것을 해석하는 사람들의 태도 혹은 능력이다.

모든 일에 이치가 있고 그것을 발견하는 것은 독자의 몫이기 때문에 『촌담해이』는 부정적 사건과 부정적 인물의 형상화가 주는 비난에서 자유로울 수 있게 된다. 그리고 이러한 형상화의 자유는 부정적 형상화와 같은 특성적 요소를 얼마든지 끌어들일 수 있는 토대가 된다. 강희맹 자

---

21 無事精粗 至理斯存, 〈自序〉.

신의 말은 텍스트에서 얻어지는 교훈을 강조하고 있는 듯하지만 그 이면에 역설적으로 유희적 요소들을 위한 공간을 확보하고 있는 것이다.[22]

강희맹이 쓴 이 자서를 통해 우리는 양반들이 이야기를 향유하는 과정을 하나의 가설로 만들어볼 수 있다. 『촌담해이』의 자서에서 강희맹은 "거사로 한가로이 지내면서 촌 노인네와 우스갯소리를 나누다가 그 중 입을 벌리고 껄껄 웃을 만한 이야기들을 모아 글로 쓴 것"이라고 저작의 동기를 밝히고 있다. "한가로이 지내는 것"[居閑]이 이야기를 듣고 글로 옮기게 되는 시발점이 되고 있다. 이러한 언급은 『태평한화골계전』이나 『어면순』, 『속어면순』, 『명엽지해』의 서발문에서 공통적으로 찾아볼 수 있다. 최초 동기인 한가로움에서 유희가 시작되고 그렇게 시작된 유희는 유교적 틀 속에 위치 지어진다. 이 틀의 반복은 아마도 다시 한가로움을 불러올 것이며 그 모든 과정은 반복될 것이다.

우리는 지금까지의 논의를 통해, 소화집의 유희적 요소들은 그것이 극단으로 흐르는 것을 제어하는 장치들을 그 내부에 가지고 있다는 것을 알 수 있었다. 본문에서는 성적 언어의 사용이 지적 유희를 작동시키며, 사회적 · 경제적 층위는 그것에 성적 의미 외에 시사적이고 도덕적인 메시지를 전달한다. 『촌담해이』의 성소화는 노골적 · 본능적인 것이라기보다는 지적 · 사회적인 성격을 가진다. 또한 논평에서는 텍스트의 일부에 대해 언급하는 과정에서 본문에서 무화된 사회적 위계, 정확하게 말하면 유교적 사회의 위계가 다시 강조된다. 성소화가 가지는 자극의 양을 그들이 수용할 수 있는 범위 내로 조정하는 작업이 지속적으로 이루어지고 있었다고 할 수 있다. 『촌담해이』라는 텍스트에는 성소화로 대표되는 유희가

22 『촌담해이』 이야기의 본문에서는 유희적 요소들이 주를 이룰 것 같지만 이와 함께 지적 · 도덕적 요소들이 혼재되어 있다. 또한 자서에서는 교훈을 강조하면서 독자들의 몫을 열어둠으로써 오락적 · 유희적 요소들의 공간을 확보한다.

유교적 틀 속에 위치하게 되는 과정의 흔적이 남아 있다.

유교적 틀 속에서 발견되는 교훈은 인물의 선악을 분별하는 데 귀속되는 지엽적인 문제라기보다는 질서와 균형, 보상과 응보 같은 규범의 문제이다. 이러한 교훈은 한가로움과 유희 그리고 유교화의 과정을 반복하면서 '수신제가치국평천하'의 우주적 질서로 확대되는 것이다.

우리는 서론에서 본문과 논평의 관계를 문제 삼았다. 성소화를 전달하는 본문을 살펴본 결과, 성소화가 양반 문화 속에 통용될 수 있는 방식으로 조직되고 있는 것을 보았다. 따라서 우리는 『촌담해이』가 본문에서 억압된 성의 해방을 추구하는 성적 유희만을 전달하고 있으며, 논평에서는 유교적 교훈만을 전달하고 있다고 간단하게 도식화할 수 없음을 알게 되었다. 본문과 논평을 함께 고려할 때, 논평에서 행해지고 있는 사회적 위계의 교정은, 모든 차원에서 유교적 질서를 읽어내고 내재화하는 작업으로 확대된다고 말할 수 있다.

논평에서는 본문이 가지고 있는 유희적 요소에 대한 언급이 없다. 그렇다고 해서 『촌담해이』가 교훈을 위해 만들어진 텍스트라고 볼 수는 없다. 『촌담해이』를 저술하는 작가의 태도 역시 이야기의 교훈을 강조하고 있기는 하지만 우리는 그 속에서 역설적이게도 유희를 위한 공간이 생성되고 있음을 보았다. 교훈 속에서 유희가 도출되고 유희 속에서 교훈이 도출되는 과정을 찾아볼 수 있는 것이 바로 『촌담해이』라는 텍스트이다. 옐름슬레우의 용어를 빌려 말하자면 『촌담해이』에서 유희과 교훈의 두 항은 양립 가능하며 서로가 서로를 전제하는 '상호 종속'의 관계에 있다고 할 수 있다.[23] 『촌담해이』는 성소화를 말하지만 그것은 지적 유희로서 기

23 하나의 항이 다른 항을 전제로 하며 그 역도 참인 쌍방 존속을 옐름슬레우는 상호 종속(interdependance), 하나의 항이 다른 항을 전제로 하지만 그 역은 참이 아닌 경우를 한정(determination), 두 개의 항이 양립 가능하지만 서로를 전제로 하지 않는 자유로운 관계를

능하며 사회적 경종을 울리기도 한다. 지적 · 교훈적 층위의 해석이 충분히 가능하기에 성소화를 말하고 향유하는 것에 별다른 거리낌이 없다. 논평자는 이 성소화를 도덕적 시각에서 정리한다. 성소화를 지적 · 도덕적으로 읽어내는 것이 가능하기에 자서에서 본 것처럼, 성소화의 향유는 '자득'의 능력이 있는 주체에게 진리로 가는 또 다른 길이 된다. 그렇다고 『촌담해이』의 유희적 요소들이 교훈을 전달하는 하나의 매개항 역할에 그치는 것은 아니다. 논평이 배제하고 있는 유희적 요소의 잉여가 분명히 있기 때문이다.

유희와 교훈의 상호 존속이 가지는 유의미성에 대해 조금만 더 언급하기로 하자. 이것은 두 가지 방향으로 발전 가능하다. 하나는 유희와 도덕의 상호작용에서 도덕적 측면에 초점을 맞추게 되는 양상이다. 이것은 성소화의 유교적 향유 방식을 살핀 이 글에서 암시된 것처럼 성적 차원뿐만 아니라 모든 차원에서 유교적 질서를 발견하는 방향으로 나아갈 수 있다. 성소화뿐만 아니라 일상과 세계를 유교화하는 작업이 가능해질 수 있다. 또 하나는 유희와 교훈의 상호 존속이 지속적인 유희의 탐구를 합리화하게 한다는 것이다. 유교적 질서가 어디에서나 확인 가능한 것이고 그것을 확인하는 것이 주체에게 달린 것이라면 텍스트 내용의 유희성 자체는 그다지 문제시되지 않는다. 그것은, 소화를 비롯한 유희적 텍스트들의 위상을 높이지는 않더라도, 유교적 질서의 탐구를 가능하게 하는 전제가 된다. 이러한 생각이 만연한 것은, 15세기와 16세기 초, 소화집이 다수 출현하게 된 간접적 계기가 되기도 한다.

들러리(constellation)라고 부른다. 김성도, 『구조에서 감성으로』, 고려대학교 출판부, 2003, 79면.

제2부

양반들의 놀이 문화와 정체성

이 책의 1부에서는 유희적 독서라는 정신적 여기를 다루었다. 2부에서는 육체가 개입되는 여기를 다룬다. 1부에서 구체적 연구 대상은 잡록의 독서였다. 2부에서는 기생놀이, 음주, 승경도 놀이, 성소화의 향유에 대해 연구한다. 기생놀이, 음주, 승경도 놀이, 성소화의 향유는 모두 육체가 향유의 대상이 되거나 매개가 된다. 이러한 여기들을 향유하면서 양반은 양반으로서의 정체성을 형성하게 될 것이다. 기생놀이, 승경도 놀이, 성소화 향유는 양반들이 주로 하던 놀이였다가 점차 다른 계층으로 확대되었다. 음주는 어느 계층이나 즐겼다. 2부에서 이러한 대상들을 선택한 것은 그 향유자가 양반으로 특화되었기 때문이 아니다. 같은 놀이라 하더라도 양반으로서 즐기던 방식이 있고, 그것이 양반으로서의 정체성을 구성하는 데 영향을 미쳤다고 보기 때문이다. 가령 음주는 모든 계층에서 즐겼지만, 양반이 마시는 술이나, 술을 마시는 방식은 다른 계층과 차별적일 수 있으며 이는 그들의 정체성을 구성하는 하나의 지표가 될 수 있다.

정체성에 대한 연구는 주체를 상정하게 한다. 여기에서는 세 가지 변별적 주체들을 찾을 수 있다. 행위 주체, 서술 주체, 읽기 주체가 그들이다. 행위 주체는 성희(性戲), 음주(飮酒), 성소화(性笑話)의 향유 주체들로 서사 내부에 존재한다. 서술 주체는 행위 주체들이 야기하는 사건을 기록하고 평가하는 이들로 담화 상에 존재한다. 읽기 주체는 서술 주체가 쓴 행위 주체의 사건을 읽는 이들로 실제 세계에 존재한다. 그렇다면 이 세 주체들이 구성하게 되는 정체성은 서로 어떤 관계에 있을까?

서술 주체는 행위 주체를 재현한다. 텍스트에 관한 최근의 연구는 텍스트가 읽히는 맥락을 강조한다. 맥락에는 텍스트가 소통되는 구체적 상황과 독자의 문제가 개입한다. 텍스트의 의미화 작용은 고정되어 있는 것이 아니라, 각기 다른 사회적 맥락에 놓여 있는 구체적인 독자의 삶, 즉 읽기 주체와의 관계 속에서 각각 다르게 생성되는 것이다. 그렇다면 각 주체들이 시대적으로, 계층상으로, 성별상으로 차이가 없는 경우에 텍스트 해석에는 어떤 일이 일어날까? 이런 가정을 하는 것은 잡록의 세 주체들이 조선의, 양반, 남성들이라는 공통점을 가지기 때문이다. 나는 이러한 경우 서술 주체에 의한 텍스트의 의미화는 지배적 가치를 그대로 수용하면서 이루어지고, 읽기 주체에 의한 텍스트의 해독 역시 지배적 문화 질서가 정당화시킨 약호에 따라 메시지를 그대로 받아들이는 방식으로 이루어질 것이라고 본다. 스튜어트 홀은 지배적 가치를 그대로 수용하는 해독을 선호 해독이라고 명명한 바 있다.[1] 즉 특정 행위 주체가 동시대인들에게 비슷한 모습으로 재현될 수 있고, 재현된 주체들은 읽기 주체에게 의도와 비슷하게 읽힐 수 있다는 것이다. 서술 주체의 행위 주체 재현과, 읽기 주체의 텍스트 해석 작업이 동일한 약호에 의해 이루어질 가능성이 있다면, 텍스트 각 국면에서 각 주체들의 정체성을 구분하는 것은 큰 의미가 없을

1 제임스 프록터 저, 손유경 역, 『지금, 스튜어트 홀』, 앨피, 2006, 29면.

수 있다.

그렇다면 이들의 정체성은 어떤 과정을 통해 구성되는가? 일반적으로 정체성은 내 안에 '이질성'이나 '타자성'을 거부하거나 억압함으로써 가능하다. 자아 안의 동질적이지 못한 이질적, 혹은 타자적인 속성을 제거할 때 비로소 나는 균질적이고 동질적인 '나'일 수 있다. 따라서 정체성은 동질성 속의 이질성을, 동일성 속의 차이를 억압한 결과 나타난 결과물이며, 타자 속성의 거부이자 비동일성의 부정을 의미한다. 정체성은 '내 안의 타자'를 거부하거나 부정할 때 획득된다.[2] 이어서 2부의 첫 장에서는 하나의 구체적 대상과 하나의 구체적 방법을 제시하면서 유희가 양반으로서의 정체성을 어떻게 구성하는가를 살펴보고자 한다. 성적 유희가 양반으로서의 정체성과 어떤 관련을 가지는가를 살펴볼 것이며, 이 과정을 텍스트 상에서 확인할 수 있는 방법으로 '평가'(evaluation)에 대해 논할 것이다.

---

2 조현준, 『주디스 버틀러의 젠더 정체성 이론』, 한국학술정보, 2007, 31면.

제5장
기생 놀이와 호걸(豪傑)의 정체성

1. 욕(慾)과 인욕(人慾)의 문제

정체성은 개인적인 것이면서 사회적인 것이다. '양반의 정체성', '여성의 정체성', '상인의 정체성'과 같은 표현들이 가능하다. 내가 이 장에서 다루고자 하는 것은 재미로 인해 형성되는 양반들의 정체성이다. 앞서 1부에서 칙센트미하이를 빌려, 어떻게 재미가 정체성을 형성하는가에 대해 언급한 바 있다. 그렇다면 이 장에서 해결해야 할 문제는 구체적으로 어떻게 재미를 통해 양반으로서의 정체성을 형성해가는가 하는 것이 될 것이다.

정체성은 동질성 속의 이질성을 억압하면서 형성된다고 하였다. 그렇다면 양반들은 어떻게 동질성 속의 이질성을 억압하는가를 살펴보아야 할 것이다. 이 경우 동질성은 양반의 지배적 문화적 요소로, 이질성은 그 이외의 어떤 것들로 볼 수 있다. 동질성은 그것을 보존하는 사회 체계를 기반으로 형성될 것이며, 이질성은 그러한 제도의 실현 과정에서 체계적으로 배척될 것이다. 동질성의 강조는 이질성의 배척과 동전의 양면이라고 할 수 있다. 그렇다면 동질적 문화적 요소들을 보존하는 것은 어떤 메커니즘일까? 다시 말하면 이질적 문화적 요소는 어떤 메커니즘을 통해 제거되는 것일까? 물론 그러한 메커니즘은 여러 가지가 있을 것이다. 교육과 사회화의 일반적 과정은 동질적 요소들을 습득하고 유지하며, 이질적 요소들을 배척하는 대표적 메커니즘이라고 할 수 있다. 나는 그러한 메커니즘이 현실 세계에 있을 뿐만 아니라 글 속에 특히, 이 장에서는 잡록 텍스트 내부에 있다고 본다.

담론에서 동질성을 확보하고 이질성을 배척하는 메커니즘 중 하나는 바로 인물 '평가'이다. 평가는 관련된 사건이나 인물에 대한 서술자의 태도나 감정을 드러내는 부분이다.[1] 그러나 이렇게 서술자가 드러내는 태도와 감정은 서술자 개인의 것이라기보다는 문화적인 것이다. 평가, 특히 부정적 평가는 동질성 속의 이질성 · 동일성 속의 차이를 억압하는 것으로 기능할 것이다.

평가에 관한 것은 라보브(William Labov)와 같은 사회언어학자들에 의해서 비중 있게 연구된 부분이다. 라보브는 개인 서사체를 연구하면서 서사체는 사건이나 인물 등 '존재하는 것들'을 전달할 뿐만 아니라 그것들에 대한 화자의 개인적 느낌이나 그것들이 왜 말할 만한 가치가 있는가에 대한 '주관적 판단'도 전달한다고 본다. 그리고 '사건'과, 그것에 대한 '시각'을 모두 전달하는 것이 서사체를 말하는 두 가지 목적이라고 하였다.[2] 이

1 Alexandra Georgakopoulou and Dionysis Goutsos, *Discourse Analysis* (Edinburgh University Press, 1997), p. 74.

2 "이러한 개인 경험 서사의 각 요소들은 이중의 목적을 가지는데, 지금 일어나고 있는 상호 작용의 외부에 발생했거나 존재하는 것들을 이해하기 위해 사건 · 등장인물 · 느낌 등등에 대한 지시를 하는 것이며, 동시에 화자와 청중을 관련된 사건들로 인도하고 그 사건들이 이해 가능하며 말할 가치가 있다는 것을 확신함으로써, 이야기가 말해지는 상호 작용을 구조화하는 것이다." Doborah Schiffin, Deboah Tannen, and Heidi Hamilton eds., *The Handbook of*

러한 입장에 따르면, 사건이나 정보는 그 자체로 중요한 것이 아니라, 서술 주체와 읽기 주체가 그것을 중요한 것으로 평가하기 때문에, 혹은 중요한 것으로 믿기 때문에 중요할 수 있다.

그렇다면 평가는 어떤 장치를 통해 나타나는가? 라보브의 경우 내적 평가와 외적 평가를 나누어 설명하였다. 외적 평가는 이야기가 끝난 후 첨부되는 주관적 서술이며 내적 평가는 이야기를 보고하는 안에 교묘하게 삽입되는 발화이다. 이렇게 평가를 중심으로 잡록의 이야기를 검토하는 것은 그 이야기가 어떤 가치들을 중시하고 있는가를 알 수 있게 해준다. 그러나 아쉽게도 잡록에서는, 독립된 논평부와 같은 외적 평가가 거의 나타나지 않기 때문에 내적 평가를 주로 살펴볼 수밖에 없다. 담론적 저자의 대리인이라고 할 수 있는 서술자는 자신의 주관을 직접 표명하기보다는 거르고 굴절시켜서 표현하는 데 능숙하다.[3] 서술자가 주관을 굴절시켜 표현한다고 해서 독자가 그의 주관에 대해 전혀 알 수 없는 것은 아니다. 서술자의 굴절된 주관은 간접적으로 드러날 수 있는데, 가령 주인공의 행위에 대해 언급하는 다른 등장인물의 말과 행동을 통해 표현될 수 있다. 주인공 행위에 대해 옳았다거나, 과도했다는 등의 평가를 하는 제3의 등장인물의 발화는, 서술자가 보고할 만한 가치를 가지고 있다고 판단하여 삽입한 것이다. 그렇다면 이러한 발화는 서술자의 시각과 어떤 관련

Discourse Analysis, Blackwell Publishers, 2001, p. 637.

3 김현주는 내적 평가가 만들어지는 이유에 대해 다음과 같이 언급하고 있다. "하나의 객관적인 문학적 서사체를 발화하는 구술 상황은 그 발화적 대상이 되는 서사체를 일정한 거리를 두고 대하게 되기 때문에 개인 감정을 듬뿍 적재한 외적 평가절을 그 서사체 속에 생경하게 삽입한다는 것이 상당히 어려운 일이 된다. 그렇지만 이야기 상황에 대한 화자의 평가 의식이 소멸된 것은 아니어서 은밀한 배출 통로를 찾게 되는데, 그것은 내적 평가절로 깊숙하게 삽입되어 굴절 표현되는 것이다." 김현주, 「일상경험담과 '민담'의 구술성 연구」, 『구비문학연구』 4집, 한국구비문학회, 1997, 139면.

을 가지고 나타날 것이다. 또한 서술자의 주관은, 이야기의 배경부에서 인물에 대해 소개하면서 비교적 직접적으로 나타나기도 한다. 배경부의 소개 부분에서는 술을 좋아한다거나 거문고를 잘 다룬다는 등 인물의 취향에 대한 언급도 있으며, 성격이 급하다거나 포악하다는 등 인물의 성격에 대한 언급도 있다. 가령 서술자가 인물의 성격에 대해 소개하는 표현들을 잘 살펴보면 그 성격에 대해 긍정적이거나 부정적인 태도를 가지고 있음을 확인할 수 있다. 이 장에서는 인물에 관한 평가를 통해 당시에 문화적으로 긍정되고 있던 가치들을 알아본다. 이어서 그것들이 주체들의 정체성 구성 과정에 어떻게 관여하는가에 대해 관심을 가진다. 특히나 성적 욕망에 대해 동질적 · 문화적 요소로 생각되던 것과 이질적 문화적 요소로 생각되던 것이 어떻게 구분되며 그 결과 형성되는 양반으로서의 정체성은 어떤 것인지 살펴보도록 한다.

이 장의 연구 대상은 『용재총화』(慵齋叢話)이다. 여기에는 어느 잡록들보다도 많은 향락적 인물들이 등장한다. 향락적 인물의 대표적인 속성은 욕망, 특히 성적 욕망을 가졌다는 것이다. 이 인물들이 가진 욕망의 성격에 대해 알기 위해서는 전통사회에서 인간의 욕망을 어떻게 구분했는지 참고할 필요가 있다. 유교 사상에서 인간의 욕망은 크게 '욕'(慾)과 '인욕'(人慾)으로 구별된다. 주희는 '욕'과 '인욕'에 대해 다음과 같이 언급한다.[4]

---

4 주희는 욕과 인욕을 구분지어 말하면서 특히 천리로서의 욕을 말하고 있다. 주희는 천리와 인욕의 구분을 말할 때 인간이 생존을 위해 먹고 마시는 물질적인 욕망을 천리라고 하였다. 즉 생존조건을 위한 음식에 대한 욕망은 합당하므로 욕이나 인욕이 아니다. 왜냐하면 그것은 합리적인 천리를 포함하고 있기 때문이다. 이처럼 주희는 일정 정도 내에서 욕을 합리적인 것으로 긍정하였다. 그러나 이른바 '미미'(美味)는 인욕으로서 불합리한 것이며 천리와 대립적인 것이다. 조민환, 『중국철학과 예술정신』, 예문서원, 1997, 97~98면.

묻건대, 먹고 마시는 사이에는 어느 것이 천리가 되고 어느 것이 인욕이 되는가? 먹고 마시는 것은 천리이고 '맛있는 것'[美味]을 요구하는 것인 인욕이다.[5]

생존을 위해 먹고 마시는 것은 당연한 일이며, 이것마저 절제하는 인간의 욕망은 유가적 관점에서 바람직한 것은 아니다. 그러나 단순히 먹고 마시는 것 이상의 좋은 맛을 요구하는 경우는 인욕이다. 음식을 통해 설명된 '욕'과 '인욕'의 차이는 이성과의 관계, 즉 성적 측면에도 적용된다. 즉, 후사를 위해 이성을 원하는 것은 욕이지만, 지나치게 색에 탐닉하는 것은 인욕이라고 할 수 있다. 이 장에서 말하는 향락적 인물이란 음식이나 이성에 대해 정도 이상의 욕망을 드러내는 인물이라고 정의해볼 수 있다. 즉, 향락적 인물은 인간이면 누구나 가지는 생존을 위한 '욕'이 아니라, 본능에의 탐닉, 즉 '인욕'을 가지고 있는 인물을 말한다.

『용재총화』에는 인욕을 가진 인물들에 대한 일화가 다수 수록되어 있다. 이것은 함동원(咸東原)에 관한 다음의 일화를 통해서도 알 수 있다. 이 이야기는 비교적 짧기에 전문을 인용하기로 한다.

함동원(咸東原)이 젊었을 때에 화류계에서 방랑하였으나, 직무에 임해서는 신중하였고 일을 잘 처리하여 드디어 명재상이 되고 공훈(功勳)으로 봉군(封君)이 되었다. 호남 감사가 되어 선정(善政)으로 소문이 자자하더니, 그 후 대사헌(大司憲)이 되었다. 항상 전주 기생을 사랑하였는데, 이별하기 어려워서 호패(號牌)를 기생에게 비밀히 주고 밤에 몰래 따라오라 하였다. 여러 날이 지난 후, 기생이 부윤(府尹)에게 이별을 고하니, 당시 부윤으로 있던 이언(李堰)은 성품이 청렴하고 고

5 問飮食之間 孰爲天理 叔爲人慾, 日 飮食者 天理也 要求美味 人慾也. 『朱子語類』 卷第九十八, (조민환, 앞의 책 간접 인용).

상하면서도 급하여 기생이 하직하는 것을 보고 크게 노하여, "법관(法官)이 어찌 기생을 데리고 갈 리가 있는가. 네 말이 거짓이다."라고 하였다. 기생이 대사헌의 호패를 내보이며 말하기를, "공이 '관부(官府)에서 만약 믿지 않거든 이것으로써 표를 삼으라'고 하셨소이다."라고 하니, 이언이 땅에 침을 뱉고 크게 꾸짖기를, "내가 함동원을 지조 있는 선비라 여겼는데, 지금 와서 보니 참으로 하품인(下品人)이로다."라고 하였다. 당시 사람들이 모두 공의 솔직함을 좋아하고 이언의 빡빡함을 비웃었다. 늙어서는 오랫동안 병중에 있었으며, 딸 하나가 있었으나 그 딸마저 먼저 죽었는데, 또 주색을 싫어하여 첩을 두지 아니하고 집안일을 돌봐줄 사람이 없어 끼니를 자주 거르기도 하였다. 옛날 정분이 있던 여의(女醫)가 이 소문을 듣고, 곧 찾아가 공을 뵈니, 남루한 옷을 입고 거적자리에 길게 누웠는데, 다만 한 하인만이 옆에 모시고 있을 뿐이었다. 여의가 말하기를, "공 같은 호걸(豪傑)이 어찌 이와 같이 되셨습니까?"라고 하니, 공이 아무 말도 없이 똑바로 쳐다보면서 눈물만 흘렸다.[6]

함동원은 이야기 배경부의 소개에서 젊었을 적에는 화류계에서 방랑하였지만 직무에 임해서는 선정을 베푼 인물로 평가된다. 이렇게 이야기의 배경부에서는 서술자의 시각이 드러날 수 있는데, "신중"하다거나 "명재상"이 되었다는 등의 언술을 통해 서술자가 함동원에 대해 긍정적 시각을 가지고 있음을 유추할 수 있다. 이어지는 사건은 기생과 관련되는 것으로

6 咸東原少時. 放浪於花柳間. 然莅職敬謹. 遇事善施. 遂爲名宰相. 以勳封君. 嘗爲湖南監司. 以善政聞. 其還拜大司憲. 常愛全州妓. 相別有難色. 密授號牌於妓. 令可潛夜隨來. 日久妓辭於府尹. 時李堰爲府尹. 淸高性急. 見妓之辭. 大怒曰. 法官豈可帶妓. 其汝言太謬. 妓出呈大憲號牌曰. 公云官府苦不信. 以此爲標. 堰唾地大罵曰. 我以咸某爲節士. 以今觀之. 眞下品人. 時人皆樂公之眞率. 而笑堰之大急也. 年老久有疾. 惟有一女. 而女先死. 又厭酒色不畜妾. 家無收護幹事之人. 供頓或至屢空. 有舊情女醫. 聞之卽挺身而入見公. 披纜縷衣. 長臥蒲薦. 只一頑僕侍側. 女醫曰. 以公之豪傑. 何落魄至此. 公無一言. 瞠視流涕而已. 『용재총화』 8권.

보아 그가 호남감사로 있었던 비교적 젊은 시절의 일인 듯하다. 이때 그는 호남감사로 관내의 기녀를 데리고 떠나려는 다소 무모한 계획을 세운다. 그리고 부윤에게 증거로 내보일 호패를 내준다. 호패라는 것은 일종의 자신의 신분증명서인데, 감사가 자신의 호패를 내주면서까지 관아의 기생[官妓]를 데려가려 한다는 것은 이언의 말처럼, 쉽게 납득할 수 없는 일이기도 하다. 정도를 벗어나면서까지 여색을 가까이한다는 점에서, 젊은 시절의 함동원은 향락적 인물이라고 볼 수 있다. 그리고 등장인물인 부윤(언)의 말은 바로 이런 평가를 대변해주는 것이기도 하다.

그러나 "사람들이 모두 공의 솔직함을 좋아하고 이언의 빡빡함을 비웃었다."라는 언급을 보면 알 수 있듯이, 당시 사람들은 부윤이 아니라 함동원을 긍정적으로 평가하고 있다. 향락적인 인물인 함동원이, 다소 성급하긴 하지만 성품이 깨끗하고 고상한 것을 좋아하는 부윤보다 더 평가받은 이유는 '솔직함' 때문이다. 이 이야기에는 함동원에 대한 두 가지 평가가 공존한다. 한편으로는 등장인물인 부윤의 평가가 있고, 다른 편으로는 서술자와 당시 사람들의 평가가 있다. 이 두 가지는 서로 대립적이다. 그러나 이 경우 서술자의 평가와 당시 사람들의 평가가 더 궁극적인 것, 더 높은 위계를 점하고 있는 것으로 생각된다. 서술자의 평가는 사건의 종료 후 그것을 포괄적으로 전달하고 있기에 메타적이다. 당시 사람들의 평가는 언에 대한 부정적 평가를 함축하고 있기에 메타적이다. 이런 긍정적 평가로 인해, 그가 말년에 쇄락한 모습은 도덕적 기준으로 판단되기보다는 인간적으로 측은하게 여겨진다.

함동원이 공기(公妓)를 따라오게 할 만큼 지나친 성적 욕망을 가지고 있음은 당시의 사람들이나 성현 자신에게 중요한 문제가 아니었다. 함동원의 일화를 통해서 우리는 『용재총화』의 담론적 저자가 '인욕'의 솔직한 내보임을 긍정적으로 가치평가하고 있음을 알 수 있다.

2. '욕'의 하한선과 '인욕'의 상한선

앞에서 살펴본 것처럼 『용재총화』에는 향락적 인물이 형상화되어 있다. 이 인물에 대한 평가는 등장인물의 관점과 제3자의 관점을 통해 이루어진다. 직접적이며 부정적인 도덕적 판단은 나타나지 않는다. 이렇게 인욕의 인물을 형상화할 뿐만 아니라 긍정적으로 인정하고 있는 것처럼 보이는 『용재총화』의 욕망관은 유가적 욕망관과 비교할 때 특징적인 부분이 있다. 유가적 욕망관을 살펴보기 위해서 유학자들의 욕망에 대한 인식을 잠깐 검토해보도록 하자.

『시경』 시에 대한 공자 말씀, "關雎 樂而不淫 哀而不傷"[7](『詩經』 시의 「關雎」 章에 나타난 뜻은, 즐거워하면서도 넘치지 않고, 슬퍼하면서도 마음을 傷하게 하지 않는 것이다)은 유가의 욕망관을 알 수 있는 부분이기도 하다. 즐거워하면서도 넘치지 않고 슬퍼하면서도 마음 상하지 않을 수 있는 것은 기본적으로 인간의 욕구가 합리적일 수 있다는 것을 전제하고 있다.[8] 유가적 욕망관의 핵심은 무한한 욕망을 억제해서 방종해지지 않도록 하는 것이다. 서지영은, 유교의 예(禮)가 인간의 쾌락을 '금지'했다기보다 오히려 쾌락을 적절하게 '배분'하고 '활용'한 장치로 작동하였다고 하면서, 이는 육욕을 죄의 근원으로 보는 서구 기독교의 금욕주의적 전통과는 차별화되는 지점이라고 하였다.[9]

욕망이라는 단어는 '정'(情) · '욕'(慾)과 깊은 관련이 있다. 유가에서는 성

---

7 『論語』, 「八佾」篇.

8 이런 유가의 전통적인 욕망관은 치우치지도 기울지도 않는 "無過不及" 상태인 중용의 개념과도 통하는 바가 있다. 중용의 개념에 대해서는 정요일, 「선비정신과 선비정신의 문학관」, 『한문학의 연구와 해석』, 일조각, 2000, 53~55면 참조.

9 서지영, 「규범과 욕망의 틈새: 조선시대 문학 속의 섹슈얼리티」, 한국고소설학회편, 『한국 고소설과 섹슈얼리티』, 보고사, 2009, 12~13면.

과 정을 분리하여 각각 가치론적인 측면에서 차이를 부여한다. 유가에서는 "性發爲情"(성이 작용하여 정이 된다)이라고 하여 정을 바탕으로 성을 말한다. 반면, 정은 기질(氣質)의 성이며, 기의 청탁후박(淸濁厚薄)에 의해 차이가 있다. 성에 보편적인 측면이 있다면 정에는 특수한 측면, 개성과 관련 있는 측면이 있다고 할 수 있다. 이른바 성이 인간의 본성 또는 인·도덕·이성 등 동물과 구별되는 질적인 규정을 의미한다면 정은 인간의 감정, 즉 인간의 본성이 외적 대상과 서로 접하여 표현되어 나온 희로애락(喜怒哀樂) 등을 의미한다.

사실, 주자는 앞에서 욕이 긍정적이면 천리가 되며, 부정적이면 인욕이 된다고 하여 천리와 인욕을 별개의 것으로 파악하지는 않았다. 그러나 조선 초기 관학파 유학자들은 천리와 인욕을 대립적으로 파악한다. 그 대표적인 사람이 권근(權近; 1352~1409)이다. 권근은 마음속에 내재한 선을 확충하느냐 아니면 욕망을 좇느냐 하는 일념의 차이에 의해서 성현과 금수의 차이가 생긴다고 보았다. 그는 기질 가운데에서도 치우치고 잡박한 기질이 인욕을 낳는다고 보았다.

천리와 인욕을 서로 대립되는 것으로 파악하든 아니든 간에 선비들의 지향점은 인욕을 극복하고 천리를 회복하는 것이었다.[10] 당시의 유학자들이 최소한의 욕망 표출을 윤리적 규범으로 삼고 있었던 것에 비해 『용재총화』에는 인욕을 표출하는 인물들이 다수 형상화되어 있다. 담론적 저자는 그들에 대해 비판적 태도로 일관하지는 않는다. 더 나아가 『용재총화』의 담론적 저자는 욕망의 표출이 전혀 없는 인물들을 풍자하기도 한다. 다음의 이야기는 색(色)에 대한 담론적 저자의 생각을 잘 보여주는 일화이다.

---

10 이런 유가의 욕망관은 '存天理, 滅人慾'이라는 말로 잘 요약된다. 조민환, 앞의 책, 99면.

음식과 남녀의 교정은 사람의 큰 욕망인데도 지금 색을 모르는 사람이 셋 있다.

제안대군은 한없이 아름다운 아내를 두었으되 항상 말하기를 "부녀자는 더러워서 가까이하지 말아야 한다" 하여 마침내 부인과 마주앉지 않았다.

생원 한경기는 상당부원군 한명회의 손자인데, 마음을 닦고 성품을 다스린다는 구실로 문을 닫고 홀로 앉아 일찍이 그 아내와 서로 말한 일이 없었으며 만약 계집종의 소리라도 들리면 막대기를 들고 내쫓았다.

김서에게는 외아들이 있었는데 어리석어서 콩과 보리를 분별하지 못하였고 또한 음양의 일을 알지 못하므로 김서는 그 후사가 끊어질 것을 염려하여 그 일을 아는 여자를 단장시켜 함께 자게 하고 운우를 가르치려 하니, 그 아들이 놀라서 상 밑으로 도망쳐 들어갔다. 그 뒤에는 붉게 단장하고 족두리를 한 여자만 보면 울면서 달아났다.[11]

성현은 '음식과 남녀의 교정은 사람의 큰 욕망'이라고 하면서 그런 욕망을 가지지 않은 세 사람의 일을 간략하게 소개하고 있다.[12] 도입부에 서술자의 직접적인 평가가 나타나 있기 때문에 세 가지 일화는 다소 비판적인 혹은 풍자적인 어조를 가지게 된다. 여기에 등장하는 세 명의 인물들은 각각 다른 이유로 풍자된다. 제안대군(齊安大君)은 지나친 성적 결벽증

11 食男女 人之大慾存焉 而今不知色者三人 齊安畜無限佳麗 而常曰婦人穢不近 終不與婦人對坐 生員韓景琦上黨府院君之孫也 托言修心繕性 閉戶獨坐 不曾與其妻相語 如聞婢僕之聲 持杖逐之 金子固獨有一子 癡騃不辨菽麥 亦不知陰陽之事 子固患其絕嗣 飾解事之女 與之同寢 敎以雲雨 其子驚駭 逃入床下 其後若見紅粧翠髻 必啼哭而走. 『용재총화』 2권.

12 음식과 성욕의 비교는 다른 유가의 저작들에서도 찾아볼 수 있다. 그러나 모두 『용재총화』와 같은 입장은 아니다. 정이는 같은 비유를 통해 성현과 대립되는 결론을 이끌고 있다. "굶어죽는 일은 극히 사소하나 절개를 잃는 일은 매우 중대하다."(『二程遺書』, 권22)는 것이다. 송나라 유학자의 천리와 인욕에 대한 생각은 강요원, 「노장철학분과 역」, 『중국인의 성』, 예문서원, 1993, 188~192면 참조.

으로, 한경기는 도덕적 엄격함으로, 김서의 아들은 어리석음으로 웃음거리가 된다. 이 세 가지는 모두 웃음의 대상이 되는 성적 행동이다. 이들이 풍자되는 것은 인욕을 가지지 않아서가 아니가 '욕'을 가지지 않아서이다. 제안대군이나 한경기, 김서의 아들은 모두 아내와의 운우지락을 거부한 인물들이다. 성현은 인욕을 가진 인물들, 즉 향락적 인물들에 대해서는 인정을 솔직하게 표현한 인물들이라고 하여 긍정적으로 인정하고 있는 반면 '욕'마저 가지지 않은 인물들에 대해서는 그 어리석음을 풍자한다. 이런 인물들이 가지는 요소는 『용재총화』의 향유자들이 정체성을 형성할 때 이질적인 것으로 인식될 수 있다.

그런데 전통 사회에서 남성의 성에 대해 사고할 때, 성적으로 무관심할 경우 '색을 밝히지 않는' 인물[13]로 생각되기도 하였다. 『용재총화』에서 기본적인 욕망을 가지지 않은 인물을 비판하는 이 부분은 독특한 색채를 가진다.

유가에서는 기본적인 인간의 욕망을 인정한다. 그러나 이 일화를 통해 알 수 있듯, 성현의 욕망관은 그 하한선만을 인정하고 있는 유가의 욕망관과는 구별된다고 할 수 있다. 기본적인 성적 욕망만을 인정한다고 하는 것과, 기본적인 성적 욕망도 없다고 비판하는 것은 매우 다른 말이다. 기본적인 성적 욕망만을 인정한다는 것은 그 이상의 욕망, 즉 인욕에 대해서는 부정적이라는 것을 전제하지만 기본적인 성적 욕망도 없다고 비판

---

13 이중티엔(易中天)은 전통적인 중국의 남성과 여성에 대해 언급하면서 "성적인 면에서 덤덤하거나 무능한 것이 이혼의 사유가 되지 못할 뿐만 아니라 오히려 사회적으로 칭송을 받는 조건이 될 수도 있었다는 사실이다. 여자가 성적인 면에서 냉담한 반응을 보이는 것은 '음탕하지 않다.'는 증거가 될 수 있었으며, 남자가 성적으로 무능하면 '색을 밝히지 않는다.'는 표시가 되었기 때문이다. 전통사회의 기준으로 보면 전자는 바로 '요조숙녀'의 조건이며, 후자는 또 훌륭한 사나이의 본색이었던 것이다."라고 하였다. 이중티엔 저, 홍광훈 역, 『중국의 남자와 여자』, 법인문화사, 2000, 213면.

하는 것은 그 이상의 욕망에 대해서도 긍정적일 수 있음을 암시하기 때문이다. 성현은 인간의 기본적 욕구라 할 수 있는 '욕'이 표현되는 것은 자연스러운 일이라고 생각한다.

그렇다면 기본적인 성적 욕망뿐만 아니라 그 이상의 욕망에 대한 인정은 성현이 가지는 독특한 욕망관의 발현인가 아니면 15세기의 시대적인 풍조인가에 대해 질문할 수 있다. 만약 전자라면 이때에 성현은 대다수의 유가들과 대립되는 독특한 욕망관을 가지고 있다고 결론 내릴 수 있다. 그러나 만약 후자라면, 성현을 비롯한 15세기 문인들은 유가적 원칙과는 다른 독특한 욕망관을 가지고 있다고 결론 내릴 수 있다. 결론부터 언급하자면, 이것은 성현이 가진 개인적 산물로서의 욕망관이 아니라 15세기 문인들의 욕망관이라고 해석하는 것이 합리적이다. '욕'뿐만 아니라 '인욕'에 대한 자연스러운 인정은 성현뿐만 아니라 서거정을 비롯한 다른 양반들에게서도 확인할 수 있는 문제이기 때문이다.

『용재총화』 10권에는 여러 신하가 모여 자신들의 즐거움을 토로하는 이야기가 있다.[14] 여기에서 최한량은 외지에서 아름다운 기생과 인연을 맺는 즐거움을, 정국형은 사냥하는 즐거움을, 이수남은 잔치집을 찾아 기생과 동숙하는 즐거움을, 김유는 좋은 친구와 만나 음악과 시를 즐기는 즐거움을 이야기한다. 이 가운데 경서 읽기를 즐긴다는 유희익의 말에 대해 서거정은 "옳기는 옳은 일이다만 남아가 세상에 나서 어찌 이와 같이 괴로워야만 되겠느냐"라고 말한다. 여기에 등장하는 인물들은 모두 주요 관직에 있었던 양반들이었다. 이들이 언급하는 여색 · 사냥 · 교우의 즐거움은 경서 읽기를 즐긴다는 유희익의 즐거움과 대립된다. 최한량 · 정국

14 이에 대한 자세한 분석한 류정월, 「조선 초기 양반 향락의 동반자, 술과 우스개」, 『오래된 웃음의 숲을 노닐다』, 샘터, 2006, 참조.

형·이수남·김유의 즐거움이 세속적·육체적 혹은 감각적 즐거움인 반면 유희익의 즐거움은 탈속적·정신적 즐거움이라는 것이다. 그러나 서거정의 말에서처럼 유희익의 즐거움은 '괴로움'으로 평가될 수도 있다. 이 이야기는 당시 사대부들이 세속적·육체적 혹은 감각적 즐거움을 인정하고 있었음을 보여준다. 기생과의 관계에만 초점을 두고 보면, 여색에의 탐닉이 인생 즐거움의 한 요소로 긍정되고 있음을 재확인할 수 있다.

이상의 분석에서 알 수 있듯이, 『용재총화』의 담론적 저자는 과도하다 싶은 인욕이 표현되는 것조차 솔직한 인간의 성정으로 인정하고 있는 듯이 보인다. 과연 『용재총화』의 담론적 저자는 모든 인욕에 관대한가? 그는 봉석주(奉石柱)와 어우동(於于同)처럼 성에 탐닉하다가 비극적인 결말을 맞게 된 인물에 관한 이야기도 빼놓지 않고 기록하고 있다.[15] 또한 신돈(辛旽)이 아름다운 여인들을 얻기 위해 그 남편들에게 죄를 씌운 이야기를 언급하면서 그가 사람이 아니라 여우의 정기를 가졌다고 하기도 한다. 이런 이야기들은 담론적 저자가 모든 인욕에 대해 관대하지는 않았다는 것을 보여준다. 그렇다면 『용재총화』의 담론적 저자의 세계에는, 인욕이 인정되는 상한선이 있음을 알 수 있다. 이에 대해 언급하기 위해서 호걸(豪傑)에 대해 살펴보는 것이 좋겠다. 호걸은 여색을 즐기는 인물 가운데 긍정적인 인물에 대해 사용하는 용어이다. 호걸은 성적 욕망을 처리하는 방식에서 양반의 지배적·문화적 요소를 보여준 사람에 대한 명명이다. 어떤 경우에 호걸이라는 평가가 가능한가를 살펴보면 인정되는 인욕의 상한선을 알 수 있을 것이다.

15 『용재총화』 5권.

3. 주색의 주체, 호걸(豪傑)이라는 평가

『용재총화』 9권에는 "어렸을 때 술과 계집에 빠져 난봉을 부려서 당시 사람들이 '사이'(四李)"라고 했던 네 명의 인물, 즉 숙도(叔度) · 방옹(放翁) · 번중(藩仲) · 백승(伯勝)에 관한 일화가 있다.

> 숙도(叔度) · 방옹(放翁) · 번중(藩仲) · 백승(伯勝) 등은 모두 문명(文名)이 있었다. 어렸을 때 술과 계집에 빠져 난봉을 부려서 당시 사람들이 사이(四李)라 불렀다. 여흥(驪興) 신륵사(神勒寺)에서 글을 읽고 학업을 게을리 하지 아니하였는데, 서울로 돌아가려 하니 부사(府使)가 연석을 베풀고 이를 위로하였다. 사이가 청하기를, "원하건대 기생을 태우고 배를 중류에 띄워 기쁨을 다하고 싶습니다."라고 하니, 부사가 이를 허락하였다. 사이가 다투어 배 안에서 기생을 껴안고 풍악 소리를 내어 하늘에 용솟음치게 하고 술에 취하여 주정하고 장난하니, 뱃사공도 모두 머리 끝까지 취하여 정신을 차리지 못해 사이(四李)가 스스로 노를 저어 순풍에 돛을 달고 흘러 내려와 하룻밤 사이에 한강(漢江)에 이르렀다. 이튿날은 빗물이 크게 불은 데다 사공과 여러 기생이 굶주리고 고단하여 갈 수가 없었다. 배를 조금씩 끌고 올라가서 5일 만에야 비로소 부(府)에 도착하니, 부사(府使)가 크게 노하여 기생과 뱃사공을 벌하고 이들을 심문하니, 뱃사공들이 기생들을 모두 범(犯)하였었다. 방옹(放翁)의 장인(丈人) 박씨(朴氏)는 성품(性品)이 매우 인색하여 고령(高靈)에 노적가리 만석(萬石)이 있으나 쓰지를 않았다. 방옹이 그 벗과 함께 고령에 가서 창곡(倉穀)을 가져다가 날마다 소와 말을 잡아서 향락(享樂)하여, 박 노인이 이 소문을 듣고 급히 가서 몰아내려고 하자, 방옹이 말하기를, "명년(明年)에 만약 과거에 급제하지 못하면 맹세코 집에 돌아가지 않겠습니다."라고 하고, 진주(晉州)의 단속사(斷俗寺)에 있으면서 독서만 하였는데, 방옹이 기묘년에 진사(進士)가 되었다. 진주에도 같이 과거에 합격한 자가 10여 명이나 있었는데,

성찬(盛饌)을 갖추고 촉석루(矗石樓) 위에다 크게 잔치를 베풀고는, "큰 손님이 장차 이곳에 이르리라."라고 하였다. 여러 기생이 해가 저물도록 기다렸더니, 방옹이 가마를 타고 그 친구 몇 명과 함께 누(樓)에 도착하여 의자에 걸터앉았다. 옷은 누추하고 머리에 쓴 갓은 반이나 찢어진데다가 키가 작고 얼굴이 여위어 풍채가 아주 볼품이 없었으므로 기생들이 놀라 말하기를, "이 사람이 큰 손님이요?"라고 하고 서서 눈웃음만 쳤다. 방옹이 아랑곳하지 않고 큰 소리로, "명년에는 장원급제(壯元及第)하고, 몇 년 안 가서는 감사(監司)가 되리라."라고 하고, 며칠을 머물면서 마음껏 즐겼다. 이듬해 갑신년에 과연 장원급제하고 몇 년 뒤에 당상관에 올라 진주에 오게 되었는데, 고운 비단을 걸친 의상이 선명하니 기생들이 탄복하여 눈물을 흘리는 자도 있었다. 지금은 경기 관찰사가 되었다. 번중(藩仲)은 을유년에 장원급제하여 형조판서가 된 뒤에 죽었고, 숙도(叔度)는 임오년에 급제하여 벼슬이 지중추부사에 이르렀으며, 백승(伯勝)은 병술년에 급제하여 지금은 첨지중추부사가 되었으니, 모두 당시의 호걸들이다.[16]

유방효(柳方孝)는 태재(泰齋) 선생의 동생인데, 심준(沈濬) · 윤복(尹福)과 더불어

16 叔度放翁藩仲伯勝. 皆有文名. 少時放蕩不羈. 時人謂之四李. 嘗讀書于驪興神勒寺. 做業不懈. 將還京. 府使設宴慰之. 四李請日. 願載紅粧. 泛舟中流. 罄歡乃已. 府使許之. 四李爭擁紅粧於舟中. 絲竹沸天. 酗酒醉謔篙工皆濡首不能省. 四李自作篙工. 因風順流而下. 一晝夜達于漢江而罷. 翌日雨水大漲. 篙工群妓. 飢困不能行. 挐舟寸寸而上. 五日始得到府. 府使大怒. 罰伶妓篙工而推訊之. 則篙工皆犯群妓矣. 放翁之婦翁姓朴者. 性甚吝嗇. 高靈有倉庾萬穀. 而不能用. 放翁與其友往取高靈倉穀. 日椎牛馬爲樂. 朴叟聞之. 卽往驅逐. 放翁乃日. 明年若不登甲科. 誓不還家. 移寓晉州斷俗寺讀書. 放翁己卯進士. 而晉州亦有仝榜十餘人. 備盛饌. 大張絲竹於矗石樓上. 日大賓將至. 群妓皆佇待日斜. 放翁乘轎. 與其友數人. 直到樓中踞坐倚子. 布衣麤黑. 頭笠半破. 身短客瘦. 殊無風彩. 群妓驚日. 此是大賓乎. 相與目笑不已. 放翁傍若無人. 大言日. 明年作及第壯元. 後數年來作監司矣. 留數日. 極歡而罷. 翌年甲申果擢壯元. 後數年陞堂上官. 來到晉州. 身被紈縠. 衣裳鮮楚. 群妓皆歎服. 或有垂泣者. 今爲京畿觀察使. 藩仲擢乙酉壯元. 爲刑曹判書而卒. 叔度登壬午科. 官至知中樞. 伯勝登丙戌科. 今爲僉知中樞. 亦一時之豪傑也. 『용재총화』 9권.

남대문 밖에서 살았다. 아비의 허물로 말미암아 벼슬길에 나아가지 못하였으나 집안이 모두 넉넉하여 소리하는 기생까지 집에다 두고 매양 손을 맞아 술을 많이 마시니, 이웃에서 이를 삼로(三老)라 하였다. 혁혁한 재명(才名)은 없었으나 주색(酒色)을 스스로 즐기니, 또한 한때의 호걸이었다. 방효는 음률을 조금 알아 항상 조정의 명사들을 맞이하여 주연을 베풀었고 술과 안주가 풍성하였다. 날마다 그리하여도 가재(家財)가 군색하지 않았으며, 만년에는 벼슬이 사품(四品)에 이르렀다. [……][17]

사이와 유방효는 모두 호걸(豪傑)이라고 언급되는데, 이러한 명명은 일차적으로 음악 · 기생 · 술을 즐긴다는 것과 관련이 있다. 사이는 기생을 싣고 배를 띄워 풍악소리를 내며 즐기고, 유방효는 집안이 넉넉해서 소리하는 기생을 집에 두고 즐긴다. 음악과 기생, 술의 향유는 호걸을 규정하는 첫 번째 조항이라고 할 수 있다. 유방효는 벼슬을 하지 못했다. 방옹은 "키가 작고 얼굴이 여위어 풍채가 아주 볼품 없"었다고 하였다. 벼슬의 여부, 아름다운 용모는 호걸을 규정짓는 데 꼭 필요한 요소는 아니다.

그런데 사이에 대해서 '난봉'을 부린다고 표현되기도 하고, '호걸'이라고 표현되기도 한다. 이는 주색에 탐닉하는 데 대한 서로 다른 평가이다. '난봉'은 젊었을 때 사이에 대한 내적 평가인 반면, '호걸'은 나이든 후(혹은 사후(死後)) 사이에 대한 외적 평가이다. 이 평가들은 서로 위계가 있는데, 내적 평가보다는 외적 평가가 태도에 있어서 직접적이고, 그 위상에 있어서도 결론적이기에 좀 더 메타적인 것으로 여겨진다. 따라서 사이는 난봉꾼이라기보다는 호걸로 최종적으로 평가받는다. '사이'의 평가에서

17 柳方孝泰齋先生之弟, 與濬尹福居南大門外, 俱以父玷, 未得齒於仕路, 家皆殷富, 畜聲妓每邀客沉飮, 隣里稱爲三老, 雖無赫赫才名, 以酒色自娛, 亦一時之傑也, 方孝稍知音律, 朝中名士無不邀致設宴, 饌品豊腆, 日以無常, 而家財不 窘, 晩年官至四品. 『용재총화』 2권.

알 수 있듯이, 적어도 『용재총화』에서 '호걸'이라는 평가는, 주색을 즐기는 현재에 대한 것이 아니라, 후대에 소급적으로 적용되는 평가이다.

마찬가지로 유방효를 '호걸'이라고 한 것도 그의 현재 행위에 대한 평가는 아니다. 유방효는 정확한 생몰연대는 알 수 없으나, 태재 유방선(柳方善, 1388~1443)의 동생이라고 한 것으로 보아 15세기 중반의 인물이다. 『용재총화』는 1525년에 간행되었다. 유방효에 대해 '한때의 호걸'이라고 한 것 역시 후대의 평가라고 할 수 있다. 함동원의 일화에서 함동원을 찾아온 여의가 "공 같은 호걸(豪傑)이 어찌 이와 같이 되셨습니까?"라고 말한 것에서도 마찬가지로 '호걸'이라는 단어가 함동원의 과거 행적에 대한 규정으로 사용되었음을 알 수 있다.

4. 성적 대상과의 거리두기: 자연스러움과 초연함

『용재총화』에서 '호걸'은 보고된 사건에 대한 긍정적 평가를 함축하는 용어로 사용된다. 이것은 『용재총화』뿐 아니라, 호걸에 대한 일반적 용법이다. 그렇다면 『용재총화』에서 호걸이라는 것은 주색을 즐기는 향락적 인물에 대한, 회고적이면서도 긍정적인 평가임을 알 수 있다. 그렇다면 주색을 즐기는 것이 어떤 이유로 긍정되었던 것일까? 이를 통해 호걸을 구성하는 정체성에 대해 다가서기로 하자.

> 영천군(永川君) 정(定)은 효령대군(孝寧大君)의 아들인데, 그 부인은 우리 문중에서 갔으므로 서로 친히 지냈다. 사람됨이 호탕하여 거리낌이 없고 성품이 또한 순진하여 무슨 일이든 생각에 따라 곧장 행하였다. 시사(試思)가 청신하고 화격(畫格)이 또한 기이하였다. 일생을 주색에 빠져서 향기(鄕妓)가 처음으로 뽑혀서 서

울에 오면, 공은 집으로 맞아다가 의복을 잘 차려 입혔으며, 곧 젊은 사람들이 유인하여 도망해도 또한 찾지 않았다. 이런 까닭으로 평생에 잘되게 해준 사람이 그 수를 모를 정도이고, 집안 계집종은 모두 악공을 불러 시집을 보냈다. 한 병 술을 얻더라도 풍악이 뜰에 가득하여 매일 취했다. [……][18]

영천군에 대한 평가는 그 배경부에서 "호탕하고 거리낌이 없고 성품이 또한 순진하"다는 것을 언급한 데에서 알 수 있는 것처럼 매우 긍정적이다. 그는 일생을 주색에 빠져서 새로운 향기(鄕妓)가 올 때마다 집안으로 맞아들인다. 그럼에도 그의 행동이 긍정적으로 평가받을 수 있는 것은 그가 기생이 도망해도 찾지 않았으며 그들을 오히려 잘되게 해 주었다는 데에 근거한다. 영천군은 기생을 좋아하고 잘해주면서 그들이 도망해도 찾지 않는다. 기생에게 정을 주되 집착하지는 않는다.[19] 주색을 즐기는 것만으로는 긍정적 평가를 받을 수 없다. 성적 대상과 어떤 관계를 가지는가가 평가의 관건이 되는 듯하다. 이는 주색을 즐기면서도 부정적 평가를 받는 경우에 더욱 잘 드러난다.

김씨 성을 가진 한 선비가 어린 기생과 관계하려다가 기생이 도망하는 바람에

---

18 永川君定. 孝寧大君之子. 其夫人出於吾門. 故與之相從甚厚. 爲人豪宕不羈. 性又純謹. 每事徑情直行. 詩思淸新. 畫格亦奇. 一生沈於酒色. 鄕妓初以選到京. 公邀致其家. 盛飾衣服. 未幾爲年少所引而逃. 亦不尋問. 故平生作成. 不知其數. 家中女僕則盡招樂工而嫁之. 雖得一壺酒. 絲竹鬧於庭 [……]. 『용재총화』 4권.

19 물론 이러한 태도는 기생 자체에 대한 일반적 태도이기도 하다. 기생을 '해어화'(解語花)라고 한 데에서 단적으로 나타나듯이, 기생은 사람이라기보다는 말을 할 줄 아는 꽃으로 생각되었다. 그러나 자신의 집에 맞아들이고, 옷을 해주는 것, 그럼에도 불구하고 젊은 사내와 눈이 맞아 나갔을 때 초탈할 수 있는 것은 아무나 할 수 없는 일이다. 일화는 특수한 사례에 대한 보고라는 점을 상기하면, 기생에 대해 영천군이 가지는 이러한 태도는 이례적인 것이라고도 볼 수 있다.

뜻을 이루지 못하고 밀양에 도착한다. 그곳의 평사 김계온이 그를 보고 대중래라는 예쁜 기생을 소개시켜준다. 김씨 선비는 그 기생과 정이 들어 서로 떨어지지 않고 식음마저 전폐하고 지낸다. 며칠 뒤에 김씨 선비는 다른 읍을 돌아다니다가도 대중래를 잊지 못해 드디어는 역졸에게 대중래를 만나게 해줄 것을 청하고 밤중에 말을 달려 밀양에 도착한다. 그러나 부끄러워서 부(府) 안으로 들어가지 못하고 한 노인에게 대중래를 불러줄 것을 요청하나 그 노인은 대중래가 자신의 서방인 박씨와 자고 있다고 알려준다. 그러나 김이 다시 부탁하자, 노파는 대중래에게 김이 와서 기다린다는 사실을 전하고 두 사람은 재회한다. 대중래의 부모가 두 사람이 늘 어울리는 것을 보고 둘을 내쫓으니 대밭에 숨어 서로 울부짖었다. 이후에 다시 기생의 집에서 유숙하면서 대중래와 사랑을 나누던 김은 대중래를 데려가려 한다. 그러나 말이 세 필뿐이므로 수종인의 말을 빼앗아 기생에게 타게 하니 수종인은 "이처럼 탐욕스런 사람은 보지 못하였다"고 하였다. 서울로 돌아온 지 얼마 안 되어 김의 아내가 죽는다. 이후에 김은 승지가 되어 벼슬이 높아지고 기생은 두 아들을 낳고 마침내 정실부인이 되었다. [요약]

이 이야기는 김씨 선비와 대중래의 길고 험난한 애정 여정에 관한 것이다. 방납(防納)으로 잠시 밀양에 들른 선비와 밀양 부에 속한 기녀의 사랑이 이루어지기까지 이 둘은 헤어지고 다시 만나기를 거듭한다. 김씨 선비는 기생 대중래를 만나면서 "잠시도 떠나지 못하여, 대낮에도 문을 닫고 휘장을 치고는 이불을 쓰고 일어나지 않"는다. 이별에 이르러서는 역졸에게 다시 한 번 대중래를 만나게 해달라고 눈물을 흘리며 부탁하기도 한다. 김 선비의 기생에 대한 지나친 집착은 수종인의 목소리로 굴절되어 평가된다. 자신의 말을 뺏어 기생을 태우는 상관을 보고 "내가 많은 사람을 겪어보았으나 이처럼 탐욕스런 사람은 보지 못하였다."라고 하는 것이 그것이다. 이 제3자의 평가에는 지나친 색정에 대한 비판적 시각이 반영되어 있다. 두 사람의 만남과 헤어짐에 대해 부정적으로 언급하는 인물 내적 논평은 이 이야기 곳곳에 흩어져 있다. 성적 대상인 대중래는 밤에 자신의 남편인 박씨와 자다가 김씨 선비가 왔다는 말을 듣고서, "딱한 일이다. 어찌 이렇게까지 할까?"라고 말하기도 한다.

김씨 선비가 호걸이 아니라 '탐욕스런 사람'이라고 평가된 것은 기생과의 만남과 이별에 인위성을 개입시켰기 때문으로 보인다. 그는 앞서 언급한 것처럼 역졸에게 부탁해서 대중래를 보러 밤중에 수십 리를 달리기도 하고 이웃 노파에게 돈주머니를 풀어주어 대중래와의 만남을 꾀하기도 한다. 『용재총화』 7권에서 말비와 박생의 관계 역시 같은 이유로 부정시된다.

김씨 선비와 박생은 모두 성적 대상과 인위적으로 만나고 이별을 지연시킨다. 이별할 때에는 지나친 감정적 소모를 야기하기도 한다. 김씨 선비나 박생은 모두 기생들과 이별할 때 울부짖거나 눈이 부을 정도로 운다. 『용재총화』에서 주색을 즐기는 향락적 인물들은 만남과 이별의 자연스러움/인위성, 그리고 감정적 초연함/감정적 소모 가운데 어떤 편에 서는가에 따라 긍정의 평가를 받기도 하고, 부정의 평가를 받기도 한다. '인위성'과 '감정적 소모'는 '자연스러움'과 '초연함'보다 덜 평가된다.

그렇다면 『용재총화』에서 성적 욕망은 어디까지 인정될 수 있는 것일까. 성적 욕망의 상한선에 대한 문제로 되돌아가보자. 그것은 양적인 것이라기보다는 질적인 것처럼 보인다. 양적으로 욕망의 상한선은 정해져 있지 않다. 남성 주체가 성적 욕망을 가질 수 있는 대상 여성의 수는 거의 무한한 것처럼 보인다. 반면 그들과의 관계에서, 즉 만남과 이별에서 인위성을 배제하고 자연스러움을 추구하며, 심리적으로 평정을 유지할 수 있어야 한다. 이것을 유지할 수 없을 때 성적 대상과의 관계는 부정적으로 언급된다. 호걸의 정체성을 형성하는 것은 바로 성적 경험의 많고 적음에 있지 않다. 성적 경험을 통해 심리적 평정을 유지하는 것이 호걸다운 것이다. 이는 『용재총화』뿐만 아니라 조선 초기 다른 잡록에서도 마찬가지로 확인된다. 다음은 이륙이 쓴 『청파극담』(靑坡劇談)에 수재된 이야기이다.

> 신문충공이 호남에 봉사하였을 때였다. 재주와 용모가 뛰어난 한 기생이 있었는데 공이 정을 매우 쏟았다. 이별에 임하여 기생더러 농담 삼아, "무엇을 나에게 주어 그것을 보면 그대를 생각하도록 하겠는가?"라고 하니, 기생이 차고 있던 족대(足臺)를 끌러 바쳤다. 그 후 기생이 서신을 가지고 와서 공에게 바쳤는데, 서신 뒤에 "한 쌍의 족대를 일찍이 차고 가셨으니, 상을 들 때마다 그윽이 당신이 생각납니다."라고 적혀 있었다. 공이 웃으며, "풍류 호걸이 어느 곳엔들 없으리요."라고 하였다. 다음 해에 다시 남주에 체찰사로 가보니, 기생은 이웃 고을 군수의 사랑을 받고 있었고, 그 군수는 또 공의 친구였다. 공이 기생한테 자기를 따르게 하여 웃고 이야기하는 것은 전과 같았지만, 다신 서로 가까이 하지는 않았으며, 그 군수는 도차사원(都差使員)으로 삼아 밤낮으로 서로 조용히 옛이야기를 하였지만, 말이나 표정에 조금도 드러내지 않았으니, 사람들이 그 도량에 탄복하였다.[20]

신문충공(申文忠公) 신숙주(申叔舟)는 정을 쏟은 기생이 있었음에도 불구하고 이후 그 기생이 이웃 군수인 친우의 사랑을 받는 것 알게 되자, 가까

20 申文忠公奉使湖南, 有一妓, 才貌獨步, 公頗鍾情焉, 臨別戲謂妓日何以贈我, 使覩物思人, 妓解所佩足臺獻之, 後有持妓信書呈于公, 其題書後曰, 一隻足臺曾佩去, 擧床時復暗思君, 公笑曰, 風流傑士, 無地無之, 他年復體察南州, 妓爲隣邑守所寵, 而守乃公之故人也, 公以妓自隨, 笑談無異前日, 而不復相近, 以其守爲都差使員, 日夜相從容話舊, 略不形於辭色, 人服其量. 『청파극담』.

이 하지 않았다. 군수인 친우와 이야기할 때에도 말이나 표정에 기생과의 옛정을 드러내지 않았다. 이러한 태도는 "사람들이 그 도량에 탄복하였다."는 것으로, 긍정적 평가를 받는 이유가 된다. 그는 기생이 자신의 친구의 사랑을 받고 있을 때에도 그녀와의 관계나, 친구와의 관계를 그대로 유지한다. 이는 그가 성적 대상과 심적 거리를 유지하고 있음을 알려준다.

『용재총화』 6권에 나온 서거정에 관한 일화 역시 비슷한 관점에서 해석될 수 있다. 그는 나이 어린 패들과 함께 활을 쏘고 술을 마시다가 사헌부에 잡혀온다. 거기에서 홍천기라는 아름다운 여자를 만난다. 그는 홍녀의 옆에 앉아서 잠시도 눈을 돌리지 않는다. 그리고는 대사헌 남지가 그들을 속히 풀어줄 것을 명령하자 "어찌 공사가 이처럼 빠르냐?"라고 말한다. 이 일화는 "이것은 홍녀의 옆에 오래 있지 못한 것을 한스럽게 여겨 한 말이므로 친구들이 듣고 모두 웃었다."는 서술자의 언급으로 끝이 난다.

그런가 하면 『용재총화』 4권에서는 박이창의 아들 재상 박안신에 대해서도 유사한 일화를 기록하고 있다. 그는 임금을 모시고 길을 가다가 아름다운 여성이 막을 치고 구경하고 있는 것을 보고 "저 섬섬옥수를 이 손으로 끌어냈으면 좋겠다."라고 한다. 동료들이 "저 여자는 분명 양가집 처녀 같은데 그대는 그런 말을 하느냐?"고 하자, "저 여자만 양가집의 처자이고 나는 양가집의 자제가 아니란 말인가?"라고 대꾸한다. 이 두 일화에서 동료들은 모두 크게 웃는다.

서거정과 박안신은 모두 아름다운 여성들을 상대로 농담을 하는데 그것은 기록할 만한 가치를 가진 재미있는 말이 된다. 농담은 대상과의 사이에 심리적인 거리를 전제로 한다. 그 대상에 완전히 이입된 상태에서는 농담이 불가능하다. 그들은 여성들의 아름다움을 느끼기는 하지만 그것과 거리를 두고 그 상황 자체를 재미있는 말로 보고할 만큼의 거리를 유지하고 있는 것이다.

사이의 경우 역시 마찬가지이다. 기생들이 때로 방옹의 생김새를 조롱하는 말을 해도 방옹은 신경 쓰지 않는다. 그들은 기생들과 며칠을 두고 즐겼지만 그것으로 인해 학업이 방해 · 지연되지 않았다. 이는 이들이 기생들과 즐기기는 하되 일정한 거리를 둘 수 있었음을 의미한다. 성적 대상과 거리를 유지할 수 있는 일은 매우 중요하다. 이 거리가 유지되면 긍정적 평가가, 유지되지 못하면 부정적 평가가 행해진다. 욕망의 대상과 적절한 거리를 유지하는 것이 긍정적으로 평가되는 것은 조선 초기 잡록의 특징 가운데 하나이다.

강상순은, 조선 초기 잡록을 검토하면서 양반들이 성적 대상과의 관계에서 심리적 평형을 유지하고자 하는 것을 잡록의 서술 전략과 관련지어 언급한 바 있다. 이 논의에 따르면, 열정적 사랑, 다시 말하면 대상과 심리적 평정을 유지할 수 없는 사랑은 사대부의 존재 기반을 뒤흔들 수 있고, 궁극적으로는 성적 쾌락의 욕망마저도 충족시킬 수 없게 한다. 따라서 열정적 사랑을 부정적으로, 일시적 성적 쾌락을 긍정적으로 재현하는 것이 잡록의 "담론화 전략"이 된다는 것이다.[21] 이상의 논의에 따르면 성적 대상과 심리적 거리를 유지하는 호걸다움은 양반들의 현실적 필요에 의해 만들어진 정체성이라고 할 수 있다.

---

21 강상순, 「조선전기 패설류 필기에 재현된 사랑과 그 담론화 방식」, 『고전과 해석』 8집, 고전문학과한문학연구학회, 2010, 384면.

5. 대상에의 수동성과 자기에의 능동성

그렇다면 다시 우리의 논의로 돌아와서, 성적 대상과의 심리적 거리두기가 구체적으로 어떤 정체성을 형성하게 되는가 알아보자.

『용재총화』 5권에서는 고승이었던 신수(信修)의 말을 길게 인용한다. 어떤 사람이 "무슨 까닭으로 아내를 두고 고기를 먹느냐?"라고 묻자 그는 이렇게 답한다. "맛있는 것이 있으면 먹고, 여색을 보면 취하기를 물이 쏟아지듯이 하며, 흙이 구덩이를 메우듯이 하여 물건에 마음이 없고 작은 사심도 모두 없앴으니, 내가 내세에 여래가 되지 못하면 반드시 나한이 될 것이다." 신수는 식욕(食慾)과 색욕(色慾)을 함께 언급한다. 물이 쏟아지고 흙이 구덩이를 메우는 듯이 한다는 비유에서 알 수 있듯이 이는 '자연스러움'이라는 약호로 동일화된다. 식욕과 색욕에 자연스럽게 따를 때 사심이 없어진다. 사심이 없어진다는 것은 식욕과 색욕에 더 이상 집착하지 않게 되는 상황이다. 불교적 담론으로는 무심(無心)과 무욕(無慾)의 상태라고 할 수 있다. 식욕과 색욕은 그 욕망에 자연스럽게 따르면 무심과 무욕의 이상적 상황으로 전개된다. 사심이 없는 상황에서는 더 이상 음식과 여색에 집착하지 않는다. 음식과 여색에 대해 심리적 거리를 두는 것은 아이러니하게도 음식과 여색을 향유한 뒤에야 가능하다는 생각이 여기에서 발견된다. 이렇게 향락의 대상과 심적 거리를 유지하는 것은, 성적 대상이 여성인 경우 그들과의 만남과 이별에 초연함을 유지하는 것으로 표현된다.

신수의 발언은 물론 담론적 저자의 생각과 거리가 있을 수 있다. 담론적 저자는 등장인물의 발화를 객관적으로 인용한 것일 수 있기 때문이다. 그러나 신수가 유명한 고승은 아니었지만 성현과 친분이 있었다는 점이나, 배경부의 설명에서 그가 늙어서 얼굴이 16나한(부처의 제자)과 같았다는 서술자의 언술을 참고하면, 전반적으로 신수에 대해 호의적인 평가를 하고 있음을 알 수 있다. 음식과 여색에 관한 신수의 말을 객관적으로 인용하는 듯하지만 신수의 발화가 긍정적 요소를 가지기에 기록될 여지가 있었던 것이다. 이렇게 객관적으로 보이는 언술에도 성적 초연함에 대한 긍정적 평가가 암시적으로 드러나 있다.

성적 초연함은 현대적 관점에서는 관계에의 소극성으로 보이기도 한다. 영천군이 떠난 기생들을 찾지 않았다거나 함동원이 친구의 사랑을 받는 기생과 더 이상 관계하지 않았다는 것은 모두 이들과 적극적인 관계를 도모하지 않는 것처럼 보이기 때문이다. 그러나 이러한 관계에서의 수동성은 오히려 만남과 이별에서 자신들의 감정적 소모를 조절하는 능동성이기도 하다.

이들에게는 기생이라는 성적 대상과의 관계가 중요한 것이 아니라 기생을 통해 새롭게 드러나는 자신과의 관계가 중요한 것이었던 듯하다. 기생과의 관계에서 알 수 있듯이, 어떤 관계는 긍정적으로, 어떤 관계는 부정적으로 평가를 받는다. 이것은 평가를 가르는 분기선이 분명히 있었다는 것을 언급한다. 『용재총화』 6권에서는, "반궁(泮宮)이 비록 예법이 있는 곳이라고 하지만, 유생은 대부분 명문가 자제들이라 호탕하여 제약을 받지 않았다."라고 하였다. 명문가 자제들은 외적 규범에 크게 얽매이지 않았던 것처럼 보인다. 외적 규범이 평가의 분기선이 될 수 없다면 내적 규범, 즉, 자신이 자신을 어떻게 다스리는가의 문제가 평가의 기준이 되었다고 추정해볼 수 있다.

김사문은 기생 때문에 가던 길을 돌아온 데 비해 함동원은 기생을 따르게 한다. 이것은 사소하지만 매우 큰 차이인 듯하다. 함동원은 공적 업무를 수행하는 데 지체되지 않는다. 뿐만 아니라 사이는 기생들과 질탕하게 놀면서도 정해진 때에 과거에 합격하며, 신숙주는 친구와의 우정을 계속 유지한다. 성적 욕망의 대상이 있음에도 불구하고 그로 인해 주체들의 삶은 크게 바뀌지 않는다. 성적 대상과 관계를 맺으려는 모든 인위적 노력이 부정시되는 것은 아니다. 함동원이 기생에게 호패를 준 것에 대해 사람들은 솔직하다고 평가하며 김사문이 말을 돌려 기생을 찾은 것에 대해서는 탐욕스럽다고 평가할 수 있는 것이다. 호색에도 불구하고 성공적으로 관직에 진출하고 우정을 간직한 이들은 성적 대상과의 관계에서는 수동적으로 보일 수 있다. 그러나 관계에의 수동성은 자신에 대한 능동성이기도 하다. 이들의 성공적 관로(管路)는, 호색의 한 과정인 이별과 만남에 소모될 수 있는 감정 혹은 정서를 조정하였기 때문에 가능하다. 자신의 감정 혹은 정서를 조정한다는 점에서 이들은 자기 자신과 능동적 관계를 가지고 있었다.

자기와 맺는 관계의 능동성/수동성의 여부는 그 자체로 긍정적 혹은 부정적 평가를 받기에는 모호한 부분이 있다. 가령 향락적 인물 일화에서 나타나듯이, 5권의 사이나 6권의 서거정, 4권의 박안신은 모두 향락적 인물들이다. 이들 일화는 인물의 인욕이 합리화되는 과정을 보여준다. 여기에서 인물의 인욕은 그 자체로 평가되기보다는 지위와의 관련 속에서 소급적으로 평가되었다고 볼 수 있다. 다시 말하면 인욕이, 인물의 정치적 성공에 방해가 되지 않는 이상 인정되는 것이다. 정치적 성공 여부를 통해 주체가 가졌던 인욕에 대해 평가하는 것은 결과론인 것이다. 사이의 이야기에서 알 수 있듯이, 정치적으로 성공한 인물이 한때 가졌던 인욕은 그 인물의 '호걸스러움'을 입증하는 것으로 합리화된다. 이것은 젊었을 때는 방탕했으나 벼슬에 들어서는 선정을 베풀었다는 함동원의 일화에서도 확인되는 바이다. 결과적으로 인욕이 용납되는 상한선은 인욕 자체의 성격에 의해 정해진다기보다는 인물이 이룩한 업적에 따라 소급적으로 정해진다. 『용재총화』에서 부정적 평가를 받은 인욕의 인물에게도 같은 결론을 적용해볼 수 있다. 봉석주와 어우동이 부정적으로 평가된 것은 이들의 방탕함의 정도가 심각했기 때문이기도 하지만, 이들이 반역을 행하였다는 것과 극형을 당했다는 각각의 사항을 소급적으로 고려한 결과였다고 할 수 있다.

향락적 인물에 대한 평가의 긍정성과 부정성은 그들이 처하게 된 결과적 상황에 따라 소급적으로 나타난다. 이것은 향락적 인물의 특성에 대한 형상화가, 이들의 궁극적 운명의 귀결이라는 도덕적 가치에 따라 영향을 받는다는 것을 시사하기도 한다. 또한 향락적 체험에 소모되는 감정을 지배 · 조정하는, 자기에 대한 능동적 관계 역시 처음부터 주체들에게 객관적으로 내재한 것은 아닐 수도 있음을 시사한다. 자기에 대한 능동성은 담론적 저자들에게, 선악의 귀결, 혹은 성공과 실패의 귀결에 따라 주체가 가지고 있던 자질로 추후에 해석된 것이다. 시간의 흐름과 그 결과는, 주체가 자신과의 관계에서 얼마나 적극적으로 능동성을 행했는가를 보여주는 대표적 지표이기 때문이다. 이렇게 주색의 결과를 도덕적으로 소급해서 보여줄 수 있는 것이 바로 현재가 아니라, 추후에 적용되던 '호걸'의 명명이 아니었을까 한다. '호걸'이라는 명명은 여색을 탐닉한 인물에 대한, 성적 차원의 평가가 아니라, 전체 인생의 귀결점을 놓고 행해진 포괄적 차원의 평가이다.

'호걸'이라는 평가는 독자들이 텍스트를 읽으면서 형성하게 되는 정체성에 영향을 미친다. 양반으로서 여성을 탐닉할 때에도 인생의 귀결점을 염두에 두게 한다. 호걸의 담론은, 성적 차원과, 과거 급제 · 벼슬살이 등 다른 삶의 차원을 하나로 연결하면서, 성적 대상을 다루는 데 하나의 암묵적 지향점을 제시한다. 그 지향점은 자신에 대한 적극성을 함양하는 방향성을 가진다. 또 다른 한편으로는 여성에 대한 적극적 관계 맺기, 즉 열정적 사랑을 배제하거나 억압하는 방향성을 가진다. 그래서 조선 초기 잡록에서 호걸로서의 정체성은 그 함의에도 불구하고 대상에의 사랑보다는 오히려 자기에의 사랑을 전제하게 된다.

제6장
조선 초기 양반의 음주와 집단적 정체성: 조선 초기 잡록의 술 관련 일화를 중심으로

1. '구별짓기' 기호(記號)로서의 술

이 장에서는 술 관련 이야기를 통해 조선 초기, 특히 15세기 양반 남성들의 술 문화에 대해 다루고자 한다. 대부분의 술 관련 이야기는 조선 초기에 집중적으로 나타나며 일화의 형태를 취한다. 이는 술 관련 이야기가 실제 인물의 이야기로 소통된다는 것을 의미한다. 이 일화에는 술꾼들의 형상이 잘 나타나는데, 대부분의 술꾼 등장 일화들은 조선 초기 잡록에 집중되어 있다.[1] 이 장은 조선 초기 양반의 음주 문화를 당시의 맥락 속에서 재구함으로써 양반 음주가 만들어내는 정체성의 특징을 살펴보는 것을 목적으로 한다.

1 강명관은 조선 초기를 "음주의 시대"라고 하였다. 강명관은 임진왜란이 일어나기 7년 전인 『선조실록』 18년 4월 29일의 기록을 그 근거로 삼는다. "요즈음 여항에서는 대소귀천을 가릴 것 없이 모두 연회에 절도가 없어 주육(酒肉)이 낭자하고 음악이 시끄러운 것이 태평하여 근심이 없을 때와 같으니 매우 한심합니다. 술병을 가지고 다니는 것을 일체 금단하소서." 강명관, 『조선의 뒷골목 풍경』, 푸른역사, 2003, 125면.

음식은 자연을 문화로 가공한 것이다. 이 과정에 수반되는 인간 노동의 가치에 따라 가공된 음식의 접근 가능성은 계층별로 다르다. 피에르 브루디외(Pierre Broudieu)는 자본주의 사회에서 음식이 사회적으로 위계화된다고 하면서 음식 혹은 식사(문화)에 대한 취향을 분류하여 언급한 바 있다. 그는 음식의 양과 질, 꾸밈의 여부 등의 형태가 음식의 가격이나 영양가를 중시하는가 아니면 매너나 기능을 중시하는가 등의 태도와 관련된다고 보았다.[2] 음식에서 양이나 영양가를 중시하는 경향을 음식에 대한 '기능주의'로, 질이나 꾸밈, 매너를 중시하는 경향을 '형식주의'로 본다면 이 두 가지 경향은, 정도의 차이는 있겠지만, 음식의 형태와 취향의 양극을 이루는 대립적 약호들이라고 할 수 있다. 부르디외의 시각에 따르자면 조선시대 술, 특히 양반들이 즐겨 마신 소주는 별다른 영양가가 없으면서도 매우 비쌌다는 점에서 양반들의 고급스런 취향을 드러내는 대표적인 형식주의적 기호(품)라고 할 수 있다.[3]

소주를 비롯한 술이 조선 초기 특정 계급인 양반들에게만 접근 가능한 기호품이 된 계기는, 역설적이게도, 금주령이라고 할 수 있다. 조선 왕조 내내 금주령이 시행되었다고 할 수 있지만 특히 조선 초기 국왕들인 태종 · 세종 · 성종 때에 금주령이 자주 시행되었다. 그럼에도 불구하고 양반들이 술을 즐길 수 있었던 것은 그 지속력이 약하고, 구속력이 심하지

2 피에르 부르디외 저, 최종철 역, 『구별짓기: 문화와 취향의 사회학』 上, 새물결, 2006, 29~30면.

3 고려시대부터 시작되어 조선조까지 소주는 사치스런 고급주로 분류되었는데 발효시켜 증류하기 위해서는 곡식이 많이 들기 때문이다. 곡식의 낭비를 이유로 소주를 금지하자는 간언이 있기도 했다. "사간(司諫) 조효동(趙孝仝)이 아뢰기를, '세종조(世宗朝)에는 사대부(士大夫) 집에서 소주(燒酒)를 드물게 썼는데 지금은 보통 연회(宴會)에서도 모두 쓰므로 낭비가 막심하니, 청컨대 모두 금지하도록 하소서' 하니, 임금이 말하기를, '이와 같은 일은 사헌부(司憲府)에서 마땅히 금지할 것이다.' 하였다." 성종, 21년 4월 10일.

않았다는 데에 일차적 원인이 있다. 금주령은 자연재해 등을 이유로 시행되었으나, 언제까지 지속할지는 명확하게 규정되지 않았다. 금주령은 자연히 시간이 지나면서 희미해졌을 뿐, 해지한다는 명은 분명하지 않았던 것이다.[4] 영조 때에는 금주령을 어긴 사람에 대해 사형을 처하는 중벌이 실시되기도 했지만 그때를 제외하고 조선시대 내내 금주령을 어긴 사람에 대한 처벌은 약했다. 대부분의 양반들은 실제적인 처벌을 받지 않았으며 별다른 구속을 받지 않았다. 세종은 "태종께서 말씀 하시기를, '술을 금하는 것[금주]은 무익한 짓이다. 부호(富豪)들은 금망(禁網)에서 벗어나고, 빈약한 자들만이 죄에 걸려든다.'고 하시더니, 내가 직접 당해보니 과연 태종의 말씀과 같다."[5]고 회고하기도 했다. 금주령은 그 금지의 지속력이 한시적이고 양반들에게 특히 구속력이 약했다는 것을 알 수 있다.[6]

그러나 조선 초기 술을 공식적으로 금지한 데에는 곡식의 낭비와 같은 이유뿐만 아니라 보다 포괄적이고 근본적인 이유가 있었다. 세종은 술에 대한 폐해와 훈계를 담은 내용의 글을 주자소에서 인쇄하여 반포하게 하는데, 여기에는 술의 부정성을 다양한 측면에서 언급한다.

> 술의 해독은 크니, 어찌 특히 곡식을 썩히고 재물을 허비하는 일뿐이겠는가. 술은 안으로 마음과 의지(意志)를 손상시키고 겉으로는 위의(威儀)를 잃게 한다. 혹은 술 때문에 부모의 봉양을 버리고, 혹은 남녀의 분별을 문란하게 하니, 해독이 크면 나라를 잃고 집을 패망(敗亡)하게 만들며, 해독이 적으면 성품(性)을 파괴시

---

4 당시에 금주령은 108건 시행된 데 반해서 해소령은 29건뿐이었다. 배진아, 「조선후기 음주 문화와 금주령」, 동아대학교 석사학위논문, 2008, 12면.

5 세종 17년 3월 4일.

6 허시명, 「실학과 술」, 『한국실학연구』 12집, 한국실학학회, 2006, 125면.

키고 생명을 상실(喪失)하게 한다. 그것이 강상(綱常)을 더럽혀 문란하게 만들고 풍속을 퇴폐하게 하는 것은 이루 다 열거(列擧)할 수 없다.[7]

『세종실록』의 내용에 따르면, 술이 미치는 해독으로 곡식을 썩히고 재물을 허비하는 일 역시 사소한 것은 아니지만 마음 · 의지 · 위의의 손상은 매우 중차대한 것으로 나타난다. 이는 부모 봉양과 남녀 관계에서 문제를 야기하며 크게는 집안과 나라의 패망을 야기하고 작게는 개인의 성품 파괴와 죽음을 야기한다. 마음과 의지, 위의의 손상은 개인의 내면과 외면에 대한 '수신'(修身)의 차원에서, 부모와 남녀 관계의 불화는 '제가'(齊家)의 차원에서, 나라의 패망은 '치국'(治國)의 차원에서 야기된 문제이다. 이렇게 술에 대한 부정성을 나－가정－국가로 위계화시키는 것은, 유가적 가치 위계와 긴밀한 관련을 가지고 진행된다. 마음 · 의지 · 위의의 손상, 즉 수신(修身)의 실패는 범주 상으로는 가장 작은 문제인 것처럼 보이지만, 다른 모든 범주의 기초를 해한다는 점에서 중차대한 것이기도 하다.

이렇게, 조선 초기의 지배적 · 공식적 시각으로 볼 때 음주는 그 자체로 '악'이었다. 그러나 잡록에서 음주자들은 부정적으로 그려지지 않는다. 여기에서는 먼저 당시의 정치와 제도에 관한 콘텍스트를 참조하면서, 술과 관련하여, 시대적 담론과 잡록이 괴리를 보이는 지점을 파악하고, 그 괴리가 의미하는 바에 초점을 맞추고자 한다.

7 세종 15년 10월 28일.

2. 대식(大食)과 호음(豪飮): 내면의 강함과 크기의 기호

일화는 일상적이지 않은 사건, 특별한 사건을 다룬다. 조선 초기 음주는 공식적으로 부정적인 행동이었지만 일화에는 그것과 다른 지점이 형상화된다. 주지하다시피, 음주에 대한 공식적 경계에도 불구하고 양반들의 음주는 매우 빈번하고도, 무절제한 방식으로 나타난다. 삼배주계(三杯酒戒) 일화들이 대표적인데,[8] 여기에서 왕은 자신이 아끼는 신하에게 세 잔만 술을 마시도록 명한다. 그러나 그들은 큰 술잔으로 세 잔을 마시거나, 술잔의 수를 전혀 지키지 못하거나, 임금이 내린 술잔의 크기를 바꾸면서 궁극적으로는 취할 만큼 마신다. 당시 양반들의 음주는, 왕조차 어쩔 수 없는, 무절제한 방식으로 이루어졌다는 것을 단적으로 알려준다. 뿐만 아니라 많은 일화들에서 양반들은 좋은 음식을 즐겨 먹으며 그것에 집착하는 것으로 그려진다.

> 문안공(文安公) 이사철(李思哲)은 몸집이 커서 음식을 남보다 유달리 많이 먹었는데, 항상 큰 그릇의 밥 한 그릇과 찐 닭 두 마리와 술 한 병을 먹었다. 등에 종기가 나서 거의 죽게 되었는데, 의원이 불고기와 독주(毒酒)를 금해야 한다고 말하니, 공이 말하기를
>
> "먹지 아니하고 사는 것보다 차라리 먹고 죽는 것이 낫지 않을까?"라고 하면서 여전히 술을 마시고 불고기를 먹어도 마침내 병이 나으니, 사람들이 말하기를,
>
> "부귀를 누리는 사람은 음식 먹는 것도 보통 사람과 다르다."고 하였다.[9]

---

8 세종은 윤회(尹淮)와 남수문(南秀文)에게, 성종은 손순효(孫舜孝)에게, 정조는 이문원(李文源)에게 삼배주계를 내렸다는 일화가 있다. 각 설화의 요약적 내용은 김현룡, 『한국문헌설화』 1권, 건국대학교 출판부, 1998, 141~144면 참고.

9 李文安公思哲體質豊大, 飮食過人, 每食一大器飯二蒸鷄一壺酒, 患背腫臨絕, 醫云宜忌炙肉毒

조선 초기의 일화들에는 술과 음식에 대한 집착이 솔직하게 나타난다.[10] 이사철이 매일 먹은 음식들은 그 양이 매우 많은데, 당시의 경제적인 여건을 고려할 때 특수한 사람들만이 할 수 있는 일이었다. 이사철은 의원의 만류에도 불구하고 음식과 술에 대한 탐욕을 그치지 않는다. 그는 불고기와 독주를 먹고도 병이 낫는데, 이에 대해 사람들은 "부귀를 누리는 사람들은 먹는 것도 보통 사람과는 다르다."고 논평한다. 이러한 논평은 외적 평가에 해당한다. 이 논평에서는 대식과 호음을 긍정적으로 평가한다. 뿐만 아니라 이 논평은 대식과 호음의 문제를 주체의 신분과 관련지어 언급하고 있다. 대식과 호음이 단순한 취향이 아니라 주체의 부귀에 대한 하나의 기호가 되고 있음을 알 수 있다.

홍일동(洪逸童) 역시 조선 초기 대식과 호음을 즐긴 대표적 인사였다.

> 홍일동은 진관사(眞寬寺)에서 놀 적에, 떡 한 그릇, 국수 세 그릇, 밥 세 주발, 두부국 아홉 주발을 먹었는데, 산 밑에 이르니 대접하는 이가 있어 또 찐 닭 두 마리, 생선국 세 주발, 생선회 한 쟁반, 술 마흔 잔을 먹었으니, 보는 이가 놀라게 여겼다. 세조가 듣고 홍일동을 불러 묻기를, "참으로 이와 같이 먹었느냐?"라고 하니, 홍일동이 그렇다고 사과하자, 상감은 장사라 했다. 그러나 평상시 출입할 적에는 다만 미숫가루와 전술[醇酒]을 먹을 뿐이요, 밥을 먹지 않았다. 뒤에 홍주(洪州)에 가서 폭음을 하고 곧 죽었는데, 사람들이 그 배가 상하여 죽은 것이라 의심하였다. 뜻이 있어도 시행치 못하였고, 벼슬이 그 능력에 차지 못하였으니 애석하다.[11]

酒, 公曰與其不食而生, 毋寧食之而死乎, 飮酒啗炙如常, 卒獲不善, 人皆曰享富貴者, 飮食亦異於常矣. 『필원잡기』 1권.

10 술과 안주에 대한 이러한 집착은 조선 초기 문헌 소화의 중요한 소재 가운데 하나가 되기도 한다. 이에 대해서는 류정월, 『오래된 웃음의 숲을 노닐다』, 샘터, 2006의 6장 참고.

홍일동이 먹은 음식과 술 역시 이사철의 경우처럼 구체적 숫자를 동원해서 나열된다. 나열은 많이 먹고 많이 마시는 인물을 소개하는 데 효과적인 형식이다. 이사철의 일화에서와 마찬가지로 여기에서도 대식과 호음이 서로 관련을 가지고 나타난다는 것을 알 수 있다. 대단한 식사량과 주량이 나열되고 있고, 홍주에서 폭음으로 죽었다는 서술이 뒤따름에도 불구하고, 홍일동은 단순히 먹고 마시기를 즐기는 인물로만 형상화되지는 않는다. 세조가 이를 듣고 "장사"라고 했다는 인물 내적 논평과 함께, 기록 말미에 "뜻을 펴지 못하고 지위가 능력에 만족스럽지 못했으니 아깝도다."[有志不施 位不滿能 惜哉]라는 담론적 저자의 논평은, 홍일동의 대식과 호음에 특별히 긍정적 의미를 부여해준다. 인물들의 논평이나 담론적 저자의 논평이 없는 경우에도, 대식과 호음에 대한 긍정적 시선을 찾아볼 수 있는 다른 방법이 있다. 배경부에서 인물을 소개할 때 서술자의 언술을 살펴보는 것이다.

지중추(知中樞) 홍일동(洪逸童)은 인격이 우뚝하게 뛰어나고 성품이 천진하며 겉치레를 꾸미지 아니하였다. 사부에 능하고 술을 많이 마셨는데 정신없이 취하면 풀잎으로 피리 소리를 내었는데, 소리가 비장(悲壯)하고 위엄이 있었다. 평상시에 혼자 오래된 거문고를 어루만졌는데, 줄은 있어도 악보는 없었다. 말하기를,

"나의 거문고는 천고(千古)에 전하지 않는 도연명(陶淵明)의 지취(志趣)를 얻었다. 옛날에 백아(伯牙)가 거문고를 타자 오직 종자기(鍾子期)만이 그 뜻을 알았는데, 나의 거문고는 도연명이 나오지 않으면 세상에서 알 사람이 없다."라고 하였

11 逸童嘗遊眞寬寺, 食餠一器麵三鉢豆腐麪九椀, 及到山下, 有餉之者, 食蒸鷄二雙魚羹三椀魚膾一盤酒四十餘瓿, 觀者壯之, 明日 世祖聞之, 召逸童問曰, 信如是能喫乎, 逸童拜謝, 上曰壯士也, 然常時出入, 但食餌屑醇酒而已, 不喫飯, 後到洪州劇飮, 尋卒, 人疑其爛腹也, 有志不施, 位不滿能, 惜哉. 『필원잡기』, 1권.

으니, 천지간의 기이한 남자라 할 것이다. 일찍이 상감 앞에서, 부처의 일을 논박하자 세조(世祖)가 거짓으로 성내기를,

"이놈을 죽여서 부처에게 사례하겠다."라고 하고, 좌우에 있는 사람에게 명하여 칼을 가져오라 하여도 홍일동은 태연하게 변론했으며, 좌우가 거짓으로 칼로 정수리를 두 번이나 문질렀지만 돌아보지 아니하고 두려운 빛이 없었다. 세조가 장하게 여겨,

"네가 술을 먹겠느냐"라고 하니, 일동이 대답하기를,

"번쾌(樊噲)는 한(漢)나라 무사(武士)이며, 항왕(皇王)은 다른 나라의 군주였는데도 항왕이 주는 한 동이 술과 돼지다리 하나를 사양치 않았는데, 하물며 성상께서 주시는 것을 마다하겠습니까?"라고 하였다.

은 항아리에 술을 가득히 담아 내려주었는데 그는 힘차게 마셨다. 상감이 이르기를,

"죽음을 두려워하느냐?"라고 하니, 홍일동이 대답하기를,

"죽는 것이 마땅하면 죽고, 사는 것이 마땅하면 사는 것인데, 감히 죽고 사는 것으로써 그 마음을 바꾸겠습니까?"라고 하니, 상감이 기뻐하여 초구(超裘) 한 벌을 주어서 위로하였다.[12]

일화에는, 대상 인물의 구체적인 에피소드를 서술하기 전에 그에 대해 전반적으로 소개하는 배경부가 있다. 이 일화의 배경부에서 홍일동은 술을 많이 마신다고 소개된다. 술을 많이 마신다는 것이 인격 · 성품 · 문장

12 洪中樞逸童器宇卓犖, 性任天眞, 不脩邊幅, 善詞賦劇飮, 無何醉則用草葉作吹笛聲, 悲壯震厲, 平居獨撫古琴, 有絃無譜, 嘗日, 吾之琴得淵明千古不傳之趣, 昔伯牙鼓琴, 唯子期知之, 吾之琴淵明不生, 世無知者, 天地間奇男子也, 嘗於 上前論佛事, 世祖佯怒日, 當殺此虜以謝佛氏, 命左右取劍來, 逸童論辨自若, 左右佯以劒撫頂者再, 亦不顧視, 無懼色. 世祖壯之日, 汝能飮乎, 逸童日, 樊噲漢士也, 項王他主也, 巵酒肩不敢辭, 況 聖賜乎, 賜酒一銀盆, 健倒, 上日頗畏死乎, 逸童日, 當死則死, 當生則生, 敢以生死而易其心乎, 上喜賜超裘一領, 慰解之.

등에 대한 언급과 마찬가지로 인물의 특성을 규정하는 대표적인 속성이 된다는 것을 알 수 있다. 특징들은 일정한 순서에 의해 소개되는 듯한데, 중요한 특징이 먼저, 지엽적 특징이 나중에 설명된다. 그렇다면 술을 많이 마신다는 홍일동의 특징은, 그의 인격 · 성품 등의 내면적 특징과, 사부에 능하다는 능력 등에 비해 부차적인 것으로 생각되는 자질이었음을 알 수 있다.

술을 많이 마신다는 특징은 인격이 훌륭하다거나 사부에 능하다는 내면적 · 능력적 특징들과는 조금 다르다. 공식적 시각에서 보았을 때, 이러한 내면적 · 능력적 자질은 긍정적으로 평가될 수 있지만, 술을 많이 마신다는 것은 매우 부정적으로 평가된다. 공식적 시각을 참조하지 않는다 하더라도, 술을 많이 마신다는 것은 가치 평가가 개입되는 자질이라기보다는 단순 사실의 소개인 것처럼 보인다. 그러나 이 일화에서 술을 많이 마신다는 것은 다른 긍정적 자질들과 함께 소개되면서 긍정적 자질 가운데 하나인 것처럼 자리매김 된다. 이렇게 호음에 대한 긍정적 시각은 당시의 공식적 담론과 괴리를 보인다. 그렇다면 호음이 잡록이라는 비공식적 담론에서 어떻게 긍정될 수 있었는가 혹은 긍정의 이유는 무엇인가 알아보아야 한다.

3. 무절제의 합리화: 취하지 않는 정신의 강건함

홍일동의 일화에는 세조 앞에서 행한 홍일동의 음주 행위가 자세하게 서술된다. 앞서 언급한 것처럼, 배경부에는 그의 인격–성품의 내면적 자질과 문장–술–음악의 능력적 · 취향적 자질이 서로 별다른 연관 없이 단순 나열되어 있다. 그러나 이후에 홍일동이 세조 앞에서 보여준 행동을 보면 내면과 취향이 되어 있음을 알 수 있다. 그는 세조 앞에서 불교에 대해 비판하고 죽음 앞에서도 태연하며 술을 내렸을 때는 힘차게 마신다. 이는 그의 내면적 자질이 '우뚝'[卓犖]하다는 것을 드러내는 일화이자, 그의 대단한 호음을 보여주는 일화이기도 하다. 이는 홍일동에 대해서, '내면적 자질이 뛰어나면서도 술을 많이 마신다.'라는 단순 연결 관계나 혹은 '내면적 자질이 뛰어나기 때문에 술을 많이 마신다.'라는 인과 관계를 설정할 가능성을 보여준다. 음주는 음주자의 내면적 자질을 드러내는 하나의 계기가 되기도 한다.

그렇다면 음주자가 음주를 통해 구성하게 되는 내면적 자질은 구체적으로 어떤 것이었을까. 홍일동의 내면적 자질의 뛰어남은 임금 앞에서도 할 말을 모두 하는 '우뚝함'으로 나타난다. 그가 그런 '우뚝함'을 가질 수 있는 것은 죽고 사는 것에 초연할 수 있기에 가능하다. 그는 항아리에 가득한 술을 단숨에 마시기도 한다. 그의 내면과 호음은 유사성을 가지는 것처럼 보이는데, 그의 크고 강한 내면은, 양적으로 많이 마시고도 끄떡없는 음주의 모습과 유사하다. 이렇게 호음은 내면적 자질이 크고, 강하다는 것을 암시하는 하나의 중요한 사건이다. 삼배주계의 대상이 되었던 윤회의 다음 이야기는 호음과 내면의 관계를 좀 더 분명하게 드러낸다.

> 문도공(文度公) 윤회(尹淮)는 문장이 한때의 으뜸이었다. 그리하여 세종 때에 경연에서 독대(獨對)한 바도 있다. 그러나 성질이 술을 좋아하여 너무 양을 과하게 마셨다. 하루는 집에서 술에 만취되어 누워 있었는데, 세종이 중사(中使)를 보내어 급히 불렀다. 좌우의 사람이 붙들어 일으켜서 말에 태우니 아직도 취기가 깨지 않아 사람들이 모두 걱정스럽게 생각했는데, 오히려 임금 앞에 이르러서는 조용히 진달하여 조금도 취한 빛이 없었다. 임금이 선포할 제서(制書)의 기초(起草)를 명하니, 나는 듯이 붓을 휘둘렀으되, 모두 임금의 뜻에 합당하게 하니 임금

이 말하기를, "참 천재로다." 하였고, 당시 사람들은 말하기를, "문창성(文昌星)과 주성(酒星)의 정기가 모여 한 현인을 낳았다." 했다.[13]

이 일화는 윤회의 무절제해 보이는 음주가 어떻게 용인되는가를 보여준다. 윤회는 술에 만취되어 누워 있었고 말에 탈 때도 좌우가 부축해주어야 했다. 그러나 임금 앞에서는 취한 내색이 없으며, 만취 상태에서 쓴 제서의 문장은 뛰어났다. 여기에서 취한 육체와 취하지 않은 정신이 서로 대립되어 나타난다. 그러나 이 대립은 어느 한쪽으로 통합되는 것처럼 보인다. 윤회는 취했지만 임금 앞에서는 취하지 않은 것처럼 보이고 평소처럼 훌륭한 글을 쓸 수 있었다. 취하지 않은 그의 정신이 취한 육체를 제어한다. 취하지 않은 정신은 취한 몸을 동반할 때 빛을 발휘한다. 술은 음주자의 정신적 강건함을 알 수 있는 하나의 지표가 된다. 따라서 그는 '문창성'과 '주성'의 정기가 모인 인물이라고 언급되며 평범하지 않은 '현인'이라고 평가된다. 문장력과 음주벽이 결합된, 드물지만 뛰어난 경우로 회자되는 것이다.[14]

13 尹文度公淮文章冠一時, 世宗朝獨對經幄, 然性喜酒過量, 一日在家, 泥酒大臥 世宗遣中使急召, 左右扶紀上馬, 宿醉未醒, 人皆懼之, 及至 上前, 從容敷對, 畧無醉色, 上命草宣制, 揮翰如飛, 皆合睿之, 上曰眞天才也, 時人語曰, 文星酒星聚精生此一賢也. 『필원잡기』 2권.

14 윤회의 일화와 유사한 것으로 손순효의 이야기가 있다. 손순효 역시 매우 재주가 뛰어나서 성종의 총애를 받는다. 그러나 그 역시 술이 너무 과도해서 성종은 석 잔을 초과해서는 못 마시게 명하였다. 하루는 중국에 보낼 하표문(賀表文)이 마음에 안 들어 대제학인 손순효를 불러오게 했다. 시종이 여러 곳을 다니면서 그를 찾았다. 그는 저녁 때에야 어전에 나타났는데, 술이 덜 깬 상태였다. 왕이 과음을 문책하니, 시집간 딸 집에서 큰 놋그릇으로 석 잔을 마셨다고 대답했다. 왕이 취중임을 이유로 글쓰기를 만류했으나 그는 즉석에서 글을 지어 바쳤는데, 한 글자 한 획도 잘못된 곳이 없었다. 이어 왕이 그에게 술을 하사하고 운자를 불러 시를 짓게 하며 춤을 추도록 했다. 손순효가 술에 취해 잠드니, 왕이 자신의 남색 비단 철릭을 벗어 덮어주었다. 이 일화는 『오산설림초고』에 나오는 것인데 여기에서는 『한국문헌설화』 1권 141면의 요약을 참조한다.

대식과 호음의 무절제함에 대한 합리화가 마련되는 것은 바로 취하지 않은 정신이 취한 육체를 제어하는 지점이다. 유교적 의식 속에서는 몸과 마음이 갈등을 일으키는 것이 아니라 조화를 이루는 것이라고, 즉 별개의 것이 아니라 하나라고 보는 '심신일원론'(心身一元論)의 관점이 지배적이다. 물론 유교 또한 인간 존재에게 몸(신체)이라는 것이 있고, 마음(심성)이라는 것이 또 존재한다고 본다. 그러나 유교는 세계와 우주를 '조화'와 '유기성'으로 파악한다. 그래서 몸과 정신의 관계에서도 둘을 분리할 수는 없다. 정신은 속에 깊이 감추어져 있고 물질은 겉으로 드러나지만, 둘은 식물의 뿌리와 가지가 생명으로 하나를 이루듯, 마음이 뿌리가 되고 몸이 가지가 되어 유기적으로 조화하고 융화하는 일체를 이룬다고 생각하는 것이다.[15]

심신일원론적 관점에서 보았을 때 윤회의 일화는 독특한 의미를 양산하기도 한다. 임금 앞에 서기 전까지 윤회는 취한 몸을 가진 취한 사람으로 생각된다. 그럼에도 불구하고 그가 임금 앞에서 임무를 훌륭하게 수행할 수 있었던 것은 취하지 않은 정신이 취한 몸을 통어할 수 있었기 때문이다. 윤회의 일화는, 몸은 취할 수 있어도 정신은 취하지 않을 수 있다는 것을 보여준다. 또한 윤회의 일화는, 취하지 않은 정신이 취한 몸을 통제하는 것이 가능하다는 것을 보여준다. 이것은 무절제한 음주를 합리화는 기제가 된다. 무절제한 음주를 합리화하게 될 때에 이렇게 심신일원론에는 균열이 생긴다. 그러나 그러한 균열은 취하지 않은 정신의 우월함을 강조하면서 봉합된다. 조선 초기에 무절제한 음주에 대한 일화가 자주 보고될 수 있었던 데에는 취하지 않은 정신이 취한 몸을 제어할 수 있다는 강한 믿음이 있었기 때문이다. 이렇게 음주를 통해 드러나는 내면적 자질

---

15 이영아, 『육체의 탄생』, 민음사, 2008, 25~26면.

가운데 중요한 것은 바로 내면의 크기와 정신의 강건함이다.

음주의 행위와 내면적 자질을, 크기와 강함이라는 물리적 유사성 하에 관련짓는 것은 문화적으로 독특한 방식이다. 조선 초기 음주 문화가 가지는 독특함은 두 가지 방식으로 설명이 가능한데, 하나는 같은 시 · 공간에서 이루어진 다른 계층의 음주 행위를 살펴보는 것(공시론적 방법)이고, 다른 하나는 다른 시 · 공간에서 이루어진 같은 계층의 음주 행위를 살펴보는 것(통시론적 방법)이다.

4. 문화적 기호로서의 호음

1) 양반의 호음과 천민의 호음

조선 초기 양반 이외 계층들의 음주에 대한 기록은 거의 찾아보기 힘들다. 그러나 취하지 않은 정신이 취한 몸을 제어할 수 있다는 낙천적 믿음을 가질 수 있는 것은 음주의 주체가 양반인 경우에만 해당하는 듯하다.

> 한봉련(韓奉連)은 본래 우인(虞人: 사냥꾼)인데 활을 잘 쏘아 세조(世祖)의 지우(知遇)를 받았다. 그 활 쏘는 힘은 매우 약했으나 맹호(猛虎)를 보면 가까이 걸어가 힘껏 당겨 반드시 한 화살로 맞혀 죽였는데, 평생 동안에 죽인 수를 이루 헤아릴 수 없었다. 일찍이 궁궐 안에서 나희(儺戲)를 하는데 광대들이 호랑이 가죽을 쓰고 앞으로 달리니, 한봉련에게 호랑이를 쏘는 시늉을 하라고 명하였다. 한봉련이 작은 활과 숙대로 만든 화살을 가지고 뛰어나오다가 발을 잘못 디뎌 계단에서 떨어지면서 팔이 부러지자 사람들이 모두 진짜 호랑이에게는 용감한데 가짜 호랑이에게 겁을 낸다고 하였다. 영순군(永順君) 댁의 잔치에 조정의 문사(文士)들이 모두 참석하였는데, 세조의 명으로 한봉련이 선온(宣醞: 궁중에서 쓰는 술)을 싸

가져가니 좌중이 모두,

"너는 천사(賤士)지만 어명으로 왔으니 천사(天使)이다"라고 하면서, 상좌에 앉혔다.

곱게 단장한 미인이 온 사방에서 하늘을 찌르듯 노래를 불렀으나, 한봉련은 부끄러워 말 한마디 못한 채 고개를 숙이고 있었다. 사람들이 다투어 술을 권하니 나중에는 크게 취해 호상(胡床)에 걸터앉아 팔을 휘두르며, 눈을 부릅뜨고 호랑이 쏘는 시늉을 하면서 큰 소리로 고함을 치니, 좌우에 있던 사람들이 우스워 넘어지지 않는 사람이 없었다.[16]

한봉련은 사냥꾼으로서 천한 신분이다. 다른 등장인물들도 그를 천인으로 여긴다. 그에 대한 에피소드는 두 가지가 함께 제시된다. 하나는 그가 나희 때 실수를 한 것이고(에피소드 1), 두 번째는 양반들의 잔치에 끼어 술을 마신 것이다(에피소드 2). 먼저 술에 관한 두 번째 에피소드부터 살펴보자. 한봉련은 세조의 술심부름으로 양반들의 술자리에 참석한다. 그는 부끄러워 말 한마디 못한 채 고개만 숙이고 있다가 만취하자 호랑이를 쏘는 시늉을 하면서 큰 소리로 고함을 친다. 그는 더 이상 부끄러워하지 않으며 심지어는 자랑스러워하는 것처럼 보인다. '부끄러움' → '자랑스러움'으로의 변화는 술로 인해 나타난 것이다. 그의 행동을 보고 양반들은 모두 웃는다. 그 웃음을 이해하기 위해서는 한봉련의 첫 번째 에피소드를 보아야 한다. 그에 대해 사람들은 실제 호랑이에게는 용감하지만 종이호

16 韓奉連本虞人也, 以善射遇知於 世祖, 其弓力甚弱, 然見猛虎則必步入, 引滿而中之, 一箭必殪平生所獲, 不可勝數, 嘗於內庭儺會, 優人蒙虎皮前走, 命奉蓮爲射虎之狀, 奉蓮持小弧蓬矢, 騰躍而進, 誤側足墜階而折臂, 人皆曰, 能勇於眞虎, 而刦於假弧也 永順君第宴, 朝廷文士盡赴之, 世祖命奉蓮齎宣醞而往, 座中皆曰, 汝雖賤士, 御命而至, 卽天使也, 延之上座, 紅粧翠黛滿四座, 歌吹沸天, 奉蓮羞澁, 一無所語, 但俯首而已, 人爭勸酒, 乃大醉踞胡床, 攘臂瞋目, 爲射虎狀, 呼呶不已, 左右無不絕倒. 『용재총화』 6권.

랑이는 겁낸다고 하였다. 한봉련이 궁중 나희 때, 가면을 쓴 호랑이를 쏘는 시늉을 하다가 넘어져 다친 실수에서 비롯된 말이다. '에피소드 1'과 '에피소드 2'가 공통적으로 가지는 내용은 한봉련이 호랑이를 쏘는 시늉을 한다는 것이다. '에피소드 2'에서 사람들이 웃는 것은 한봉련의 행동이 이전의 실수를 상기시켰기 때문일 것이고, 스스로의 실수를 상기시키는 일을 그가 만취한 상태에서 하고 있기 때문이다. 행동 자체가 우스운 것일 뿐만 아니라, 행동을 야기하게 된 상황 역시 우스운 것이다. 한봉련에 대한 웃음은 어리석음을 보고 웃는 웃음이다. 한봉련의 음주는, 지난 어리석음을 스스로 상기시키는 계기가 된다. 이것은 그가 술을 마시지 않은 '부끄러움'의 상태에서는 결코 하지 않았을 일이다. 한봉련은 술로 인해 태도가 변화하였고, 이것은 비웃음의 대상이 될 만한 것이다.

한봉련의 음주에 대해서는 그 양이 구체적으로 언급되지 않는다. 그에 대해서는 마신 양보다 취했다는 결과론적 사실과 취한 후의 행동이 더 중요한 것처럼 서술된다. 취한 후의 행동을 보면 그가 술을 통해 마음과 의지, 위의의 손상을 야기했음을 알 수 있다. 이런 확연한 손상이 목격될 때 음주 행위는 비웃음의 대상이 된다.[17] 윤회의 경우, 문장이 뛰어나지만 문장이 뛰어나기 때문에 기록될 가치를 획득한 것이 아니다. 그가 술을 많이 '마셨음에도 불구하고' 뛰어난 문장을 구사할 수 있었기 때문에 기록된 것이다. 양반들의 경우 음주는 내면의 크기와 강건함을 보여줄 수 있는 하나의 사건이다. 이는 음주에도 '불구하고'라는 수사로 표현할 수 있으며, 그것은 주위의 경탄을 야기한다. 반면 한봉련은 음주를 통해 내면의 손상과 위의의 상실을 보여준다. 그리고 바로 그 사실로 인해 비웃음

---

17 양반이 술을 통해 확실한 손상을 야기한 경우도 물론 있다. 그러나 잡록에서 그들에 대해서 언급할 때에는 객관적 사건의 기록에 그치거나 안타까움을 드러내는 경우가 대부분이다.

을 당한다. 한봉련의 경우는 음주 '때문에'라고 표현될 수 있으며, 그것은 주위의 비웃음을 야기한다.

2) 조선 초기의 음주와 조선 중기 이후의 음주

앞서 언급한 것처럼, 조선 초기라는 동일한 시 · 공간에서 음주를 내면의 크기와 강함을 드러내는 사건으로 이해하는 것은 양반이라는 특정 계층에 한정되는 해석 방식이다. 그렇다면 조선 초기와는 다른 시 · 공간에서 양방의 음주는 어떤 문화적 의미를 가지는가 살펴보자. 조선 초기 술 관련 일화는 술을 '얼마나' 마시는가에 초점을 맞추어 이루어졌다. 양이 그 자체로 중요한 것은 아니다. 음주의 양은 음주자의 내면을 드러내기 때문에 중요한 것이었다. 결론적으로 언급하자면, 조선 초기는 '어떻게' 마시는가보다는 '얼마나' 마시는가를 문제삼은 거의 유일한 시대가 아닌가 한다. '얼마나' 마시는가의 문제는 그 이후 다른 방식으로 평가되며 음주와 인격의 관계 역시 달라진다.

> 문경공(文景公)은 천품이 호탕하고 뛰어나 탁월한 큰 절개가 있었으며, 성격이 술을 좋아하여 때로는 늙은 계집종을 불러 서로 큰 잔을 기울여 취하여 쓰러져야 그만두기도 하였다. 일찍이 국화 8분(盆)을 길렀는데, 한 가을에 활짝 피므로 대청 가운데 들여놓으니, 높이가 대들보에 닿았다. 공이 그 향기를 사랑하여 끊임없이 완상하였다. 하루는 집안 사람들에게 말하기를,
>
> "오늘은 좋은 손님 여덟 분이 올 것이니 술과 안주를 마련해놓고 기다리라."라고 하였는데, 해가 저물어도 적적하게 손님이 오지 않았다. 집안 사람들이 여쭙기를
>
> "벌써 술상을 준비해놓았습니다."라고 하자, 공이
>
> "조금만 기다려라."라고 하였다.

둥근 달이 떠 빛이 대청 안으로 들어와 꽃빛은 난만하고 달빛은 명랑하자 공이 그제야 술을 내오라고 하며 여덟 개의 국화분을 가리키면서

"이것이 나의 좋은 손님들이다."라고 하고는, 각각 그 앞에 좋은 안주를 차려놓고 말하기를,

"내가 은도배(銀桃盃)에 술을 따르리라."라고 하고 각각 두 잔씩을 따라주고 파하였는데, 공도 또한 취하였다.

판서 고형산이 배가 크고 불룩해서 음식을 두 사람 분을 먹었다. 사람들이 혹시 음식을 대접하면 좋고 나쁘고, 많고 적음을 가리지 않아 입이 놀 때가 없었으며, 주량은 더욱 한이 없었다. 호조에 있을 때인데, 하루는 아전에게 이르기를,

"내일은 나의 아는 사람이 지방관으로 부임하는데, 내가 모화관(慕華館)에 나가서 전송할 터이니, 장막을 치며 술상을 차려놓고 기다리라."라고 하였다.

이튿날 조반이 끝난 뒤에 가마를 재촉하여 나가보니 과연 관문(館門) 밖에 장막을 치고 그 옆에 술 세 동이와 안주 상자를 상 위에 벌려놓았다. 공이 앉자 한 아전이 바삐 와서 고하기를,

"소인이 대궐 문에서 보니, 단지 대포만호(大浦萬戶)가 하직하는데 동대문을 거쳐서 나갔을 뿐입니다."라고 하였다. 공이 말하기를,

"그가 내 옛 친구로서 일찍 약속이 있었는데 어찌 속였을까? 그러나 할 수 없는 일이다."라고 하고는,

"밥 먹은 지 오래지 않으나, 목이 자못 마르니, 시험삼아 한 대접 마시겠다."라고 하였다.

그리고는 안주 상자를 열어 두어 젓가락 들고 보니, 곧 그 절반이 없어졌고 연거푸 십여 잔을 마시니 한 동이가 다 비었다. 공이 말하기를,

"녹사(錄事)도 일찍 출근하여 필연코 배가 고플 것이니, 한잔을 권해야겠다."라고 하고, 또,

"서리(書吏)와 하인들도 여러 시간 분주히 뛰어다녔으니, 또한 마셔야 할 것이다."라고 하고는, 공이 반드시 대작을 하였다. 아직 한 동이가 남아 있는 것을 보고는 공이 또한,

"어찌 주인에게 전하지 않을 수 있느냐?"라고 하여, 관문의 첫째 기둥에서부터 잔을 들어 권하여 마치 대작하는 사람이 있는 것같이 하여 세 동이를 다 비우고 나서야 얼큰히 취하여 돌아갔다.

나는 생각건대 문경공의 행동은 호방하고 시원스러운 데서 출발한 것으로 꽃을 보고 흥이 발동한 것이니, 그 기상이 진실로 추어줄 만하나, 고형산은 주량을 채우려는 데 지나지 않은 것이니, 어찌 술이나 마시는 사람이 아니겠는가. 하물며 공유물과 사유물은 구분이 다른 것이니, 문경공은 호걸스럽고 고공은 거칠다 하겠도다.[18]

여기에서는 동시대의 두 인물, 문경공 신용개(申用漑: 1463~1519)와 고형산(高荊山: 1453~1528)의 음주를 비교한다. 이들은 조선 초기의 인물인데 이 기록을 수재하고 있는 『기재잡기』는 앞서 언급한 것처럼 17세기에 쓰였다. 인물들이 살았던 시점과, 사건이 기록된 시점 사이에 2세기 가까운 시간적 간극이 있다. 권1 · 2에는 '역조구문'(歷朝舊聞)이라 하여 조선 초기부터 명종에 이르는 역대의 사화를 적었다. 역대의 사화이기는 하지만, 이 이야기는 전대 문헌의 것을 그대로 옮겨 적은 것이라기보다는 편찬자의 기억 속에 있던 것을 다시 정돈하고 해석한 것이다.[19] 이 과정에서 인물들의 행동을 평가하는 새로운 관점이 관여한 것처럼 보인다.

논평에서 잘 드러난 것처럼 신용개과 고형산의 일은 서로 비교된다.

---

18 『기재잡기』 2권.

19 이강옥, 「『기재잡기』연구: 일화의 원천과 서술방식을 중심으로」, 『진단학보』, 91집, 296면.

신용개와 고형산은 모두 혼자 술을 마시면서 다른 사람과 함께 술을 마시는 것처럼 말한다. 신용개에게 수작의 대상은 8개의 국화분이었고 고형산에게 그 대상은 애초 약속이 없던 옛 친구 혹은 천막의 기둥이다. 그들이 손님을 초청하는 것처럼 하여 술과 안주를 준비하게 한 것은 같지만 음주의 동기는 매우 다르다. 문경공의 음주는 국화의 향에 대한 흥취에서 야기되었지만 고형산의 음주는 술을 마시고자 하는 욕심에서 비롯된다. 술의 출처도 다르다. 문경공은 자신의 술을 마셨지만 고형산은 공관의 술을 마셨다. 문경공의 음주는 그 '기상'을 칭찬할 만하지만 고형산의 음주는 그냥 음주일 뿐이다. 결국 문경공은 호방하고, 고형산은 거칠다고 평가된다.

음주는 호방한 것일 수도 있고 거친 것일 수도 있다. 여기에는 분명한 위계가 있다. 그냥 먹고 마시는 것은 '기상'을 가지고 먹는 것에 비해서는 천한 것이다. '기상'을 가지고 먹는다는 것은 어떤 것인가? 그것은 음주의 동기, 술의 출처와 관련을 가지는 듯 하지만 그 외 어떤 독특한 기운, 즉 아우라를 수반한다. 그것은 술을 마시는 배경, 즉 "둥근 달이 떠 빛이 대청 안으로 들어와 꽃빛은 난만하고 달빛은 명랑"할 때라든지, 8개의 국화분에 은잔으로 따른다든지, 각각 두 잔씩 마시고 그친다든지 하는 것들과도 관련된다. 그윽한 분위기, 고급스런 술잔, 절제된 음주 등이 모두 그런 '기상'을 형성하는 요소들이겠지만 무엇보다도 국화분을 대상으로 술을 마신다는 고상한 의도와 그것을 가능하게 하는 자연친화적 정신세계가 '기상'을 형성하는 중요한 요소라고 할 수 있다. 이 기상은 내면의 아름다움과 관련이 있다.

문경공의 음주가 국화라는 자연의 대상을 가지고 있으며 그 외 눈에 보이지 않지만 그윽함, 고급스러움, 절제됨의 고상한 '기상'으로 이루어진, 질적이며 정신적인 것이라면 고형산의 음주는 이와는 여러모로 대립적이다. 그의 음주는 안주 상자를 탐하고 술 한 동이를 순식간에 마시는, 양적이며 물질적인 음주라고 할 수 있다. 고형산의 음주는 조선 초기 주당들의 호음과 유사하다. 질적/양적, 정신적/물질적의 대립 축은 얼마나 마시는가와 어떻게 마시는가의 대립 축이라고도 할 수 있다. 이 일화에서는 얼마나 마시는가가, 어떻게 마시는가에 비해 저급한 것으로 평가된다. 『기재잡기』의 이 일화는 '어떻게 마시는가'라는 관점에서 조선 초기의 인물들을 재조명한다고 볼 수 있다. 이는 '어떻게 마시는가'의 문제가 이 시기에 와서 음주 행위를 평가하는 새로운 시각이 되고 있음을 시사한다.

경제적으로 풍요로워지면서 호음은 그 자체로 구별짓기의 기호로 기능하지 못하게 된다. 또한 호음은 더 이상 내면의 크기와 강함을 드러내는 기호로 기능하지도 못하게 된다. 고형산의 인격이 거칠다고 평가된 것에서 알 수 있듯이, 호음으로 드러나는 인격은 더 이상 긍정되지 않는다. 인격은, 음주를 통해 드러나기는 하되, 인정되는 방식으로 드러나는 경우와 그렇지 않은 경우가 있는 것처럼 보인다. 신용개의 경우처럼, 인정되는 방식으로 드러날 때에만 음주인의 내적 자질은 칭찬받을 만한 것이 된다. 인정되는 음주의 방식이 중요한 기준으로 작용하면서, 이제 얼마나 마시는가가 아니라 어떻게 마시는가가 주요한 관심사가 된다. 이때가 되면, 차별화된 음주의 방식이야말로 술을 마시면서도 인격의 훌륭함을 드러내 보일 수 있는 구별짓기의 기호가 되는 것이다.

호음에 대한 태도가 시대에 따라 변하면서 조선 초기의 호음하던 인물에 대한 평가가 달라지기도 한다. 이것은 조선 초기 고래처럼 술을 마신다고 해서 세조로부터 '경음당'(鯨飮堂)이라는 별칭을 받았던 유명한 주당, 홍윤성(洪允成)에 대한 평가의 변화를 통해서 알 수 있다. 홍윤성은 많은 일화에서 포악한 인물로 평가되는데,[20] 조선 초기 일화에서는 비교적 긍정적으로 평가된다. 『필원잡기』에 있는 홍윤성의 일화를 보자.

> 위평공(威平公) 홍윤성(洪允成)이 젊은 나이에 정승이 되어 집이 매우 부호하였다. 날마다 귀빈을 초대하여 연회를 개최하니, 음식이 풍부하고 정결하여 그 비용이 만 전(萬 錢)씩이나 되었으니, 비록 하증(何曾)이라 할지라도 능히 이를 따르지 못했을 것이다. 위평은 주량이 매우 강한지라, 당시 열성공(烈成公) 황수신(黃守身)과 정선공(靖宣公) 김하(金何)의 주량이 위평과 서로 대적할 만하여 비록 종일 마음껏 마셔도 조금도 취한 빛이 없었다. 광릉(세조)이 일찍이 위평을 별호하여 경음당(鯨飮堂)이라 하고, 도서(圖書: 도장)를 새겨 하사하였다. 이웃에 한 선비가 있었는데, 또한 술 마시는 것을 좋아하여 일찍이 명함에 글을 써 성명을 통하기를,
>
> 주인도 술고래 객도 술고래[鯨飮主人鯨飮客]
> 주인이 마시는데 객이 어찌 사양하리[主人鯨飮客何辭]
>
> 라고 하니, 한때 서로 전해가며 웃었다.[21]

『필원잡기』의 이 일화는 홍윤성에 대해 직접적으로 평가하고 있지 않다. 편찬자는 홍윤성의 호사스러운 잔치와 호음에 대한 기록, 세조가 그에게 내린 장난스러운 별호를 비교적 객관적으로 서술한다. 그러나 이러

---

20 홍윤성 일화는 『필원잡기』 외에도, 『오산설림초고』, 『용재총화』, 『청파극담』, 『기재잡기』 등에 모두 수록되어 있다.

21 洪威平公允成, 早年入相, 家極豪富, 日招佳賓開讌會, 宴品豊潔, 費不下萬錢, 雖何曾不能過也, 威平酒量甚雄, 時黃烈成公守身金靖宣公何, 酒量與威平相敵, 雖終日痛飮, 了無醉色. 光陵嘗號威平, 曰鯨飮堂, 刻圖書賜之, 隣有一儒士, 亦好飮, 嘗投刺內謁云, 鯨飮主人鯨飮客 主人鯨飮客何辭. 『필원잡기』 2권.

한 어조들은 객관적이면서도 동시의 호의적으로 보인다. 세조가 별호를 하사한 에피소드나, 객과 주인이 스스로를 술고래라고 통성명하는 이야기를 웃으며 전한다는 사건의 내용이나 성격 자체가 밝고 긍정적이다. 『필원잡기』의 편찬자인 서거정이 홍윤성과 동시대를 살았기 때문에, 그의 위세로 인해 사치와 호음에 대해 부정적으로 언급하기가 어려웠을 수도 있다. 그러나 서거정은 스스로가 당대 이름난 주당이었다. 그는 『필원잡기』에서 호음의 주체들에 대해 여러 차례 서술한다. 이러한 정황을 참조하면, 서거정은 홍윤성에 대해 비판할 수 없는 처지였다기보다는 비판할 여지가 없는 처지였다고 할 수 있다.

반면 『기재잡기』는 17세기, 홍윤성과 별 연고가 없는 박동량(朴東亮, 1569~1635)에 의해 편찬되었는데, 홍윤성에 대해 부정적 평가와 긍정적 평가를 모두 싣고 있다. 그 평가는 "대개 공의 천성이 엄하고 혹독하여 법도를 지키지 않는 일이 많았으나 가끔 하는 일이 기발하기가 이와 같았다."라고 하였다.[22] 이 평가는 혹독함/기발함으로 대별되는데, 『기재잡기』는 각각을 입증할 수 있는 에피소드들을 기록한다. 술 관련 에피소드는 그의 '기발함'을 보여준다. 이 에피소드는 길어서 요약적으로 설명하면 이렇다. 홍윤성의 하인은 그의 위세를 믿고 밤에 나돌아 다니기도 하였다. 포도부장(捕盜部將) 전임(田霖)은 홍윤성의 하인들을 결박해서 그에게 데려갔다. 그리고 하인들을 잘 단속해달라고 하며 공에게 누가 미칠까 두렵다고 말했다. 그러자 홍윤성은 전임을 매우 마음에 들어 하며 다음과 같이 말한다.

"이런 좋은 사람을 어찌 서로 알게 되기가 늦었을까. 자네 술은 얼마나 마시

22 皆公天性嚴酷, 多不循法度, 而時時行事卓犖又如此. 『기재잡기』 1권.

며, 밥은 얼마나 먹는가?" 전임이 대답하기를, "오직 공께서 명하시는 대로 먹겠습니다."라고 하니, 곧 밥 한 대접에다가 생선과 채소를 섞어 세상에서 말하는 비빔밥과 같이 만들고 술 세 병들이 되는 한 잔을 대접하니, 전임이 두어 순갈에 그 밥을 다 먹어 치우고 단숨에 그 술을 들이켰다. 공이 더욱 기쁨을 이기지 못하였다.[23]

앞서 언급한 홍일동의 일화에서처럼 여기에서도 대식(大食)과 호음(豪飮)은 서로 연관되어 있다. 전임의 대식과 호음은 홍윤성을 기쁘게 하는데 이는 전임을 '좋은 사람'으로 생각했던 홍윤성의 판단을 재확인시켜주는 계기가 된다. 누차 언급한 것처럼, 위장의 크기가 사람됨의 크기인 것처럼 생각하는 이런 정황은 조선 초기의 술 문화를 특징짓는 대표적 특징이었다. 조선 초기는 호음에 대해 긍정적 가치를 부여하던 시기였다. 전임의 음주량은 내면적 강대함을 암시하는 하나의 기호로 홍윤성에게 읽힌다. 『필원잡기』에서 본 것처럼, 이는 홍윤성의 호음에 대해서도 마찬가지로 적용되는 사항이다.

조선 중기에 편찬된 『기재잡기』에서는 홍윤성의 긍정성과 부정성을 모두 형상화했지만 조선 중기 이후 편찬된 잡록들은 대부분 '혹독함'으로 표상되는 홍윤성의 부정성에 초점을 맞추고 있다.[24] 이렇게 홍윤성에 대한 평가가 달라지는 것은 그에 대한 부정적 평가가 조선 초기에 억압되어서라기보다는, 조선 중기 이후에 그에 대한 인식이 변화했기 때문이라고 할

23 如此好男兒, 何相見之晩耶. 爾有酒量幾何, 食量幾何. 霖曰, 惟公命耳. 遂以飯一盆, 襍以魚菜, 如俗所爲混沌飯, 酒一角杯可容三壺者饋之, 霖乃數匙而盡其飯, 一倒而傾其盃, 公尤不勝. 『기재잡기』 1권.

24 홍윤성의 포악한 행동을 기술하고 그에 대해 본격적으로 비판하기 시작한 것은 임진왜란 무렵부터라고 할 수 있다. 김현룡, 『한국문헌설화』 1권, 건국대학교 출판부, 1998, 166면.

수 있다. 그에 대한 인식의 변화는 신용개와 고형산의 일화에서 알 수 있듯이, 호음에 대한 인식의 변화와 관련되어 있다. 조선 중기 이후 호음이 더 이상 긍정적 내면을 드러내는 사건으로 이해되지 않게 되면서, 조선 초기 대표적인 주당이었던 홍윤성에 대한 평가는 긍정적인 것에서 부정적인 것으로 점차 바뀌게 된 것이다. 이는 조선 중기 이후 호음과 그것이 동반한다고 생각되는 인격에 대한 믿음이 사라지고, 내면의 강함과 크기보다는 내면의 아름다움 혹은 내면의 도덕성이 중요한 것으로 부각되었던 문화적 정황을 추론하게 한다.

5. 음주를 통해 드러나는 집단적 정체성

『공총자』(孔叢子) 「유복」(儒服)에는 다음과 같은 구절이 있다.

> 예부터 전해지는 속담에, 요와 순은 천 잔의 큰 술잔의 술을 마시고, 공자는 백 잔을 마셨는데, 자로는 헉헉거리면서도 오히려 한 잔밖에 마시지 못했다[昔有遺諺 堯舜千鍾 孔子百觚 子路嗑嗑 尙飮一榼].

이것은 인격과 주량을 비례적 관계에 있는 것으로 본 가장 오래된 전고이다. 여기에서는 인격이 훌륭한 사람일수록 술을 잘 마신다는 것을 전제한다. 술을 잘 마신다고 해서 인격이 훌륭해지는 것은 아니겠지만 훌륭한 인격은 주량을 통해 드러날 수도 있는 것이다. 조선 초기의 술 관련 설화에서 보이는, 음주와 내면의 강건함이 매우 긴밀한 관계를 가진다는 믿음은 아마도 이러한 기초 위에 있었던 듯하다. 이러한 믿음은 술을 마시고 싶은 인간의 육체적 욕망을 쉽게 인정하고 받아들이도록 한다.

물론 이것은 양반들에게만 제한적으로 적용되는 사안이었다. 양반들만이 금주령에도 불구하고 술을 마실 수 있었다. 양반들만이 음주 후에 내면의 강건함을 보일 수 있는 것으로 믿어진 듯하다. 양반들이 보여준 것처럼, '술을 마셨음에도 불구하고' 내면의 강건함을 보여주는 인물들이 조선 초기 다른 계층의 일화에서는 발견되지 않는다. 이는 술과 정신의 강건함을 연결시키는 것이 가능한 계층이 매우 제한적이었다는 사실을 암시한다. 물론 이는 잡록에 수록된 대부분의 일화가 양반들의 것이기 때문에, 다른 자료가 부족한 상황에서 가질 수 있는 추론적 진실일 뿐이다. 그러나 앞서 언급한 것처럼 조선 초기에는 먹고 마시는 문제를 주체의 부귀함과 연관 짓는 담론이 존재했다. 금주령은, 호음과 대식이 정치적으로, 경제적으로 우월함을 표현하는 기호, 구분짓기의 기호가 될 수밖에 없었던 토대가 된다. 한봉련의 일화에서 알 수 있듯이 이는 먹고 마시는 문제를 신분에 따라 다르게 평가하는 시각을 구축하는 데까지 영향을 미쳤을 것으로 생각한다.

조선 초기의 술 문화가 음주의 양을 중시하면서 그것이 음주자의 내면적 크기와 강함을 드러내는 것으로 이해하고자 했다면 조선 중기 이후의 술 문화는 음주의 질을 중시하면서 그것이 내면의 아름다움이나 도덕성을 드러내는 것으로 이해하고자 하였다. 이러한 변천을 가능하게 한 것은 무엇일까? 그에 대해 알기 위해서는 먼저 조선 초기 음주의 양을 중시하는 술문화가 어떤 효용적 가치를 가지는 것이었는가 살펴보아야 한다.

조선 초기에 술을 마음대로 마실 수 있다는 것은 그 자체로 양반의 집단적 정체성의 기반이 되기도 했다.[25] 다른 모든 취향과 마찬가지로 음주

25 강명관은 조선시대 마음대로 술을 마실 수 있는 이들은 양반관료였다고 하면서 각 관청마다

는 사람들을 묶어주기도 하고 단절시키기도 한다. 취향이야말로 인간이 가진 모든 것, 즉 인간과 사물 그리고 인간이 다른 사람들에게 의미할 수 있는 모든 것의 원리이기 때문이다. 취향을 통해 사람들은 스스로 구분하며, 다른 사람들에 의해 구분될 수 있다.[26] 이 정체성은 경제적 가치와 사회적 가치를 기반으로 하는 것처럼 보인다. 일단 조선 초기 호음의 사회적 · 경제적 가치를 살펴보자.

주지하다시피, 조선 초기 음주가 양반들의 집단적 정체성과 관련을 맺는 것은 금주령이라는 특수한 조건 하에서이다. 양반들의 음주는 그 자체로 금주령이라는 법석 금기에서 비교적 자유롭다는 것을 의미했다. 또한 금주령의 선포 동기를 고려할 때, 양반들의 음주는 경제적 속박에서 비교적 자유롭다는 것을 의미하기도 했다. 음주는 배를 채우는 목적이 아니라 유희의 목적으로 곡식을 소비하는 것이기 때문이다. 따라서 이 시대의 호음과 대식은 사회적으로, 경제적으로 우월함을 표현하는 기호, 구별짓기의 기호가 될 수 있었다. 그러나 이러한 기호는 사회적 · 경제적 우월함을 표현하는 데에서 그치지 않고 인격적 우월함을 가세시키게 된다.

그렇다면 왜 호음은 더 이상 긍정적 의미를 가지지 않게 되었을까? 이를 살펴보기 위해서는 금주령 시행의 원인에 대해 조금 더 천착해보아야 한다. 16세기 이전까지 금주령은 주로 자연적 재해로 인한 흉년이나 춘궁기 때 간헐적인 미곡 공급 부족을 막기 위한 차원에서 취해졌다. 그러나 16세기는 자연적 요인 외에 물가 등귀나 사치향락 문화의 만연과 같은 사회 · 경제적 요인으로 인해 금주령이 내려졌다. 또한 16세기는 검약

주고(酒庫: 술 창고)가 딸려 있었을 뿐 아니라, 영접 · 전송 등의 행사에 모두 술을 사용하였다는 점을 언급하고 있다. 강명관, 『조선의 뒷골목 풍경』, 푸른역사, 2003, 125면.

26 피에르 부르디외 저, 앞의 책, 115면.

령(儉約令)이 자주 내려진 시기이기도 하다.[27] 금주령과 검약령을 둘러싼 이런 제반 사정은 16세기 이후 조선이 경제적으로 풍요로워졌음을 짐작하게 한다. 누구나 많이 마실 수 있기에 많이 마시는 것에는 더 이상 경제적 가치가 없다.

경제적으로 풍요로워지면서 호음은 그 자체로 구별짓기의 기호로 기능하지 못하게 된다. 또한 호음은 더 이상 내면의 크기와 강함을 드러내는 기호로 기능하지도 못하게 된다. 고형산의 인격이 거칠다고 평가된 것에서 알 수 있듯이, 호음으로 드러나는 인격은 더 이상 긍정되지 않는다. 인격은, 음주를 통해 드러나기는 하되, 인정되는 방식으로 드러나는 경우와 그렇지 않은 경우가 있는 것처럼 보인다. 신용개의 경우처럼, 인정되는 방식으로 드러날 때에만 음주인의 내적 자질은 칭찬받을 만한 것이 된다. 인정되는 음주의 방식이 중요한 기준으로 작용하면서, 이제 얼마나 마시는가가 아니라 어떻게 마시는가가 주요한 관심사가 된다. 이때가 되면, 차별화된 음주의 방식이야말로 술을 마시면서도 인격의 훌륭함을 드러내 보일 수 있는 구별짓기의 기호가 되는 것이다.

그런가 하면 호음을 통해 드러나는 양반들의 내면의 크기와 강함은 조선 초기 특수한 사회적 · 정치적 가치를 가지고 있었다. 이사철 · 홍일동 · 홍윤성 · 한봉련 등은 모두 세조 때를 살았던 인물들이다. 세조는 쿠데타 음모를 진행 중이던 시절부터 회심의 술자리에서는 바지춤에 숨겨 갖고 다니던 표주박을 꺼내 한잔 술을 나누어 마심으로써 은밀한 뜻을 다져 자기 사람으로 만들었다.[28] 세조는 왕위의 명분과 정통성에 흠이 있는 임금이었기 때문에 친왕세력을 확보할 필요가 다른 왕들보다 많았고 그

27 이정수, 「16세기의 금주령과 검약령」, 『한국중세사연구』 14집, 한국중세사학회, 2003, 277면.

28 남태우, 『술술술 주당들의 풍류세계』, 창조문화, 2001, 185면.

때 친화책의 일환으로 술자리를 베풀었다는 것이다.[29] 세조가 자신의 뜻에 따르는 사람들을 모으고, 그들을 기반으로 정치를 해나가는 과정에서 술은 중요한 역할을 한다. 술은 사람들을 모으고 화합하게 하는 역할을 했다. 술은 내면을 확인하는 대표적 기호였다. 이러한 정치판의 분위기는 술을 잘 마시는 사람에 대한 긍정적 평가를 가능하게 하는 데 일조했다. 내면의 강함과 크기는 바로 정치적으로 불안한 상황에서 동지와 화합하고 적을 물리치는 데 필요한 자질로 생각되던 것은 아니었을까 한다.[30] 만약 음주가 경제적으로, 제도적으로 부정적인 것으로 여겨지던 때에, 술꾼에 관한 이야기가 긍정적으로 형상화될 수 있었다면, 바로 그들이 불안한 시대에 강한 내면을 가지고 있었다고 믿어졌기 때문이다.

정리하자면, 술과 음식의 경제적 희소성으로 인해 음주의 양이, 세조 시대라는 정치적 불안정으로 인해 음주인의 내면적 크기와 강건함이 중시될 수 있었던 것이다. 이런 정황은 일차적으로 왕의 교체와 제도의 변화로 인해 바뀔 수밖에 없었다. 16세기 조선은 정치적 안정기에 들어섰다. 성종 때에는 향음주례(鄕飮酒禮)를 제정한다. 향음주례는 향촌의 선비 · 유생들이 학교 · 서원 등에 모여 학덕과 연륜이 높은 이를 주빈으로 모시고 술을 마시는 향촌의례의 하나이다. 이는 성종 5년인 1474년에 『국조오례의』가 완결되면서 정비된 것인데[31] 특히 술을 권하고 사양하는 예법이 잘 정리되어 있다.[32] 향촌의 공적 술자리의 규약인 향음주례의 정비

---

29 최승희, 『조선전기 정치사 연구』, 지식산업사, 2000, 366면.

30 『오산설림초고』에는 세조가 수양대군 시절 홍윤성을 만나게 된 일화가 나온다. 홍윤성이 10여 명의 하인을 물리치고 배를 저어갔다는 것인데, 그의 물리적 힘이 긍정적으로 그려진다. 앞서 언급한 한봉련 일화에서 한봉련은 내면의 강건함을 보여주지 못하지만 뛰어난 사냥꾼이었기에 세조의 지우를 받았다. 당시에 내적 강건함뿐만 아니라 물리적 힘, 육체적 강건함 역시 중요하게 평가받았던 요소였던 듯하다.

31 이상희, 『한국의 술문화』 2권, 도서출판 선, 2009, 46면.

가 다른 사적 술자리 문화에도 직접적인 영향을 행사했는지는 알 수 없다. 그러나 반드시 향음주례가 아니라 하더라도, 『국조오례의』와 같은 유교적 예악문물이 정비되면서 지속적으로 유교적 가치 질서가 내면화되는 시대적 분위기는 술자리의 변화에도 영향을 미쳤을 것이다.

유교적 가치는 '중(中)의 원리'를 중시이다. '중'이란 어느 한쪽에 치우침이 없이 딱 들어맞는 것, 그 정도가 적당한 것, 법도에 맞는 것을 의미한다. '애이불상'(哀而不傷), '낙이불음'(樂而不淫)의 심미관은 감정이 극단으로 흐르지 않고 균형과 절제를 이루어야 한다[33]는 유가적 심미관이지만 이것은 유독 심미관에만 한정되지는 않는다. 극단적 감정 상태를 부정적으로 보는 이런 경향은 감정 상태뿐만 아니라 그것을 야기하는 행동들에 대한 지침으로 기능할 수 있다. 조선 초기의 지나친 음주는 '상'(傷)과 '음'(淫)의 상태를 야기하는 부정적 행동들이었다. 그러나 앞서 술꾼에 관한 일화는, 지나친 음주가 반드시 '상'과 '음'의 극단적 감정을 야기하지는 않는다는 것을 보여준다. 취하지 않은 정신이 취한 몸을 제어할 수 있기에, 무절제한 음주행위, 즉 상과 음의 행위가, 반드시 상과 음의 정신 상태를 야기하는 것은 아니다. 조선 초기의 무절제한 음주에 대한 긍정적 시선은, 상과 음을 야기할 수 있는 잠정적 행동이 당시에는 제재(制裁)의 대상이 되지 않았다는 것을 시사한다.

반면 조선 중기에 와서 '상'과 '음'의 행동은, 그것이 아직 '상'과 '음'의 감정을 야기하지 않았다는 점에서 잠정적인 것이라 하더라도 제재의 대상이 된다. 이때가 되면 음주의 결과로 드러날 수 있는 상과 음의 감정뿐만 아니라 그것을 야기할 수 있는 잠정적 행동, 즉 음주 행위에 대해서까

32 이상희, 앞의 책, 2권, 35면.
33 신은경, 『풍류: 동아시아 미학의 근원』, 164면.

지 경계를 하게 된다. 조선 초기에 비해 '중의 원리'가 포괄적이면서도 심층적으로 적용되었다고 할 수 있다. 음주 행동에 대한 경계는 지나친 음주의 양에 대한 경계로 드러난다. 음주를 경계하는 담론들이 본격적으로 생산되는 것도 이 시기이다.[34] 많이 마시지 않게 되면서 중요한 것은 어떻게 마시는가의 문제가 된다. 중의 원리에 따라 적당한 양을 격식에 맞게 마시는 것이 술자리의 예를 드러내는, 구별짓기의 새로운 기호가 된 것이다.

조선 초기에 술을 통해 내면의 크기와 강함을 문제 삼았다면 이후에는 술을 통해 드러나는 내면의 질적 아름다움이나 도덕성이 더욱 크게 문제시되었던 것은 아닌가 한다. 또한 조선 후기에 올수록 '집단으로 마시는 술/혼자 마시는 술', '떠들썩하게 마시는 술/조용하게 마시는 술', '무절제한 술/절제된 술'의 이분법이 강화되고 이것들 간의 위계가 확고하게 자리 잡게 되었을 것으로 추정된다. 어느 시대건, 음주는 단순히 먹고 마시는 문제가 아니라 내면을 유추할 수 있는 기호이자 그러한 내면이 정당화될 수 있는 가치들을 함축하는 유의의미한 기호이다.

그렇다면 집단적으로, 떠들썩하게, 취하도록 마시는 음주 행위로 구성되는 양반의 정체성은 구체적으로 어떤 동질적 메커니즘을 가지는가? 일단 이러한 음주의 방식이 일반적인 음주의 방식과 다른 점을 먼저 언급해야겠다. 일반적인 유희로 보았을 때, 음주의 유희는 일링크스(Ilinx)에 속한다고 볼 수 있다. 이는 일종의 현기증의 추구를 기초로 하는 놀이이다. '현기증'에 몸과 정신을 맡기는 것이 음주의 유희를 즐기는 방식이 될 수 있다. 그러나 조선 초기 양반의 음주는, 모든 경우가 그렇지는 않았겠지

34 중종 9년(1514) 이행(李荇, 1478~1534)이 쓴 주계(酒戒)를 비롯해 정사룡 · 권호문 · 정철 등의 계주시나 계주문 등은 모두 16세기의 소산이다.

만, 현기증을 느끼기 위한 것이라기보다는 현기증을 이겨냄을 보여주기 위한 것이었던 듯하다. 음주자에게 그러한 의도가 없었을지라도, 결과적으로 그러한 음주가 기록할 만한 것, 가치 있는 것으로 여겨졌다. 이러한 음주는, 다소 방만해 보이는 음주 형식과 달리, 내면의 강함과 굳셈을 배양하며, 내면의 손상과 위의의 상실을 배척한다. 조선 초기의 양반들에게 취한 육체보다 용인하기 어려운 것은 취한 정신으로 여겨졌다고 할 수 있다. 이들의 정체성은, 호음이라는 심한 현기증을 유발하는 유희 속에서도 자신에 대한 내면적 긴장감을 유지함으로써 형성되는 것이었다고 할 수 있다.

제7장
승경도 놀이에서 놀이자의 정체성

1. 현실과 놀이의 관계: 놀이에서 현실의 변형

승경도(陞卿圖) 혹은 종경도(從卿圖), 승정도(陞政圖), 종정도(從政圖) 놀이[1]는 실제 관직의 위계, 관로의 접근 방식, 관직의 역할 등을 모방하여 만든 놀이이다. 승경도 놀이는 현실을 적극적으로 참조·모방하여 만든 놀이라고 할 수 있다. 놀이에서 현실을 참조하는 것은 승경도만의 특징은 아니다. 리차드 쉐크너(Richard Schechner)는 무대극 혹은 예술극과 사회극의 관계를 8자 모양을 눕혀놓은 모양으로 도상화하기도 했다.[2] 무대극이라는 일종의 놀이적 공간이 현실의 사건과 맺는 관계를 역동적으로 보여주기 위해서이다. 빅터 터너(Victor Turner)는 한층 더 나아가 사회적 삶을 '위반', '위기', '교정', '재통합' 혹은 '분리'라는, 네 단계의 드라마적 틀로 분

1 이 장에서는 '승경도' 놀이라는 용어를 주로 사용할 것이다. 다만, 대상 텍스트의 문면에 이 놀이를 지칭하는 다른 용어가 있는 경우에 한해서, 해당 용어를 사용하도록 한다.

2 빅터 터너 저, 이기우·김익두 역, 『제의에서 연극으로: 인간이 지니는 놀이의 진지성』, 현대미학사, 1996, 121면 재인용.

절하기도 하였다. 제의와 놀이를 통합시켜 발견한 틀을 사회생활에 대한 연구로 확산시킨 것이다.[3] 호이징가는 좀 더 구체적으로 놀이가 현실과 맺는 관계에 대해 언급하면서, 모든 놀이는 현실을 이미지화(imagination)한 것이라고 하였다. 모든 놀이는 특정한 이미지를 바탕으로 만들어졌으며 그렇기 때문에 놀이를 연구할 때에는 놀이가 수반하는 이미지화의 가치와 의미를 연구해야만 한다는 것이다.[4] 송효섭은 리미널(liminal)과 리미노이드(liminoid)에 대한 터너의 이론을 원용해, 연행으로서의 야구와 축구 경기를 분석하면서 그 경기들이 일정한 규칙에 의해 진행되며, 그것이 바로 삶에 대한 나름대로의 해석을 보여주는 코드(code, 약호)라고 하였다.[5] 여기에서 '이미지화'와 '코드'(약호)는 모두 현실(혹은 삶)과 놀이(혹은 연행)가 일정 관계를 가진다는 점을 전제하는 용어들이다.[6] 그러나 다른 한편으로는 이들 용어는, 현실이 그대로 놀이화되는 것이 아니라 변형을 거쳐 놀이가 된다는 점을 시사한다. 아무리 현실을 참조하여 만들어진 놀이라 하더라도 놀이와 현실은 다르다. 승경도 놀이 역시 관직의 세계를 참조하기는 하지만 승경도 놀이의 관직 세계는 현실의 그것과는 달리 놀이로 이미지화 혹은 코드화된 것이다. 승경도 놀이의 고유한 속성은 현실

3 빅터 터너 저, 앞의 책, 101~146면.

4 요한 호이징가 저, 이종인 역, 『호모 루덴스: 놀이하는 인간』, 연암서가, 2010, 35면. 호이징가는 놀이가 특정 이미지 활용에 바탕을 둔 것으로 보며, 이미지와 이미지화의 가치와 의미를 파악하는 것의 중요성을 역설한다. "이미지와 이미지화가 놀이에서 어떻게 작동하는지 살피고, 그렇게 하여 놀이가 생활 속에서 어떻게 문화의 기능을 담당하는지 설명하는 것"은 그의 저서를 관통하는 저술의 목적이기도 하다.

5 송효섭, 「상징, 스포츠, 리미노이드: 야구와 축구의 기호학」, 『한국기호학회』 20집, 한국기호학회, 2006, 120면.

6 최봉영은 대중적으로 행해온 경쟁적 놀이의 과정을 분석하여 일의 과정에서 볼 수 있는 경쟁의 성격을 이해하고자 하였는데, 일의 방법과 규칙이 놀이의 방법과 규칙에 그대로 반영되어 있다고 보았기 때문이다. 최봉영의 전제 역시 일과 놀이의 관련성에 있다. 최봉영, 「놀이문화와 한국인의 사회적 성격」, 국제한국학회 저, 『한국문화와 한국인』, 사계절, 1998, 28면.

을 이미지화 혹은 코드화하는 과정에서 비롯되었다고 할 수 있다. 이것은 놀이자가 현실과의 관계에서, 즉 관직과의 관계에서 가지게 될 정체성 형성에 영향을 미쳤을 것으로 예상된다.

승경도에 대한 기존 연구는 놀이의 방법 · 규칙 · 유래 등에 대한 사전적 정리를 중심으로 행해졌다. 승경도 놀이에 대한 연구자의 사적 견해를 밝힌 부분은 많지 않으며, 그마저도 주로 놀이의 효용과 관련해서 조심스럽게 제기되었다. 최봉영은 조선시대 양반 사대부들이 승경도 놀이를 즐긴 것은 그것이, 자신들이 살아가는 삶의 재미를 담아내기 때문이라고 하였다. 그에 따르면 승경도 놀이의 재미는 관직 경쟁에서 빚어지는 삶의 긴장과 흥분을 간접적으로 맛보는 것[7]이다. 최상수는 승경도 놀이가 조선시대에 서울, 시골 할 것 없이 중류 이상의 가정에서 행해졌으며, 젊은이들의 향학심을 자극함과 동시에 관직의 이름, 그리고 벼슬 승진의 지식을 익히는 데 사용되었다고 하였다.[8] 도유호는 양반 계급이 자제들을 교육할 때 관직제도에 대하여 서적과 담화를 통하여 이해시켰을 뿐만 아니라 '종정도'(從政圖)와 같이 오락 놀이를 통해 숙련시켰다[9]고 보았다. 이들은 모두 승경도의 놀이자로 중류 이상의 가정 혹은 양반(가 청소년)을 들었고, 놀이의 효용으로는 간접적인 관직 경쟁 경험, 관직에 대한 체계화된 지식과 개념 습득을 언급하였다. 그러나 승경도 놀이의 효용에 대해서는 기존 논자들 사이에 차이가 있는데, 최봉영은 정서적 차원을, 최상수와 도유호는 지적 차원을 언급하였다.

나는 승경도 놀이가 정서적 차원 혹은 지적 차원에서 효용을 가진다는 사실을 인정한다. 더 나아가 승경도 놀이는 관직에 대한 지식의 습득과

7 최봉영, 앞의 논문, 50면.

8 최상수, 『한국민속놀이의 연구』, 성문각, 1985, 245면.

9 도유호 외 저, 『조선의 민속놀이』, 푸른숲, 1999, 260~261면.

정서적 간접 체험 이상의 역할을 한다고 본다. 승경도 놀이는 좀 더 적극적으로 놀이자에게 영향을 미칠 수 있다. 무의식적으로 현실 관직에 대한 독특한 감각, 일종의 직업관과 관련된 정체성을 형성하게 하는 것이다. 이 장의 주된 작업은 승경도 놀이에서 작동하고 있는 약호들을 추출하고, 그것을 기반으로 승경도 놀이자의 정체성을 탐구하는 것이다. 따라서 이 장은 구체적인 역사의 시간 · 공간 속에서 행해진 특수한 승경도 놀이에 대해 관심을 가지기보다는 시간 · 공간을 거치면서 변형되지 않는 승경도 요소들에 관심을 가지며, 역사적 · 실증적 성격을 가지기보다는 추론적 · 시험적 성격을 가진다.

2. 놀이 유형으로 본 승경도

이 장에서는 먼저 승경도 놀이의 특징을 규명하기 위해, 그 놀이의 약호를 찾아낼 것이다. 이는 윷놀이와의 비교를 통해 명확해질 수 있다고 본다. 비교가 가능하기 위해서는 일단 유사성이 기반이 되어야 한다. 승경도 놀이와 윷놀이는 모두 말판, 말, 보조놀이 기구를 사용하는 판놀이다. 카이와의 놀이에 대한 분류를 이용하면 두 놀이의 유사성뿐만 아니라 차이 역시 분명해진다. 카이와는 놀이의 기본 유형을 네 가지로 구분하였다.

① 아곤(Agôn)은 싸움이나 경쟁 형태의 놀이이다.

② 알레아(Alea)는 운과 예측 불가능한 것(the unforeseeable)에 기반한 놀이이다.

③ 미미크리(Mimicry)는 허구적인 하나의 닫힌 세계를 일시적으로 받아

들이는 것을 기반으로 하는 놀이이다.

④ 일링크스(Ilinx)은 현기증의 추구를 기초로 하는 놀이이다.[10]

카이와의 놀이 분류에 따르면, 윷놀이와 승경도 놀이는 모두 '알레아'라고 할 수 있다. '알레아'란 라틴어로 주사위놀이를 의미한다. 카이와는 알레아를 설명하면서 아곤과 비교하는데, 아곤은 상대를 이기는 것이 관건인 놀이 유형인 반면, 알레아는 운명을 이기는 것이 관건인 놀이 유형이다.[11] 카이와에 따르면, 알레아에서는 운이 승리를 만드는 핵심적 역할을 하기 때문에, 놀이하는 자는 완전히 수동적이며, 개인의 자질이나 능력 · 기량 · 근육 · 지능 등은 수단을 발휘하지 못한다.[12] 승경도 놀이와 윷놀이에서는 모두 일종의 '주사위'를 던져 드러나는 운의 결과에 따라 승리가 좌우된다. 승경도 놀이와 윷놀이는, 알레아로서 공통점을 지니는데, 이는 두 놀이를 비교할 수 있는 기반이 된다. 두 놀이는 서로 다른 사회 · 문화적 맥락에서 전승되었지만 놀이의 기본 메커니즘은 매우 유사하다고 할 수 있다.

그러나 두 놀이에는 차이점 역시 존재한다. 윷놀이에는, 순수한 알레아라고 하기 어려운 측면이 있다. 윷놀이의 주체들은 부분적으로밖에 사태의 변화를 좌우할 수 없지만 그것을 최대한으로 잘 이용하는 데에서 즐거움[13]을 얻을 수 있다. 윷놀이는 부분적으로는 아곤의 특징을 가진다고 할 수 있다. 윷놀이를 할 때, '어떤 수를 얻는가'에 대해서는 운이 작용하지

---

10 로제 카이와 저, 이상률 역, 『놀이와 인간』, 문예출판사, 1994, 39~57면.

11 알레아에서는 "운명만이 승리를 만들어내는 유일한 존재이며, 이때 승리란 상대가 있는 경우에는 승자가 패자보다 운으로부터 더 많은 혜택을 입었다는 것만을 의미한다"고도 하였다. 로제 카이와 저, 앞의 책, 44면.

12 로제 카이와 저, 앞의 책, 44면.

13 로제 카이와 저, 앞의 책, 116면.

만, 그 수를 어떻게 활용할 것인가에 대해서는 개인이 선택할 수 있다. 하나의 말을 계속 전진시킬 것인가 아니면 다른 말을 업을 것인가를 두고 같은 팀끼리 의논해서 정할 수 있다. 이 선택에 따라 이길 수도 있고 질 수도 있다. 이는 윷놀이가 인간의 지적 노력에 따라 달라질 수 있는 여지가 있음을 시사한다. 윷놀이가 아곤, 즉 경쟁적 놀이의 성격을 가진다는 것은, 윷놀이 판에서 모든 말들의 출발점이 동일하다는 데에서도 드러난다. 개인의 지적 전략의 우위는 동등한 출발선에서 작용할 때 그 우월을 가늠할 수 있다.

승경도 놀이는 윷놀이에 비해 주사위가 가져다주는 '운'에의 의존도가 더 큰 놀이이다. 승경도 놀이는 처음 윤목을 굴려 얻은 수에 따라 출발점이 다르다. 어떤 놀이 주체는 문과에서, 다른 놀이 주체는 무과에서 시작할 수 있다. 각기 다른 승경도 놀이의 출발점은, 이 놀이가 운의 작용을 최대화하고 있다는 것을 시사한다. 마찬가지로 승경도 놀이에서 얻은 윤목의 결과에 대해서 개인이 선택할 가능성은 거의 없다. 놀이를 빨리 끝낼 수 있는가 없는가는 모두 굴려진 윤목의 수에 의해 결정되는 것이다. 윷놀이와 달리 승경도의 놀이 주체가 놀이를 통제할 수 있는 부분은 거의 없다. 윷놀이에서는 전략이 작용할 수 있기 때문에 하나의 말이 여러 명을 대표할 수 있다. 놀이가 집단적으로 행해질 수 있는 것이다. 그러나 승경도의 말은 대부분 하나의 말이 한 명을 대표한다. 승경도 놀이는 주로 개인적으로 행해지는 것이다. 전략이 작용하기 어렵기 때문에, 집단적으로 행해진다고 하더라도 개인적으로 행하는 것과 큰 차이가 없다.

그렇다고 해서 승경도 놀이가 순수하게 알레아인 것만은 아니다. 윷놀이가 개인의 능력을 토대로 하는 경쟁의 성격을 가지기에 아곤과 알레아의 결합이라고 할 수 있다면 승경도 놀이는 미미크리와 알레아의 결합이라고 할 수 있다. 미미크리에서 놀이 주체는 하나의 허구적 세계를 일시적으로 받아들이게 된다. 승경도 놀이는 조선의 관직 세계라는 허구적 세계를 모방한 것이다. 이것은 승경도의 놀이 주체가 모방으로 새로운 정체성을 형성하게 된다는 것과 관련이 있다.

놀이마다 현실을 참조하는 방식은 다르며 그 결과 놀이의 참여자들이 만들어내는 정체성 역시 다를 수밖에 없다. 투호 놀이를 반복하는 청소년과 승경도 놀이를 반복하는 청소년은 서로 다른 정체성을 구성하게 된다. 이 정체성은 자아와 대상 사이의 관계를 통해 구성된다. 어떤 대상을 자주 접하게 되는 경험은 구체적인 대상물과 관계를 형성한다. 그 대상물은 책·활·바둑 등이 될 수 있다. 주의를 기울이는 대상은 자아를 구성하는 데 중요한 요소로 작용할 수 있다. 우리가 어디에 관심을 기울이는가 하는 것은 사소한 문제가 아니기 때문이다. 앞서 언급한 것처럼, 칙센트미하이는, "우리는 자신이 관심을 기울이는 것과 하나이다."[14]라고 하였다. 관심의 대상은 개인마다 다를 수 있고, 그 대상이 미치는 영향 역시 개인마다 다를 것이다. 따라서 여기에서 언급하는 정체성은 본질적이며 선험적인 것이 아니라 우연적이며 일시적인 것일 수밖에 없다. 그러나 승경도 놀이처럼 반복적으로 어떤 놀이에 몰입하는 과정은 우연적·일시적이기는 하지만 자아를 형성하는 계기가 된다는 점은 분명해 보인다.

14 "자아가 우리 의식을 거쳐 가는 모든 것을 포용한다면, 우리가 오랫동안 주의를 기울이는 것이 자아를 형성한다는 결론에 이른다." 미하이 칙센트미하이 저, 김우열 역, 『몰입의 재발견』, 한국경제신문, 2009, 265~266면, 312~313면.

3. 승경도 놀이의 약호(code)

1) 판놀이로서의 승경도

승경도 놀이와 윷놀이는 모두 판놀이로, 말판 · 보조기구 · 말의 세 가지 요소를 가지고 행해진다.[15] 승경도 놀이에서 말판은 큰 종이에 간격을 긋고 중앙과 지방의 관청 및 관직, 품계를 기입한 것이다.[16] 보조기구라고 할 수 있는 윤목은 막대형과 주사위형 두 가지가 있다. 막대형은 약 10~15센티미터 길이의 막대를 오각 기둥 형태로 깎고 각각의 모서리에 1개에서 5개까지 홈을 판다. 그리고 주사위형은 나무를 정육면체로 깎고 각 면에 주로 품행이나 행동을 나타내는 글자를 새겨 숫자 대신 사용한다.[17] 말은 일정한 형태가 없이 아무것이라도 좋으나 구별이 쉽도록 하기 위하여 빛깔을 달리하기도 하였다.[18] 승경도 놀이의 보조기구와 말이 상황에 따라 다른 것으로 대체 가능한 데 비해 판은 대체되지 않았다. 따라서 승경도 놀이를 가장 승경도 놀이답게 만드는 것은 승경도 판이라고 할 수 있다. 윷놀이의 경우에도 윷놀이의 가장 고유한 특징은 윷놀이 판에 있다.

윷놀이 역시 판놀이이다. 판놀이로서 윷놀이에는 윷판, 말, 보조기구인 윷이 필요하다. 앞서 언급한 것처럼 윷은 승경도 놀이에서도 사용 가능하

---

15 장장식, 「한국과 몽골의 판놀이 연구」, 『비교민속학』 38집, 비교민속학회, 2009, 205~240면 중 208면.

16 최상수, 앞의 책, 245면.

17 『명곡집』(明谷集)에 의하면 주사위의 둘레 4면에 덕(德) · 문(文) · 무(武) · 훈(勳)자를 새기고 위아래로 탐(貪) · 연(軟)자를 새겨 만들었다고 한다. 하지만 글자는 일정하지 않아 덕(德) · 재(才) · 근(勤) · 감(堪) · 연(軟) · 빈(貧) 또는 덕(德) · 재(才) · 공(功) · 양(良) · 유(柔) · 장(藏) 등의 글자도 사용하였다. 그리고 승경도의 윤목이 없을 경우에는 윷을 사용하기도 하였다. 『한국세시풍속사전: 정월편』, 「월내-놀이」, 국립민속박물관, 2004, 414면.

18 『한국민족문화대백과사전』, 「윷놀이」.

다. 윷놀이의 말 역시 상대편과 구분되도록 하고 말판에서의 위치를 인식하도록 한 것이기에 특정한 것이 없으며 편의상 다른 사물들로 대체할 수 있다. 따라서 승경도 놀이와 윷놀이의 가장 큰 구분점은 판에 있다고 하겠다.

윷판은 29개의 동그라미로 되어 있다. 윷판의 유래에 대하여 종래 일부에서는 상대(上代) 오가(五加)의 출진도(出陣圖)라 하기도 하고, 부여(夫餘)의 관직제(官職制)를 모의(模擬)한 사출도(四出道)에서 나왔다고도 한다.[19] 또한 김문표는 「사도설」(柶圖說)에서 윷판의 바깥이 둥근 것은 하늘을 본뜬 것이고 안의 모진 것은 땅을 본뜬 것이라고 하였다. 가운데 있는 별은 북극성이며 나머지 28개의 별은 28수(宿)를 본뜬 것[20]으로 본다. 윷놀이는 승경도처럼 관직 체계를 모방한 것일 수도 있고 천문 체계를 모방한 것일 수도 있다. 승경도 놀이가 관직 체계를 본떴다고 하는 데에는 이견이 없는 반면 윷놀이가 무엇을 본떠 만든 것인가에 대해서는 이견이 많다. 승경도 놀이가 약호화한 현실에 비해 윷놀이가 약호화하고 있는 현실은 불분명하며 이런 사정으로 인해 윷놀이의 유래에 대해서는 다양한 담론이 출현하게 된다.

승경도가 조선시대 양반가에서 크게 유행하였다는 사실은 여러 자료들에서 확인된다. 『성종실록』(成宗實錄)에는 홍문관(弘文館) 관리들이 이 놀이로 밤을 지샜다는 기록이 있으며, 이문건(李文楗, 1494~1567)은 『묵재일기』(默齋日記)에서 동리(洞里)의 소년배(少年輩)들과 몇 차례 이 놀이를 하면서, 마지막까지 말판에 남아 있는 사람의 눈가에 먹을 그리고 놀았다고 하였다. 이순신(李舜臣, 1545~1598)의 『난중일기』(亂中日記), 오희문(吳希文,

19 『한국민족문화대백과사전』, 「윷놀이」.

20 『중경지』(中京誌) 권10, 「부록」.

1539~1613)의 『쇄미록』(瑣尾錄) 등에도 승경도를 제작했다거나 놀았다는 내용이 등장한다.[21]

승경도 놀이를 즐긴 이들은 홍문관 관리부터 소년들까지 다양하다. 승경도 놀이를 어린이(청소년) 놀이라고 규정하기는 힘들다.[22] 승경도 놀이는 어린이 놀이가 아니었지만 어린이(청소년)들이 승경도 놀이를 즐기면서 형성하게 되는 정체성은 어른의 그것보다 주목을 요하는 측면이 있다. 이것은, 양반가의 어린이(청소년)들이 승경도 놀이를 하는 것에 즐거움의 추구 이상의 효용이 있다는 주장을 상기시킨다. 양반가의 청소년들은 '잠재적 관리들' 혹은 '관리 후보자들'로서 승경도 놀이를 한다. 이들은 승경도 놀이를 통해 관리로서의 캐릭터를 경험하게 된다. 이들이 경험하는 캐릭터는 앞으로 그들이 관직과 관련되는 공적 정체성을 형성하는 데 중요한 계기가 된다. 그러나 현직 관리가 하는 승경도 놀이라고 해서 정체성 형성에 무관하다고 생각하지는 않는다. 관리가 된 후에 승경도 놀이를 처음 접했다고 하더라도, 놀이에의 몰입은 예전에 가졌던 관직에 대한 정체성을 수정할 수도 있고 앞으로 가질 정체성 형성에 관여할 수도 있기 때문이다.

2) 공간의 약호: 중(中)과 상(上)의 지향

윷놀이에서는 말판 위의 하나의 말밭이 주는 정보는 중요하지는 않다. 거기에는 '뒤지', '삽지', '개밭', '모밭', '찌도', '찌윷' 등 말밭의 이름 정도만이 나타날 수 있으며 이름조차 씌어 있지 않을 수 있다. 그러나 승경도 놀

---

21 『한국세시풍속사전: 정월편』, 앞의 책, 414면.

22 어린이들의 특수성이 인정되지 않고 단지 작은 어른으로 취급된 대부분의 전통 시기에, 어른의 놀이와 아이의 놀이를 구분하기는 어렵다. 승경도 놀이를 비롯한 많은 전통 시대의 놀이들은 아이들끼리, 어른끼리 혹은 아이와 어른이 함께 놀았을 것이다.

이에서 말밭 하나는 매우 많은 정보를 담고 있다. 가령 다음의 예를 보자.

참봉	2 봉사
	3 직장
	4 별제
	5 문과

이 말밭에서 어떤 수가 나오는가에 따라 다른 어떤 말밭으로 이동하는가를 알 수 있다. 가령 참봉에 밀이 있던 놀이자가 자신의 차례에 윤목을 굴려 4에 해당하는 수를 얻으면 별제로 간다. 하나의 말밭이 중요한 것은 그것이 단지 이동의 정보를 주기 때문만은 아니다. 이 말밭의 정보에 따라 상대편 말을 시간상 지체시킬 수도 있다(이에 대해서는 다음 장에서 살펴볼 것이다). 반면 윷놀이에서 놀이자들은 가야 할 길을 이미 알고 있다. 윷놀이에서는 하나의 말밭이 아니라 그것들의 연결체인 '길'이 중요하기에 말밭은 별다른 정보를 주지 않아도 된다.

승경도 놀이에서 말밭 하나가 주는 정보와 함께 전체 속에서 그 말밭이 어디에 위치하는가 또한 매우 중요하다. 승경도 놀이의 전체 말판은 가로 10행, 세로 14행 정도이다. 여기에는 9품계부터 1품계까지 위치하는데 중앙에는 주요 직책을, 주변에는 외직과 벌칙을 적어놓는다. 말판에는 또한 아래쪽과 위쪽의 위계가 있어 아래에는 말단 벼슬을, 위에는 고위관직을 적어놓는다. 이 두 가지 공간의 위계는 서로 겹쳐지는데 중심의 가장 위는 놀이 주체들이 가장 선호하는 말밭이 된다. 여기에는 영의정(領議政)이나 봉조하(奉朝賀)가 위치할 수 있다. 영의정이나 봉조하에 이르면 놀이에서 최종 승자가 된다.

중심과 주변, 위와 아래의 위계는 윷놀이에서는 찾아볼 수 없는 것이다. 말판에서 관직 체계는 중심/주변과 위/아래로 철저하게 약호화되어 나타난다. 놀이판에 따라 영의정에서 놀이가 끝날 수도 있고 봉조하에서 끝날 수도 있고 그 외 다른 것에서 끝날 수도 있다. 놀이판의 관직 배치는 관직의 단순 위계뿐만 아니라 관직에 대한 이상을 반영하기도 한다. 가령 영의정 외에 또 봉조하가 있을 경우에는 봉조하에 이르러서야 놀이를 끝낼 수 있다. 봉조하는 영의정보다 중앙, 위쪽에 자리한다. 봉조하는 조선시대 전직 관원을 예우하여 종2품의 관원이 퇴직한 뒤에 특별히 내린 벼슬이다. 영의정이 정책의 결정을 위한 현직 벼슬이라면 봉조하는 국가 의식에 참석하는 퇴직 명예직이다. 영의정의 자리는 제한적이지만 봉조하는 종신직이며 녹봉 역시 종신토록 받는다. 현실에서 봉조하가 퇴직 벼슬이기에 영의정 다음에 오는 것이 시간적인 순서라고 하더라도 영의정이었던 모든 사람들이 봉조하가 되는 것은 아니기에 봉조하의 수는 영의정의 수보다 더 적었다. 영의정이 아니라 봉조하가 중앙 위쪽에 있으며 여기에 이르러야 놀이가 끝난다는 것은 시간의 순차에 따른 것이라기보다는 영의정보다는 봉조하가 잠정적 관리들에게 더 이상적인 것으로 생각되는 현실적 맥락이 참조된 것이다.

승경도 놀이에서 말의 진행 방향은 아래쪽에서 위쪽으로 향한다. 승경도 놀이에서 하나의 말밭이 어떤 정보를 주는가에 따라 움직이는 방향은 다를 수 있다. 놀이의 진행 양상에 따라 말은 후진할 수도 있고 전진할 수도 있다. 그러나 일찍 놀이를 종결할 수 있어서 바람직한 것으로 생각되는 놀이말의 진행 방향은 위쪽을 향해 이동하는 직선 코스이다. 승경도의 말은 놀이에 따라 달라질 수 있기는 하지만 대부분 한 명이 하나를 선택한다. 말 하나에 모든 승패가 걸린다. 승경도 놀이에서 말은 말판에서 한 차례씩 이동할 뿐이기에 일회적이라고 할 수 있다. 승경도 말이 말판 위에서 차지하는 공간적 위치는 직선적이며 일회적이라고 할 수 있다.

반면 말판의 길을 따라 행해지는 윷놀이 말의 진행은 순환적이다. 윷놀이에서는 네 개의 말을 쓴다. 네 개의 말이 모두 출발점으로 되돌아와야 놀이가 끝난다. 여러 말을 한 번에 업고 갈 수도 있지만 그러한 전략을 사용할 수 없는 상황에서는 각각의 말이 여러 차례 윷판을 돌게 된다. 윷놀이의 말은 말판을 여러 차례 이동하기에 반복적이라고 할 수 있다. 윷놀이의 말이 말판 위에서 차지하는 공간적 위치는 순환적이며 반복적이라고 할 수 있다.

3) 시간의 약호: 속(速)의 지향

승경도 놀이판에서 중앙 위쪽의 공간적 약호가 가지는 중요성은 이미 언급했다. 그러나 중앙 위쪽을 향한다 해도 시간이 지체되면 이길 수 없다. 승경도 놀이에서는 짧은 시간 안에 놀이를 마치는 사람이 이긴다. 시간의 약호 또한 놀이의 승패를 결정하는 중요한 요소이다. 이제 놀이의 시간에 영향을 미치는 요소들을 살펴보도록 하자.

앞서 언급한 것처럼 승경도 놀이의 출발점은 놀이자마다 다르다. 판에 다라 조금씩 다르기는 하지만, 출발은 크게 다섯 가지 가운데 한 가지로 이루어질 수 있다. 문과(文科), 무과(武科), 은일(隱逸: 산야에 숨어서 공부만 하다가 나라의 부름을 받아 벼슬길 오름), 남행(南行: 과거에 붙지 못한 채 벼슬을 사는 남행 출신) 그리고 군졸(軍卒: 군대에서 복무)이 그것이다.[23] 문과를 선택하게 되면 참봉 · 현령 · 판서 · 영의정 등을 거쳐 봉조하에서 퇴직하게 되고 무과를 선택하게 되면 포도대장 · 절제사 등을 거쳐 도원수에서 퇴직하게 된다. 각 벼슬은 동시에 할 수 없으며 순차적으로 하나씩만 할 수 있다.

23 경우에 따라서는 '군졸' 대신 '유학'(幼學)이 들어가기도 한다. 이 놀이판은 붓으로 옮겨 써서 전해왔기 때문에 내용의 변천과 종류의 차이가 심하다. 도유호 외, 앞의 책, 261면.

각 관직들을 통합적으로 연결하면 놀이자의 관로가 나타난다. 앞서 언급한 것처럼 관로의 끝은 퇴직이다.

그러나 봉조하나 도원수가 되었다고 퇴직할 수 있는 것은 아니다. 퇴직에 해당하는 수가 나와야 한다. 봉조하로 퇴직하는 것과 도원수로 퇴직하는 것 사이에는 차이가 없다. 퇴직을 하게 되는 놀이 주체가 승자가 된다는 점에서 일견 무과 · 문과를 비롯해 각 관로들은 평등한 것처럼 보인다. 그러나 관로 사이에도 빠른 길이 있다. 가장 단시간에 놀이를 끝낼 수 있는 것은 은일인데 정7품의 자의(諮議: 세자의 교육을 담당하는 관직)까지 단번에 올라갈 수 있어서 다른 놀이 주체들보다 유리한 입장에 설 수 있다. 물론 앞서 말을 놓는다고 하더라도 변수가 있기 때문에 놀이를 쉽게 끝낼 수 있는 것은 아니다. 그러나 변수의 적용을 받지 않는다면, 놀이를 끝내는 시간은 어떤 관로를 선택하느냐에 따라 정해질 수 있다.

변수들은 타인의 놀이의 종결을 지체시키는 역할을 한다. 양사법(兩司法)과 은대법(銀臺法) 등이 그 변수에 해당한다. 양사는 사헌부와 사간원을 말하는 것으로, 이 벼슬자리에 있던 사람이 미리 규정된 수, 즉 2나 3을 얻게 되면 그 사람이 지정한 상대의 말은 움직이지 못하며, 다만 역시 정해진 숫자인 5나 4를 얻어야만 비로소 다른 자리로 옮겨갈 수 있다.[24] 보통 자신보다 앞서 있는 말들이 지정되는데 정해진 수가 나올 때까지 움직일 수 없으며 그동안 뒤에 있던 말들이 추월해 갈 수 있다. 은대는 승정원으로 이 자리에 있던 사람이 규정된 수를 얻으면 당하(堂下)에 있는 모든 말들은 자기네가 굴려서 얻은 수를 쓰지 못하고 모두 이 사람에게 바쳐야 하는 것이다.[25] 당하에 있는 말들은 좋은 수를 얻더라도, 자신의 말을 움

24 도유호, 앞의 책, 265면.
25 도유호, 앞의 책, 265면.

직일 수 없게 된다.

처음에 무엇으로 출발하는가, 중간에 변수의 적용을 받는가 아닌가, 그리고 끝에 퇴직에 해당하는 주사위가 쉽게 나오는가 아닌가 등은 시간의 결합체를 구성한다. 운은 각각의 경우들을 선택하게 한다. 운에 의해 임의적으로 선택된 각 요소들이 어떻게 연결되는가에 따라 승경도 놀이는 단시간에 끝날 수도 있고 지루하게 오랜 시간을 끌 수도 있다. 물론 놀이를 단시간에 끝내는 자는 승자가 된다.

4) 점진적 역전의 가능성

시간을 상대적으로 단축시키고 공간을 위쪽으로 이동하는 것, 일종의 추월도 가능하다. 이때 시간의 약호와 공간의 약호는 긴밀한 관련을 가지고 나타난다. 중앙 위쪽으로 빠른 시간 내에 올라가면 '순조로움'의 의미를, 주변에 있게 되면서 시간이 지체되면 '역경'의 의미를 가지는 것이다. 그런데 처음의 순조로움이 곧 승리를, 역경이 곧 패배를 의미하는 것은 아니다. 권필(權韠, 1569~1612)은 『석주집』(石洲集)의 「종정도설」(從政圖說)에서 이 놀이의 역전 가능성을 다음과 같이 언급했다. "관반(官班)과 작질(爵秩)이 올라서 귀하게 된 자도 있고 내려가서 천하게 된 자도 있으며, 처음에는 물러났다가 나중에 나아간 자도 있고 처음에는 나아갔다가 나중에 물러난 자도 있다."[26] 대부분의 판놀이가 그렇듯 시작이 순조롭다고 끝이 순조로운 것은 아니다. 시작과 끝 사이의 과정에는 놀이의 종결을 지연시키는 여러 가능성이 있다.

윷놀이는 말을 쓰는 전략에 따라 역전이 가능하다. 얻은 윷에 따라 상대의 말을 잡을 수 있다. 잡힌 말은 윷판의 출발점에서 다시 시작해야 한

---

26 有升而貴者. 有降而賤者. 或始黜而終陟. 或始陟而終黜.「從政圖說」.

다. 윷놀이에서는 말의 위치가 순간적으로 변화할 수 있다. 출발점에 선 말이 다시 윷판을 한 바퀴 돌려면, 전략에 따라 다르기는 하지만, 상당한 시간이 소요된다.

반면 승경도 놀이에는 위치의 변화를 완만하게 조정하는 틀이 있다. 승경도 놀이에서 말이 차지하는 공간적 위치는 순차적으로 변화한다. 예를 들면 왕을 가까이 모시는 홍문관(弘文館)의 관리에 말이 놓인 사람은 자기보다 앞서 높은 관직에 오른 이들을 파면시킬 수 있다. 하지만 이때 파면을 지적당한 고관은 무조건 파면을 당하는 것이 아니라 윤목을 굴릴 기회를 가진다. 이때 일정한 수가 나오면 원래 자리로 돌아와 자신을 파면했던 관리를 거꾸로 파면시킬 수 있다.[27] 또한 유배나 사약을 받는 경우도 있는데, 유배의 경우에는 다음 나온 수에 따라 방면되거나 복직되기도 한다. 사약을 받으면 경기에서 탈락하지만 이 역시 여러 차례에 걸쳐 운이 나쁜 일정 수가 나온 결과이다. 계속해서 나쁜 수가 나오면 경기에서 탈락할 수 있으며 그렇지 않더라도 승세는 역전될 수 있다. 그러나 승경도 놀이의 역전은 윷놀이의 역전보다는 점진적으로 이루어진다.

승경도는 윷놀이의 세계에 비해 안전하다. 윷놀이는 역전의 가능성이 큰 변화무쌍한 세계이다. 놀이의 긴장감이 더 큰 것은 윷놀이일 수 있다. 긴장감이 큰 놀이일수록 놀이의 집중도는 높아진다. 승경도 놀이는 놀이의 긴장감을 현실적 지식의 습득과 현실의 모방으로 대체한다. 이는 윷놀이와 달리 승경도 놀이가 미미크리의 성격을 가지고 있다는 점과 맞물린다.

---

27 『한국세시풍속사전: 정월편』, 앞의 책, 414면.

4. 이중적 정체성: 목적론적 정체성과 숙명론적 정체성

그렇다면 승경도 놀이는 놀이자의 정체성과 어떤 관련이 있을까? 권필은 '종정도'의 놀이 방식을 개괄하여 다음과 같이 썼다.

> 내가 소싯적부터 이 놀이를 좋아하지 않아 또래들이 하는 것을 보면 반드시 손을 휘저어 못하게 했다. 병신년(1596, 선조 29)에 객지인 호남에 가 있다가 하루는 우연히 걸어 들판의 정자에 갔더니, 몇 사람이 한창 이 종정도 놀이를 벌이고 있었다. 내가 곁에서 사세히 보니 관반(官班)과 작질(爵秩)이 올라서 귀하게 된 자도 있고 내려가서 천하게 된 자도 있으며, 처음에는 물러났다가 나중에 나아간 자도 있고 처음에는 나아갔다가 나중에 물러난 자도 있으니, 여기에도 무슨 운수가 있는 듯하였다.
>
> 대저 올라서 귀하게 된 자라고 해서 반드시 그 사람들이 모두 어진 것도 아니며, 내려가서 천하게 된 자라 해서 반드시 그 사람들이 모두 어리석은 것도 아니다. 처음에는 물러났다가 나중에 나아간 자가 어찌 앞에서는 재주가 없었다가 뒤에는 재주가 있는 것이겠으며, 처음에는 나아갔다가 나중에 물러난 자가 어찌 앞에서는 재주가 있었다가 나중에 재주가 없는 것이겠는가. 관반과 작질이 오르고 내리는 것을 이미 어질고 어리석음과 재주 있고 재주 없음으로 논할 수 없은즉 단지 우연히 운수가 좋으냐 나쁘냐를 점칠 뿐이다.
>
> 아아! 내가 오늘날 정치에 종사하는 사람을 보건대 이 종정도와 비슷한 점이 있지 않은가. 혹자가 말하기를 "이는 우연히 그런 것이 아니다. 그 기교(機巧)의 지혜로 이룬 것이다."라고 하였다. 하지만 나는 이 말을 믿지 않는다.[28]

---

28 余自少時. 不嗜此戲. 見儕輩爲之. 則必麾而去之. 歲丙申. 客于湖南. 一日. 偶步出野亭. 有數客方設此戲. 余從傍而諦視之. 有升而貴者. 有降而賤者. 或始黜而終陟. 或始陟而終黜. 疑亦有

권필은 승경도 놀이판에서 관반과 작질의 오르고 내림이 운수에 의한 것이라고 하고, 정치에 종사하는 사람도 승경도 놀이와 다르지 않다고 하였다. 모두 어질고 어리석음이라는 '지적 자질'이나, 재주 있고 없음의 '능력의 자질'보다도 운수에 의해 움직이기 때문이다. 권필은 승경도의 놀이 공간과 현실 정치 공간을 동일한 것으로 파악하고 있다. 놀이 공간과 정치 공간은 모두 지혜나 능력보다는 운수에 의해 좌우되는 곳이라는 점에서 동일하다.

주지하다시피, 승경도 놀이는 같은 판놀이인 윷놀이에 비해, 주사위가 가져다주는 '운'에의 의존도가 더 큰 놀이이다. 윷놀이와 달리 승경도 놀이는 첫 출발점이 다르며, 지적 전략이 작용할 가능성이 낮다. 승경도는 알레아의 성격이 극대화된 놀이이다. 권필이 '운수가 작용한다'고 언급한 것 역시 같은 맥락이다. 권필에게 놀이판의 '운수'는 놀이의 운용 법칙이라기보다는, 지혜나 능력과는 상관없는 것, 그것과는 대척되는 어떤 것으로, 부정적인 의미를 가진다.

승경도의 놀이 세계가 현실 정치 세계와 숙명론적이라는 점에서 유사성을 가지게 된 것[29]은, 일단 반복적인 승경도 놀이로 인해 놀이자가 숙명론적 정체성을 형성하게 되는 것과 관련이 있을 것이다. 앞서 언급한 것처럼, 인간의 모든 경험은 주체를 형성한다는 일반론은 차치하고서라도, 일상적 시공간을 벗어난 놀이 공간에서의 경험은 자아의 변화를 가져오기에 충분하다. 승경도의 놀이자가 형성하게 되는 숙명론적 정체성은 이

數存焉於其間也. 夫升而貴者. 未必皆賢. 降而賤者. 未必皆愚. 始黜而終陟者. 豈前拙而後巧. 始陟而終黜者. 豈前巧而後拙. 其所以升降黜陟者. 旣不可以賢愚巧拙論. 則但卜其偶不偶耳. 嗚呼. 余觀夫今之從政者. 其有不類乎是圖者耶. 或曰. 非偶也. 其機巧之智. 有以致之. 此說. 余未信之. 『석주집』, 「외집」, 제1권, 〈종정도설〉(從政圖說).

29 권필은 놀이 세계가 정치 세계와 유사성을 가진다는 점을 지적했지만, 어떻게 유사성을 가질 수 있는가에 대해서는 언급하지 않았다.

놀이자들이 '잠재적 관리들' 이거나 '실제 관리들'이라는 사실을 고려하면, 관직에 대한 개인의 태도, 즉 공적 태도와 연관될 수 있다. 권필이 승경도의 놀이를 싫어한다고 한 것, 또래들이 하는 것을 보면 반드시 손을 휘저어 못하게 했다는 것 역시 놀이의 특징이, 현실 세계에서 주체이기도 한 놀이자의 정체성으로 쉽게 전이될 수 있다는 것을 알게 모르게 인식하고 있었기 때문이었을 것이다.

승경도 놀이에서 놀이 말의 위치는 운에 의해 정해진다. 그리고 이러한 놀이의 과정은 앞서 언급한 것처럼 놀이자의 정체성, 특히 관직에 대한 숙명론적 정체성을 형성하는 네 기여하기도 한다. 승경도 놀이는 최종적 승리라는 지향점과 관련해서 또 다른 특징을 지닌다. 그것은 '목적론적'이라는 것이다.

앞서 언급한 것처럼 승경도의 놀이자는 놀이의 승리를 위해서, 중앙 위쪽을 향해 속도감 있게 진행되는 관로를 이상적인 것으로 여기게 된다. 중앙[中]·위쪽[上]과 속도[速]의 지향을 반복하면서 놀이자가 구성하게 되는 정체성은 '목적론적 정체성'이라고 할 수 있다. 그리고 이러한 목적 지향은 상대적 안정성[30] 속에서 이루어진다. 승경도 놀이에서 확보된 놀이자의 지위는 갑자기 위협받지 않는다. 하나의 말의 위치는 예측 불가능하지만, 일단 말이 말밭에 있게 되면 계속해서 운이 나쁘지 않는 이상 현상 유지 혹은 상승이 가능하다.

승경도의 세계에서 관직으로의 진입, 그리고 관직에서 관직으로의 승진 혹은 퇴출은 숙명론적으로 정해진다. 이 모든 것의 귀결은 중심부와 위쪽으로의 승진을 통해 최종 관직에 도달해서 놀이를 끝내는 데 있다.

---

30 이것은 윷놀이와 비교했을 때, 상대적으로 승경도 놀이의 안정성이 높다는 의미이다. 앞서 언급한 것처럼 승경도 놀이 역시 놀이 과정에 많은 변수를 가지고 있기 때문에 변수의 영향을 받지 않는 안정성, 즉 절대적 안정성은 상정하기 어렵다.

승경도는 관직과 관직의 관계, 그리고 최종 관직으로의 도달을 중심으로 구성된다. 그러나 현실의 관직 세계는 관직과의 관계, 즉 관직－관직 관계로만 이루어진 것이 아니다. 승경도의 관직 세계에는 현실 관직 세계의 중요한 축인 백성－관직(자)의 관계가 누락되어 있다. 그래서 승경도가 형성하는 공적 정체성은 '위정자'(爲政者)가 아니라 '종정자'(從政者)[31]의 것에 가깝다는 지적은 상당히 설득력이 있다. 그리고 이 종정자로서의 정체성은 관직에 대해 목적론적이면서도 숙명론적이다.

승경도 놀이를 통해 마련되는 종정자로서 정체성은, 공직에 대해 목적론적 탐구를 하면서도 구체적인 성취에 대해서는 숙명론적 기대를 가지는 이중적 정체성이다. 공직에 대한 목적론적 탐구는 빠른 시간 위를 지향하게 한다. 그러나 뚜렷한 지향점에도 불구하고 개인이 기량을 발휘할 수 있는 여지는 없다. 승경도 놀이를 반복하는 놀이자는, 현실 세계를 관직－관직의 관계를 중심으로 구성하며, 뚜렷한 목적에도 불구하고 목적을 획득하기 위한 개인적 전략이 부재하는 것처럼 인식할 수 있다.

5. 판놀이의 현실성

그렇다면 승경도 놀이는 '위정자'로서의 정체성과는 전혀 상관이 없을까? 승경도 놀이의 도덕적 장점을 언급하는 담론들도 있다.

> 정승 하륜(河崙)이 종정도(從政圖)를 만들었는데, 9품으로부터 1품에 이르기까지

31 김승룡은 한 칼럼에서 종정도 놀이자들이 위정자라기보다는 종정자로 보인다고 한 바 있다. "종정도"(從政圖), 『부산일보』, 2004. 7. 7.

관작의 차례가 있고, 주사기의 육면에 덕(德)·재(才)·근(勤)·감(堪)·연(軟)·빈(貧) 등 6자를 써서 덕과 재면 올라가고 연과 빈이면 그만두기를 마치 벼슬길과 같이 하였다.[32]

주사위 6면에 성(誠)·경(敬)·사(肆)·위(僞) 4자를 썼는데, 성·경은 두 번씩 썼으며, 그 글자는 모두 수(數)로 나누어서, 던져서 그 수의 많고 적음으로 나아가는 순서를 삼는다. [……] 무릇 주사위를 쓰는 것은 뜻이 주사위에 있는 것이 아니라, 성·경·사·위의 등분을 보이기 때문이다. 성·경·사·위는 곧 학자의 마음 쓰는 경지이나. 주사위로 인하여, 처음 배우는 이에게 도(道)를 시시함이 너욱 친절한 것이다. 이 도(圖)로써 성인의 도(道)를 구하면 비록 어리석은 자나 어린애라 할지라도 방향을 알게 할 수 있고, 덕으로 나아가는 순서에 조리가 있고 문란하지 않아, 성현의 경지에 이를 것이다.[33]

승경도 놀이가 긍정적으로 인식될 수 있는 가능성은 윤목에 쓰인 글자에서 기인하다. 『용재총화』에 따르면, 윤목에 쓰인 글자들은 관리가 가져야 하는 미덕과 악덕으로 나뉜다. "덕과 재면 올라가고 연과 빈이면 그만두는 것이 마치 벼슬길과 같다"고 한 데에서 알 수 있다시피, 미덕은 승진을, 악덕은 지체를 의미한다. 이에 따르면 승경도 놀이는 관직에서의 미덕과 악덕을 구분하고 악덕을 경계하는 역할을 한다고 볼 수 있다. 또한 『필원잡기』에서는 윤목에 쓰인 글자의 분할 역시 의미를 가진다고 하였

32 河政丞崙作從政圖 自九品至一品 有官爵次第 輪木六面 書德才勤堪軟貧六字 德才而升 軟貧而罷 一如官途 『용재총화』 10권.

33 六面書誠敬肆僞四字 但誠敬再書而肆僞一書 其爲字 皆有分數 擲之而分數多少 爲進修次第 [……] 夫用骰子 意非在於骰子 以示誠敬肆僞之分耳 誠敬肆僞 乃學者用心之地 因骰子而開示指道於初學 尤爲親切 卽圖而求之 雖愚지孩童 亦可以知所向方 而進德之序 有條不紊 可與聖賢同歸矣 『필원잡기』 2권.

다. 주사위 6면에 ‘성’, ‘경’, ‘사’, ‘위’ 4자를 쓰는데, ‘성’과 ‘경’을 두 번씩 쓴 것은 각 글자의 중요성을 보이는 것이다. 이에 따르면 역시 미덕과 악덕을 구분하고 미덕의 중요성을 강조하는 것이 승경도 놀이라는 것이다.

윤목의 글자를 토대로 한 이상의 기록들은 승경도 놀이가 관리 혹은 학자의 미덕과 악덕을 구분하고 악덕을 경계하거나 미덕을 강조하는 역할을 한다고 하였다. 놀이에서 미덕은 ‘오르기’의 승진을, 악덕은 ‘그만두기’의 지체를 의미한다. 승진의 연속은 최종 놀이의 승리를, 지연의 연속은 실패를 초래하기 쉽다. 이 놀이에서 악덕에 해당하는 글자들은 도덕적으로 부도덕한 것이어서 경계를 야기하기보다는, 놀이의 승리를 지연시키거나 패배를 앞당기기 때문에 경계된다. 실제 놀이를 염두에 두면, 승경도 놀이에서 ‘미덕’과 ‘악덕’을 나누는 도덕적 관점은 최종 승리를 위한 수단으로서의 성격을 가진다.

더욱이 앞서 기록들은 모두 주사위형 윤목을 대상으로 하고 있다. 주지하다시피 승경도 놀이에는 두 가지 형식의 윤목이 사용된다. 글자가 새겨진, 주사위형 윤목 외에도 숫자를 표시한 막대형 윤목도 있다. 막대형 윤목은 숫자로 표기되어 있어, 악덕과 미덕을 구분하거나 경계하는 어떤 것도 찾아볼 수 없다. 막대형 윤목을 사용하여 놀이할 때에는 글자를 통해 도덕적 경계를 얻을 여지가 전혀 없다. 따라서 승경도 놀이의 시작과 끝점을 고려하면, 도덕적 정체성 혹은 위정자로서의 정체성이 고려되지 않는 것은 아니지만, 그것은 종정자로서의 정체성에 질적으로든, 양적으로든 종속된다고 할 수 있다.

이는 승경도 놀이가 현실을 모방하기는 하면서도, 현실을 그대로 모방하는 것이 아니라, 놀이화하여 모방하고 있는 것을 통해서도 알 수 있다.

승경도가 모방하고 있는 것은 현실의 관직이 아니라 놀이화된 관직이다. 현실에서 고급 관료 1명이 당상의 관직 여러 개를 겸직하고 있어서 관직의 실제 수는 이론적으로 산출되는 것보다 훨씬 적었다.[34] 현실의 관직이 자리다툼이 심하게 일어날 수밖에 없는 상황이었다면 승경도의 관직은 전혀 다르다. 앞서 언급한 것처럼 승경도의 관직은 한 번에 한 곳에만 말을 놓을 수 있다. 근본적으로 겸직이 불가능한 것이다.

또한 승경도의 각 말밭은 현실에서 벼슬을 살아야 했던 기간을 반영하고 있지 않다. 가령 현실의 관직에서 6품의 참하관들은 450일의 근무 일수를 채우면 한 계단 승진하지만, 참상관들은 900일을 근무해야 한 단계 승진이 이루어졌다. 이렇듯 근무 일수를 따져 승진시키는 법을 순자개월법(循資個月法)이라 했다.[35] 현실의 관직이 근무 일수를 채워야 승진이 이루어질 수 있는 것과 달리 승경도 놀이에서는 주사위의 차례가 곧 승진의 차례가 되고 주사위의 수에 따라 대부분 승진을 이룬다. 승경도의 승진은 당연한 것으로 기대될 뿐만 아니라 현실적 승진보다 속도감이 있다.

물론 조선시대 양반들에게 관직에 대한 생각이나 태도를 형성하게 하는 요소는 매우 많다. 나는 그 가운데 한 가지가 승경도 놀이라고 본다. 목적론적 태도와 숙명론적 태도는, 승경도라는 놀이가 정치의 주체에게 영향을 미칠 수 있는 하나의 요소일 뿐이지 공적 정체성을 형성하는 가장 중요한 계기라고 하기는 어렵다. 다만, 숙명론적 태도는 승경도 놀이 외에 다른 많은 곳에서 발견될 수 있다. 경우에 따라서, 승경도 놀이가 형성하는 공적 정체성은 탄생 · 죽음 · 결혼 · 질병 · 과거 등에 대한 숙명론적 태도에 의해 강고해질 수도 있다.

논의를 마치기에 앞서, 윷놀이와 승경도 놀이의 생명력에 대해 잠깐 덧

34 박홍갑, 『조선 양반의 일생』, 글항아리, 2009, 112면.
35 박홍갑, 앞의 책, 111면.

붙이고자 한다. 이 두 가지 놀이가 현재 매우 다르게 전승되고 있기 때문이다.

윷놀이와 승경도 놀이는 일 년 내내 행해지기는 했지만 정월에 가장 많이 행해졌다. 정월에는 놀이와 함께 윷이나 윤목을 가지고 일 년의 운수를 점치기도 했다. 조선시대 윷놀이와 승경도 놀이의 사용 시기나 놀이 방법 외 기타 사용 방법 역시 유사하다고 볼 수 있다. 그러나 윷놀이는 현재에도 놀이로서의 생명을 가지고 있는 반면 승경도 놀이는 그렇지 않다. 세속적 놀이로서 승경도 놀이는 현실의 관직 체계를 이미지화한다. 승경도 놀이의 공간은 직선적이며 일회성을 추구한다면 우주적 놀이로서 윷놀이는 순환적이며 반복성을 추구한다.

직선적이며 일회적인 모든 판놀이들이 현실의 공간을 이미지화하고 있는 것은 아니다. 그러나 승경도 놀이처럼 현실의 공간을 이미지화하고 있는 판놀이는 매우 흔하다. 승경도 놀이는 전국의 경승지를 관람하는 형식의 놀이인 승람도(勝覽圖), 불교의 도를 이루는 과정을 놀이화한 성불도(成佛圖)와도 유사성을 가진다. 이들 놀이들은 명승지와 불교적 도의 세계를 각각 이미지화하고 있다고 할 수 있다. 실제로 승경도 놀이를 처음 만든 하륜은 그 아이디어를 성불도 놀이에서 얻었다.[36] 그렇다고 해서 성불도 놀이가 승경도 놀이의 원본인가 하면 그렇지도 않다. 성불도 놀이 역시 다른 유사한 판놀이를 모방하고 변형하여 만들어진 것일 수 있다. 승람도-성불도-승경도 등 승경도류의 판놀이는 모두 복사본(token)의 관계에 있다. 그 원본(type)을 찾는 것은 힘들 뿐만 아니라 그다지 유용하지도 않아 보인다.[37]

36 『용재총화』 10권. 정확하게 언급되지는 않으나 성불도의 각 특징을 종정도와 연결하여 언급하고 있다는 점에서 성불도를 모방하여 종정도를 만들었다고 추정해볼 수 있다.

37 승경도 놀이의 원본에 대해서는 확정된 바가 없다. 『용재총화』에서는 하륜이 불교에서 행했

윷판은 단순하며 윷놀이의 역사는 그것의 본질적 요소들을 그대로 유지하는 방향으로 이루어진다. 콩윷 · 밤윷 등을 이용한 윷놀이의 변형들은 모두 윷놀이의 '변형'으로만 인식되며 새로운 이름을 부여받지는 못한다. 승경도 놀이류처럼, 윷놀이는 '-류'를 이루기 힘들다. 이는 윷판의 단순성에서 기인하는 듯하다. 단순하기에 지속성을 가지는 것이다. 게다가 윷놀이는 승경도 놀이와 달리 지금까지도 몇 세기 전의 형태로 행해진다. 그렇다면 윷놀이에 비해 승경도 놀이의 생명력은 짧다고 할 수 있을까? 승경도 놀이 자체만을 놓고 보면 그렇게 생각할 수 있다. 그러나 승경도 놀이류의 생명력은 바로 모방 가능한 구체적인 현실 세계가 있고 그것을 시대와 문화에 따라 계속해서 바꿀 수 있는 변이 가능성에서 온다고 할 수 있다.[38] 네모 판으로 이루어지는 직선적이며 일회적인 판의 구성 방식은 일견 복잡한 것처럼 보이지만 내용상의 변형을 쉽게 하는 메커니즘이 된다. 단순한 판놀이의 생명력이 우주적 원형의 지속성에 있다면 현실을 반영하는 복잡한 판놀이의 생명력은 복사본들의 생산 가능성, 즉 호환 가능성에 있다고 볼 수 있다. 이를 입증하기 위해서는 판놀이의 유형과 역사에 대한 심화된 연구가 필요하다고 본다.

던 성불도(成佛圖)를 기초로 조선의 관직체계를 반영하여 승경도를 만들었다고 한다. 또한 이유원(李裕元)은 『임하필기』(林下筆記)에서 승경도가 중국 당대(唐代)에 제작된 『투자선격』(骰子選格)에 기원을 두고 있다고 기록하였다. 『한국세시풍속사전: 정월편』, 「월내-놀이」, 국립민속박물관, 2004, 414면.

38 오늘날 만들어지는 많은 보드게임 역시 구체적 현실을 이미지화한다. '경제게임', '역사게임' 등의 분류는 각 게임이 모방하고 있는 구체적 현실을 기준으로 행해진 것이다..

제8장 성소화의 향유와 성적 정체성

1. 성적 차이와 성소화의 독서

조선시대는 거의 전 시기에 걸쳐 음란함을 경계한 시기였다. 일례로 이덕무(李德懋)는 『사소절』(士小節)에서 양반은 혹시 손님이 음란하고 더러운 이야기를 하더라도 응대해서는 안 되고, 그 자리에 자녀가 있으면 일부러 심부름을 시켜 밖으로 나가게 하여 듣지 않도록 하는 것이 도리라고 하였다. 음란함을 경계하는 규범의 존재에도 불구하고, 성소화는 인기리에 탐독되었다. 전남에서 편찬되어 전국적으로 유행했던 성소화집 『어면순』(禦眠楯)의 존재가 그 대표적인 예이다. 이 책의 폭발적 인기로 인해, 『속어면순』(續禦眠楯)이 편찬되기도 했다. 이 두 텍스트는 성소화에의 몰입을 보여주는 대표적인 자료들이다.

성소화에의 몰입은, 일상적인 도덕규범과 텍스트 향유라는 구체적 실천 사이의 괴리를 보여주는 하나의 지표이다. 텍스트 내에서 활자들이 야기하는 성적 쾌감의 정서는, 이들이 의식적 혹은 무의식적으로 체득하고 있는 규범과 충돌하여 미묘하면서도 복잡한 반향을 일으킬 것이다. 반복적인 성소화의 독서는, 그것을 수행하는 주체의 정체성을 구성하는 하나의 계기가 되었을 것이다. 이 장에서는 성소화에의 몰입이 주체를 어떻게 구성하는가에 대해 살펴본다. 성소화에 대한 독서 기록은 남성과 여성 모두 그것에 탐닉했음을 보여준다. 조선시대는 남성의 할 일과 여성의 할 일을 엄격하게 구분했기 때문에 남성과 여성 함께 몰두했던 일은 많지 않다. 소설을 읽는 것은 여성과 남성 모두 몰입했던 대표적인 여기라고 할 수 있다. 성소화의 독서는 그 가운데에서도 주체 위치에 따라 서로 다른 독해가 가능한 대표적인 활동이었다. 따라서 성소화 독서 과정에서 남성과 여성이 느꼈던 정서를 재구하는 것은 독서 활동이 성적 정체성을 어떻게 구성하는가를 살피기 위해 꼭 필요한 작업이다.

성소화는 음담 · 외설담 · 육담 등으로 불리는 것으로, 소화의 하위 갈래 중 하나이다. 성소화에 관한 연구 성과는 매우 부진한 형편이다. 학계에까지 작용하는 성을 금기시하는 풍토를 극복하고 여기에 내재한 문학적 가치와 의미를 부각시키려는 연구가 시작된 것은 최근의 일이다. 가장 대표적인 성소화에 관한 기존 논의는 민속학회에서 이루어진 일련의 발표를 책으로 엮은 『한국육담의 세계관』이다. 여기에는 '육담'에 관한 일반론과 개별 논의들이 실려 있다.[1] 이 가운데 이 장의 논점과 관련이 있는 논의들은 다음과 같다.

먼저 김영진[2]은 '육담'의 용어와 개념, 소재와 기능, 내용과 어법, 형식과 구조 등에 관해 개괄하고 한국 '육담'의 특징을 정리한다. 임재해[3]는

1 『한국 육담의 세계관』의 논자들은 과거의 '육담'과 현대의 '육담', 문헌 '육담'과 구전 '육담'뿐만 아니라 고소설, 판소리, 사설, 민요, 속담과 상말, 서낭제의, 전통놀이 등 다양한 장르에 나타난 성적 표현을 정리하고 그것들을 통해 지역적 특성을 연구하기도 하였다.

2 김영진, 「한국육담개론」, 김선풍 외, 『한국 육담의 세계관』, 국학자료원, 1997.

3 임재해, 「우리시대 육담들에 나타난 '성'의 형상화와 '성'문화의 양상」, 앞의 책.

현대 '육담'을 대상으로 서사 구조를 분석하고 양식적 유형을 나누었으며 어휘 차원에서 성소화가 가지는 특성을 고구하기도 했다. 김종대[4]는 『한국구비문학 대계』의 성소화들을 대상으로 성소화의 유형을 구분한 다음, 성소화들이 단순한 흥미 추구만이 아니라 성교육의 방식이었다는 데에서 성소화의 의의를 찾았다. 김영진과 임재해의 논의가 개괄적이고 형식적인 차원의 성과에 좀 더 초점을 맞춘 것이라면 신동흔[5]의 연구는 문헌 '육담'과 구전 '육담'을 비교함으로써 구별되는 성의식을 추출하는 데 관심을 가진다. 문헌 '육담'에서는 남성의 비정상적인 성행위—겁간과 간통—가 은연중에 정당한 것으로 변질되는데, 이는 남성 중심의 왜곡된 성의식을 보여주는 것이다. 반면 구전 '육담'에서는 애정의 요소가 상대적으로 두드러지며, 여기에는 문헌 육담보다 건강하고 인간적인 성의식이 나타나 있다고 본다. 한편 민속학회의 발표와는 별개로 이강엽은 『한국구비문학 대계』의 '바보 음담'을 사회문화적 맥락 속에서 연구하였다. 그는 성소화의 기능에 초점을 맞추면서 향유자들이, 꾀를 내어 상대를 성적으로 유린하는 '농락담'을 통해서 일시적으로나마 성적 억압에서 벗어나는 경험을 하게 되며, 성기나 성행위를 묘사하는 이야기를 통해서는 일종의 대리만족으로서 심리적 쾌감을 얻는다고 하였다.[6]

신동흔과 이강엽의 논의는 성소화의 유형이나 형식적 특성을 고찰하는 데에서 한걸음 더 나아가 성의식을 추출하고, 사회문화적 맥락 속에서 성소화의 기능을 자리매김한다는 점에서 이 장의 논의와 상통하는 지점이 있다. 더 나아가 이 장에서의 논의는 성소화 텍스트뿐만 아니라 음란한 저작들이 읽힌 콘텍스트를 함께 고려하는데, 콘텍스트는 텍스트의 의미

4 김종대, 「성이야기의 유형과 민중들의 의식지향」, 앞의 책.

5 신동흔, 「문헌 육담과 구전 육담에 담긴 성의식」, 앞의 책.

6 이강엽, 「바보성소화의 사회문화적 해석」, 『한국민속학』 33집, 2001, 214면.

를 보충하거나 확인하는 수동적 역할만 하는 것이 아니기 때문이다. 콘텍스트와 텍스트는 때로 충돌하기도 하며, 그 과정에서 콘텍스트는 텍스트를 새롭게 해석하도록 촉구하기도 한다. 콘텍스트와 텍스트를 함께 볼 때 독자(청자)와 작가(화자)가 처한 시대 문화적 상황의 재현적 가능성이 극대화될 수 있다.[7] 특히 성소화 연구에서는 이런 방식이 꼭 필요한데, 조선시대 '성소화'의 향유는, 성에 대한 도덕적 규범을 벗어나거나 어기는 실천이기 때문이다.

성소화 향유자들이 텍스트와 규범 사이에서 느꼈을 정서는 성별에 따라 다를 것이다. 성소화 텍스트 자체가 남성과 여성 모두의 쾌락과 웃음을 동등하게 고려하고 있는 것이 아닐 뿐만 아니라, 독자로서 텍스트에 대한 반응도 성별에 따라 다르고, 현실 속에서 취해야 할 성에 관한 입장 또한 다를 것이기 때문이다. 이런 이유로 이 장에서 텍스트 해석과 콘텍스트에 대한 고려는 관계하는 주체들의 성적 차이를 전제하고 진행된다.

이 장의 주 연구 대상은 성소화의 집대성이라고 할 수 있는 두 종류의 『고금소총』, 즉 동양문고본 『고금소총』과 민속자료간행회본 『고금소총』[8]

7 텍스트와 현실의 행복한 결합은 콘텍스트에 기반을 두는 해석 활동에 의해 가능하다. 따라서 콘텍스트에 기반을 두는 해석은 텍스트를 현실에 적용하는 결과라고 말할 수 있다. 이러한 해석이 풍요롭다면, 그것은 현실이 무한하게 다양하기 때문이다. 박상진, 「열림, 컨텍스트, 해석의 한계」, 한국기호학회, 『언어와 기호』, 문학과지성사, 1999, 65면.

8 『고금소총』은 고금의 우스운 이야기들을 집대성한 작품집에 붙이는 이름이다. 이 두 작품집은 같은 이름을 가지고 있기는 하지만 그 구성에 있어서 완전히 다르다. 동양문고본 『고금소총』에는 어우야담 · 고담기문 · 잡곡필담 · 종남총지 · 천예록 · 명엽지해가 수록되어 있고 민속자료간행회본 『고금소총』에는 태평한화골계전 · 촌담해이 · 어면순 · 속어면순 · 명엽지해 · 파수록 · 어수신화 · 성수패설 · 진담록 · 기문 · 교수잡사가 수록되어 있다. 여기에서 참고한 자료는 다음과 같다. 강희맹, 『촌담해이』, 고려대본(김기동 편, 『한국문헌설화전집』 7, 1981); 서거정 저, 박경신 대교 · 교열, 『대교 · 교열 태평한화골계전』 1, 2(국학자료원, 1998); 성여학, 『속어면순』, 고려대본(김기동 편, 『한국문헌설화전집』 7, 1981); 작자 미상, 『파수록』, 서

이며 필요할 경우 다른 문헌 자료들을 보조적으로 활용하기로 한다.[9]

2. 부재하는 남성의 쾌락, 넘치는 여성의 쾌락

『고금소총』에는 오로지 성을 위하여 존재하는, 성적 욕망을 충족시키기 위해서 때와 장소, 수단과 방법을 가리지 않는 '성적 인간', 즉 색골들이 자주 등장한다. 이들은 양반과 여종일 수도 있으며, 홀아비와 과부, 중과 아낙일 수도 있고 드물지만 부부일 수도 있다. 뿐만 아니라 성소화에는 다른 고전 작품에서는 찾아보기 힘든 다양한 결합, 가령 할머니와 소년, 남자와 남자의 성적 만남도 등장한다. 사농공상(士農工商), 남녀노소 할 것 없이 모두가 성에 탐닉하는 것이다.

그럼에도 불구하고 성소화에 나타나는 남성과 여성은 힘의 불균형 상태에 있다. 그러한 불균형이 가장 두드러지는 것은, 남성이 상대 여성을

울대본(김기동 편, 『한국문헌설화전집』 7, 1981); 홍만종 저, 정용수 역, 『고금소총 · 명엽지해』(국학자료원, 1998); 홍만종 저, 『명엽지해』, 동양문고본(김기동 편, 『한국문헌설화전집』 7, 1981); 신귀선 · 유화수 · 이월영 역, 『고금소총』(한국문화사, 1998); 조영암 역, 『고금소총』, 신양사, 1962; 송세림 저, 윤석산 역, 『어면순』, 문학세계사, 1999.

9 1947년 송신용(宋申用)은 『조선고금소총』(朝鮮古今笑叢)이라는 제목으로 『어수록』(禦睡錄), 『촌담해이』(村談解頤), 『어면순』(禦眠楯)을 묶어서 정음사(正音社)에서 출판했다. 또 1959년에 민속자료간행회에서 『고금소총』을 간행하였는데, 이 속에는 서거정(徐居正)의 『태평한화골계전』(太平閑話滑稽傳), 홍만종(洪萬宗)의 『명엽지해』(蓂葉志諧), 송세림(宋世林)의 『어면순』(禦眠盾), 성여학(成汝學)의 『속어면순』(續禦眠盾), 강희맹(姜希孟)의 『촌담해이』(村譚解頤), 장한종(張寒宗)의 『어수신화』(禦睡新話), 그밖에 편찬자 미상의 『파수록』(破睡錄), 『기문』(奇聞), 『성수패설』(醒睡稗說), 『진담록』(陳談錄), 『교수잡사』(攪睡雜史) 등 모두 789편의 소화가 수록되어 있다. 『고금소총』에 실린 자료들 가운데에서도 성소화를 실은 비중이 저마다 다르다. 『어면순』, 『속어면순』, 『촌담해이』, 『기문』에는 성소화가 대부분이고, 『어수신화』, 『진담록』, 『성수패설』, 『교수잡사』에는 성소화가 전체의 3분의 1 혹은 3분의 2 정도이다. 반면 『태평한화골계전』, 『파수록』, 『명엽지해』에는 성소화가 거의 실려 있지 않다.

유혹하여 강압적인 관계를 맺는 강간 이야기에서이다.

한 놈이 해가 높도록 이불을 끼고 홀로 누워 자는데 조개젓 파는 여자 상인이 "조개젓 사시오" 하고 그 집에 들어왔다. 그 놈이 문틈으로 내다보니 조개젓 장수의 외모가 반반하여 가히 씀직 하거늘, 가짜로 끙끙 앓으면서 여자 상인에게 말했다.

"내가 병들어 자리에 누워 일어날 수 없으니 조금도 꺼림칙하게 여기지 말고 방에 들어와서 그릇에 조개젓 두 푼만 두고 가시오."

여자 상인이 의심치 않고 그 방에 들어간 즉, 그놈이 벌거벗은 몸으로 크게 뭍건[腎]을 일으켜가지고 여인을 끌어안고 이불 속으로 들어가 맹렬히 하는데, 여인이 말하였다.

"이게 무슨 일이오? 흉악하기도 해라. 흉악하기도 해라."

그러나 그 흥취가 도도한지라 연이어 "흉악, 흉악" 하는 소리가 끊이지 않았다.

일을 마친 뒤에도 노상 흉악 소리가 끊이지 않다가, 여자 상인은 조개젓 통을 이고 문을 나서면서 외쳤다.

"흉악한 조개젓 사려."[10]

어떤 중이 길에서 우연히 여자를 만났는데 범하려고 하여도 방법이 없었다. 중은 여자의 뒤를 따라가며 이렇게 꾸짖었다.

---

10 一漢 日高擁衾獨宿矣 蛤醢女商 入其家問曰 蛤醢買之乎 厥漢 以窓間視之 則醢商外貌可用 假以呻吟聲 謂商曰吾病臥不能起 少無嫌焉 入此房持此器 置蛤醢二分言 厥商信之無疑 入其房則厥漢以赤身 大撑腎而突起 抱其女而入衾猛爲之 厥女曰 此何事也 凶惡哉凶惡哉 及其興滔則連呼凶惡 口不絶聲 事畢後 亦口不絶 凶惡之聲 載醢桶出其門而呼曰 買凶惡醢.『성수패설』, 〈흉악해상〉(凶惡醢商)

"여보, 아가씨! 어찌 길에서 방귀를 뀌시오?"

여자는 어이가 없어 화를 내며 중에게 욕을 해댔지만 중은 재삼 억지로 시비를 걸었다. 그러나 여자가 승복할 리가 없는지라 중이 속임수로 말했다.

"영험한 부처님이 저기 계시니, 함께 가서 물어봅시다."

여자는 꼭 사실을 가려야겠다 싶어 함께 갔는데, 중이 부도(浮屠) 앞의 후미진 곳으로 가더니 여자를 친압하며 지극히 음탕하게 놀았다. 일을 마치고 함께 돌아가는 도중에 여자가 돌아보더니 중에게 말했다.

"저 또 방귀 뀌고 싶은데요."[11]

이 성소화들에서 남성들("한 놈", "중")은 모두 여성들과의 관계를 위해 여성들을 은밀한 곳으로 유도하며 여성들은 별 의심 없이 그들의 속임에 넘어간다. 여성은 처음 만난 남성과 강제적으로 성관계를 맺는다.[12] 분명한 강간이지만 여성은 관계를 맺으며 매우 만족한다. 처음에는 강압적이지만 마지막에는 여성도 호응하는 것으로 나타나니, 강간(强姦)으로 시작해서 화간(和姦)으로 끝난다고 말하는 것이 정확하겠다. 조개젓 장수는 그 흥을 잊지 못해 조개젓을 팔면서도 "흉악한 조개젓"을 사라고 흥얼대고, 방귀를 뀌지 않았다고 성내던 여자는 방귀를 또 뀌고 싶다는 엉큼한 청을 하기에 이른다. 강간을 다루는 성소화에서는 성관계를 가진 뒤 갑자기 변한 여성의 태도가 웃음을 유발하는 요소로 작용한다. 성의 유혹

11 一僧路遇女人 欲奸而無策 從女後責之曰 娘何放屁 女怒甚罵僧 僧强詰再參 女猶不服 僧曰 有靈佛在皮 可偕往質之 女欲辨之 與僧俱往 僧乃至浮屠前僻處 狎之極淫 仍與偕還 女於回路顧謂僧曰 吾欲更放屁乎.『속어면순』, 〈여청재비〉(女請再屁)

12 신동흔은 성에 대한 남성의 시각이 이들 이야기에 일방적으로 투영되고 있다고 하면서, 특히 '겁간'(劫姦)을 화제로 삼고 있는 이야기들을 통해 그 근거를 제시했다. "그들은 일방적이고 비인간적인 성적 폭력을 은연중에 자연스럽고 정당한 일로 탈바꿈시키고 있는 것이다. 그것은 여성을 성적 쾌락을 위한 정복의 대상으로 보는, 성적 만족의 수단으로 보는 태도를 정당화하고 조장하는 논리이다"라는 것이다. 신동흔, 앞의 책, 98~100면.

에 정신을 차리지 못하는 여성들이 웃음 대상자(comic butts)[13]가 된다고 할 수 있다.

이렇게 강간을 다루고 있는 성소화들에서 가장 웃음을 야기하는 부분은 여성들의 말이다. 성소화의 여성들은 성적으로 흥분해서 말을 제대로 잇지 못하거나, 성적 만족감을 비유적으로 표현한다. 강간을 소재로 한 이야기뿐만 아니라 간통을 소재로 성소화, 부부관계를 소재로 한 성소화들에서도 성에 도취한 여성들의 말은 웃음을 유발한다.

> 과부가 계집종을 보내어 동침하게 했다. 함환할 즈음에 이르러 소 주인이 이렇게 말하였다. "양물을 넣고 방사를 마칠 때까지, 오로지 아우롱/어우롱 두 가지 말만 차례로 읊어라. 그 사이에 다른 말은 없는 연후라야 소를 빌려줄 텐데, 그렇게 할 수 있겠느냐? [……] 함께 방사를 행하는데, 처음에는 그 말대로, 양물을 넣을 때에는 '어우롱'이라 하고, 빼낼 때에는 '아우롱'이라고 하였지만 흥이 달아오르자 '어롱 어롱'을 연거푸 부르더니, 이어서 '알알'만 옹알거리다 일을 마쳤다.[14]

> 한 어린 처녀가 시집을 갔는데 그의 유모가 가만히 물었다.
>
> "엊저녁 그 맛이 어떠합니까?" [……] "나는 실상 아직도 그 극미를 알지 못하

---

13 웃음을 유발하는 사람이 있는가 하면 웃음을 사는 사람이 있다. 희극 이론에서는 이들을 구분하는 전문 용어가 있는데, 웃음을 주려는 의도를 가지고 있는 인물인 웃음 유발자(comic heroes), 의도와 상관없이 웃음의 대상이 되는 인물인 웃음 대상자(comic butts)가 바로 그것이다. Michael Kelly ed., *Encyclopedia of Aesthetics*, Oxford University Press, 1998, p. 401.

14 寡女送婢同宿 及至講歡 牛主曰 自納鳥至畢 惟以阿籠牛於籠牛兩言循次誦之 無間他辭 然後吾當借牛 汝可能之乎 盖俗語以小班爲阿籠 大班爲於籠 以其牛色班故戲之 婢與行事始則女其言 納時則曰 阿籠牛 出時則曰 於籠牛 至興酣 疊呼於籠於籠 仍至閼閼而畢. 『속어면순』, 〈알알서실〉(閼遏胥失)

겠습니다."

"아씨가 낭군과 함께 일을 시작할 때 내가 멀리 서서 물건 하나를 보일 테니 만일 아씨가 능히 그 물건을 가리어 알 수 있으면 그 맛을 모른다는 것을 알 수 있을 겁니다."라고 하고는 서로 약속을 한 후 어느 날 부부가 서로 친압하는데 그 흥이 무르익을 때를 타서 유모가 진짜 물고기를 들고 멀리 서서 보이며 "이 물건이 무엇입니까?" 한즉 아가씨가 바야흐로 정신이 혼미하고 넋은 허탕하여 샛눈으로 보면서 "내가 어찌 모르겠소. 그게 새로 갈은 칼이지."[15]

"아우롱", "어우롱"을 말하겠다고 약속한 계집종이나, 성관계의 재미를 알지 못한다고 말한 새신부는 결국에는 자신들의 장담과 달리 성적 흥분 속에서 말을 제대로 잇지 못하거나 정신을 차리지 못한다. 반면 성소화에 남성들의 성적 쾌감은 나타나지 않는다. 〈흉악해상〉에서 조개젓 장사를 유인한 놈팡이도, 〈여청재비〉에서 방귀를 뀌었다며 여성을 유인한 음탕한 중도, 소를 빌려준다는 조건으로 한 집의 여주인, 계집종과 모두 관계한 소 주인 그 누구도 쾌감을 외치거나 고백하지는 않는다. 물론 서술자가 '운우지락'을 나누었느니, 극음을 누렸느니, 온갖 즐거움을 맛봤느니 하는 말들로 중개하기는 하지만 이들 여성의 경우처럼 남성들의 말과 행동이 뚜렷하게 생중계되지는 않는 것이다.

반면에, 여성들이 성적 관계에서 만족을 느끼는 순간을 말로 형상화한 성소화들은 많다. 여성들은 성관계 맛을 달콤한 밀과보다 더한 것으로 말하기도 하고, 성관계를 통해 오래 쌓아두던 음심을 해소하여 병이 치유되

15 一少婦 新嫁 乳母私問曰 昨夜厥味如何耶 [……] 吾則實未知其極美耳 乳母曰然則小姐與郎 講歡之時 吾當遠立 是以某物也 小姐能辨其某物 則非矯情 可知也 相約之後日 夫婦相狎 乘其興濃之時 乳母特生眞魚 遠立示之曰此何物耶 婦方在神迷魂湯 睨視而答曰 吾豈不知已 則新磨刀. 『기문』 〈인어위도〉(認魚爲刀)

기도 한다.[16] 드물기는 하지만 남성들의 성적 쾌감이 강조되어 나타나는 이야기가 아예 없는 것은 아니다. 그렇다고 해서 성소화에서 남성과 여성의 쾌감이 동등하게 고려되고 있다고 할 수는 없다. 성소화에서 성적 쾌감을 말하는 대부분의 남성들은 노인이거나, 방사를 모르는 바보다.[17]

'일반적인 남성', 즉, 젊고 바보가 아닌 그런 남성을 이야기 속의 '주체'로 상정해볼 때 노인과 바보는 여성과 마찬가지로 '타자'라 할 수 있다. 성소화에서 노인 · 바보 · 여성들은 모두 타자라고 할 수 있는데 이들의 성적 만족감은 주체들에게 응시의 대상이 되고 성적 만족을 표현하는 말들은 웃음의 대상이 된다.[18]

소화에는 대부분 '말해지지 않은 부분'이 있다. 웃음을 야기하도록 되어 있는 펀치라인(punchline)의 세부적이고 구체적인 의미가 바로 소화에서 의도된 빈 공간이라고 할 수 있다. 이 빈 공간을 채우는 것은 독자의 몫이다. 그런데 강간이나 간통을 소재로 한 성소화에서 이 빈 공간에 해

---

16 『속어면순』의 〈여언자미〉(女言滋美)에서는 두 시골 처녀가 약속하기를, 먼저 시집가는 사람이 그 맛을 알려주기로 하였다. 시집가지 않은 처녀가 시집간 친구에게 묻는다. "그 맛이 건너 마을 최서방네 집에서 만드는 제수용 밀과(密果)와 비교하면 어떻지?" "밀과의 맛이 비록 달다고 하지만 눈을 뜨고 먹는데, 그 맛은 두 눈을 저절로 감기게 하여 눈을 뜨려고 해도 뜰 수 없으니 밀과 맛과는 비교할 수가 없지." 심지어 성적 만족감은 여성의 병을 낫게 하기도 한다. 『기문』의 〈군시량의〉(君是良醫)에서 한 과부는 이웃 기생집의 질탕한 정사를 엿보고서는 끙끙거리기만 할 뿐 말을 하지 못하게 된다. 내막을 알게 된 이웃 할미는 홀아비에게 부탁하여 그 과부와 관계를 맺게 한다. 그러자 오래된 음심(淫心)을 깨끗하게 해소하여 말문이 트인 과부가 비로소 외친다. "그대가 진짜 의원이로다."

17 『성수패설』의 〈유명무실〉(有名無實)에서 어린 교전비와 관계하는 노인은 "좋고 좋도다."를 연발하며, 『기문』 〈궐서하재〉(闕書何在)에서 바보 신랑은 생질의 말에 따라 행동하다가 드디어는 방사의 즐거움을 터득하고 "내 또한 묘한 이치를 깨쳤도다."라며 즐거워한다.

18 그레이의 말처럼, "코미디는 '여성을 남성 응시의 대상으로써 뿐만 아니라 남성 웃음의 대상으로, 즉 보여지는 대상(to-be-looked at)이 아니라 웃음의 대상(to-be-laughed at)으로 규정하며, 여성은 창조성에서 겹겹으로 멀어지게" 되는 것이다. Frances Gray, *Women and Laughter*, Macmillan Press, 1994, p. 9.

당하는 의미는 대부분 여성이 왜 성관계 전과 후에 달라진 태도를 보이는가에 대한 물음에 대한 답으로 채워진다. 강간을 소재로 한 성소화에서, 여성이 남성보다 큰 쾌락을 느낀다고 생각되는 것은, 성관계 전과 후에 여성들이 대조적 태도를 보이기 때문이다. 여성들이 성관계 전과 후에 대조적 태도를 보이는 것은 무엇 때문일까? 그것은 바로 남성의 능력 혹은 정력 때문이다. 이렇게 여성을 만족시키는 남성의 능력 혹은 정력을 추론하게 되면, 성소화에서 '말해지지 않은 부분'이 비로소 채워진다.

이상을 통해 다음과 같은 정리가 가능하다.

남 : 녀
유혹자 : 유혹당하는 자
적극성(능동성) : 소극성(피동성)
응시하는 주체 : 응시의 대상
성적 쾌감의 부재 : 성적 쾌감의 표현

3. 남성들의 자극량 관리와 성적 정체성

같은 이야기에 대해서도 성별에 따라 다른 반응을 보일 수 있다. 챕맨(Chapman)과 갭필드(Gabfield)는 '성적 유머는 성차별적인 것인가?'라는 제목으로, 1976년에 성적 유머와 성적 가설 사이의 관계를 분석했다. 이들은 유머러스한 만화와 농담을 여성과 남성에게 보여주고 그들의 반응을 관찰하는 재미있는 실험을 했다. 서로 즐겁게 성교하고 있는 만화를 볼 때 남성과 여성의 반응은 비슷했다. 그러나 남성은 강간과 여성의 자위에 대한 농담을 듣고 여성보다 많이 웃었지만, 남성의 성적 무기력에 대한

만화를 보고는 웃지 않았다.[19]

성소화에서 재현은 성관계의 모든 국면을 포괄적으로, 객관적으로 보여주지 않는다. 남성의 성적 쾌락은 부재하며 여성의 성적 쾌락은 과장되는 것이다. 여성의 쾌락을 말하고 있지만 이런 장면은 여성의 쾌락을 생산하는 데 있어서 남성이 보여준 활약상에 대한 지표로 기능한다.[20] 성소화에서 성관계 묘사가 아무리 자세하더라도 성소화는 외설이라기보다는 소화이다.[21] 성소화에서 여성들의 성적 쾌락이 자주 묘사되기는 하지만 그것은 남성들의 성적 만족을 대체하는 것이며 궁극적으로 남성들의 웃음을 위한 것이라고 보아야 한다. 그러므로 대부분 성소화의 내포 독자, 즉 성소화의 전략 대상은 남성으로 볼 수 있다.

성소화의 재미가 남성들을 조준하여 마련되었다는 텍스트 내적 사실에도 불구하고, 실제 텍스트의 독자들 가운데에는 여성들이 다수 있었다. 19세기 문인이었던 홍길주(洪吉周, 1786~1841)는 『수여연필』(睡餘演筆)에서 "어린아이나 부녀자들이 전하는 『어면순』은 어느 것 하나 중국 사람이 편찬한 패서(悖書) 가운데 실리지 않은 것이 없다"[兒童婦女所傳之禦眠楯[卽所謂古談, 俗稱俚牙其] 無不載於中國人召輯悖書之中]며 한탄한다.[22]

그렇다면 여성 독자들은 성소화 텍스트를 읽으면서 남성과 다른 어떤 것을 느꼈을까. 성소화 텍스트 내에서 남성과 여성은 서로 다른 역할을

---

19 A. Chapman and C. Gabfield, "Is Sexual Humour Sexist?", *Journal of Communication*, Summer 1976, pp. 141~153.

20 엘리자베스 그로츠 저, 임옥희 역, 『뫼비우스 띠로서 몸』, 도서출판 여이연, 2001, 378면.

21 임재해, 앞의 책, 28면.

22 정민 외 역, 『19세기 지식인의 생각 창고: 홍길주의 수여방필 4부작』, 돌베개, 2006, 129~130면. 우리나라의 성소화들이 모두 『소림광기』(笑林廣記)와 같은 중국 책에 실려 있다고 한 홍길주의 논의는 주목할 만한 것이다. 그러나 중국 소화와 우리나라 소화의 친연성 혹은 영향 관계에 대한 논의는 성소화의 구조와 실제 해석의 관계를 논하는 이 장의 논의와는 별개로 이루어져야 할 것이다.

한다. 텍스트의 '말해지지 않은 부분'을 메우는 데에 있어서는 성별에 관련 없이 거의 유사한 의미를 생산해낼 것이다. 펀치라인의 의미는 마치 객관식 답안처럼 규정되어 있어서, 그것을 알 수 있어야 웃을 수 있다. 그러나 성규범과 관련하여 남성과 여성이 처한 상황이 다르다는 조선시대 현실의 한 지점을 염두에 두고 보면 성소화 텍스트가 독자들에게 읽힐 때 독자들은 자신의 성별에 따라 다른 반응을 보였으리라는 추정이 가능하다. 성소화를 통해 자신들의 성적 태도나 성에 대한 생각에 영향을 받을 수도 있으며 이 과정이 성별에 따라 다르게 진행될 가능성이 있는 것이다.

조선시대, 성도덕은 유교 경전을 통해 찾아볼 수 있다. 유가는 '먹고 즐기는' 몸의 욕망은 본래적인 것이므로, 그것의 추구는 인정되어야 한다는 것에 동의하고 있다. "음식(식욕)과 남녀(성욕)는 인간의 가장 기본적인 욕망"(飮食男女 人之大欲存焉, 『禮記』, 「禮運」)이라는 말은 몸이 갖는 자연 기능을 인정하는 것이다. 유가에서는 식욕과 성욕 같은 몸의 요구가 결코 악의 근원일 수 없다.[23] 유교의 전통이 성의 쾌락 자체를 악으로 규정하지는 않기 때문에 문제는 그 쾌락을 어떻게 관리하는가에 대한 것이다. 이 부분에 대해서는 조절과 조화가 가지는 미덕에 대한 강조를 통해 시사받을 수 있다. "즐거움이 지나치지 않고 슬픔이 마음을 상하게 하지 않는다"[樂而不淫, 哀而不傷]는, 공자가 읽은 시 「관저장」(關雎章)의 소감[24]을 염두에 두고 보면, 극단적인 쾌락을 피하는 것이 유가에서 권장하는 성적 태도라고 짐작해볼 수 있다. 그리고 이 모든 것은 남성들에게만 해당되는 것이다.

23 이숙인, 「유가의 몸 담론과 여성」, 한국여성철학회, 『여성의 몸에 관한 철학적 성찰』, 철학과 현실사, 2000, 124~125면.

24 이숙인, 「'貞淫'과 '德色'의 개념으로 본 유교의 성담론」, 『철학』 67집, 한국철학회, 2001, 여름호.

즉 남성들만이 성도덕의 주체가 될 수 있으며, 성적 쾌락을 조정할 수 있는 것이다.

조선시대 일반적인 성도덕과 성소화가 야기하는 간접적인 성적 쾌감 사이에서 남성 독자들이 어떤 혼란을 느꼈을 것이라고 보기는 어렵다. 성소화는 어디까지 성소화로, 도덕적 규범은 도덕적 규범으로 병행시키는 것에 별 무리가 없었을 것이다. 성소화는 있을 법한 이야기들로, 개인적인 즐거움을 탐닉하는 데 도움을 줄 뿐이며, 이들이 성소화를 읽었다고 해서 규범을 가볍게 여기거나 규범을 어기게 된다고 볼 수는 없다. 그러나 우리의 정체성이 여러 가지 상황을 통해 구성되는 것이라고 할 때 우리는 서로 모순되는 상황에서 이들이 가졌을 법한 정서와 감정들을 고구함으로써 이들의 정체성을 재구성해볼 필요가 있다.[25]

남성들이 쾌락의 주체로 등장하는 대부분의 이야기에서 이들은 쉽게 감정이입이 가능했을 것이다. 『고금소총』에서 자주 만나게 되는 스토리인 강간은, 남성들이 여성들보다 즐거움을 느끼는 사건이라는 것, 담화상에서 나타나는 성관계에서 주로 재현되는 것은 남성의 쾌락이 아니라 여성의 쾌락이지만, 이것은 남성 활약의 지표로서 기능하는 것이며 궁극적으로는 남성들의 성적 쾌감을 자극하고 남성의 웃음을 야기하는 기능을 하고 있음을 앞서 언급하였다.

현실의 성관계에서 성적 쾌감의 조정은 적절한 성적 대상과의 관계, 건강을 해치지 않는 성관계를 통해 조정이 가능하다.[26] 그렇다면 성소화와

25 자크 라캉은 통일성 있고 일관된 주체라는 개념을 전적으로 거부한다. 한 개인이 여러 주체 위치(subject position)를 가질 수 있고 이들의 관계는 서로 모순적일 수 있기에, '정체성'(identity)은 여러 주체 위치들의 상호 작용으로 볼 수 있다. 대니얼 챈들러 저, 강인규 역, 『미디어 기호학』, 소명출판사, 2006, 292면.

26 이중티엔은 중국인의 성에 관한 태도를 분석하면서 성관계의 대상과 성생활의 정도를 가지

같은 텍스트가 야기하는 간접적 성적 쾌감의 조정은 어떻게 이루어지는 것일까? 우선, 간접적 성적 쾌감을 조정한다는 것은 무엇을 의미하는 것일까?

> 음란함을 가르치는 책은 사람의 심성을 해치니 절대로 읽어서는 안 된다. 이 같은 책들은 대체로 음란한 사람이 금세 재앙을 받게 됨을 상세히 서술하여 권계를 드러낸다. 그러나 바야흐로 음란함을 묘사한 대목을 읽을 때에는 이미 마음이 움직임을 깨닫게 되더라도 마음으로 수긍하지 말고 그 다음 단계에서의 재앙과 실패를 경계로 삼아야 한다.
>
> 태초가 말했다.
>
> "성인께서 음란한 시를 남겨둔 것은 그 뜻이 징창(懲創)하는 데 있다. 그래서 '상중에서 나를 기다리다가, 상궁으로 나를 맞으시네'를 읽을 때마다 망연자실하지 않을 수 없어 이렇게 말하곤 했다. '저 사람은 누구길래 저러하며, 어찌 나만 홀로 이처럼 기이한 인연을 만나지 못했단 말인가? 바야흐로 이때에는 '징창'이란 두 글자는 몇 만 리 아득한 구름 하늘 밖에 내던져져 생각도 나지 않았다.[27]

이 글 전체는 음란한 글 읽기에 대한 원칙(이상)과 실제(실천) 사이의 모

고 음탕함에 대해 언급한다. 특히 이중티엔은 여자의 음탕함을 두 가지 면에서 고찰한다. 하나는 남편 이외의 남자와 성적 관계를 가지는 것이고, 다른 하나는 남편과의 성생활에서 그 정도가 지나친 것이다. 이중티엔 저, 홍광훈 역, 『중국의 남자와 여자』, 법인문화사, 2000, 231면. 이중티엔의 고찰은 여성의 음란함에 관한 것이지만, 그가 제시한 기준은 남성과 여성 모두에게 적용 가능하리라고 본다.

27 誨淫之書 害人心性 決不可觀 此等書 固未詳不詳敍淫人之速禍 以自託於勸戒 而方讀其敍淫處 已覺歆歆然心招未肯 以後段之禍敗爲戒也 太初曰 聖人存淫詩 意在懲創 而每讀 期我乎桑中, 要我乎上宮 未嘗不茫然自失曰 彼何人斯 胡獨使我 未會遇如此奇緣 方是時懲創二字 不知拋在幾萬霄雲外. 홍길주, 『수여난필』(정민 외 역,『19세기 지식인의 생각 창고: 홍길주의 수여방필 4부작』, 돌베개, 2006, 276면).

순을 보여준다. 원칙적 관점에서, 음란함에 마음이 움직이는 것 자체가 잘못된 것은 아니다. 마음이 움직이는 것을 방치하고 따르는 것이 잘못된 것이다. 마음의 움직임을 붙잡아줄 수 있는 의지적 노력의 핵심에는 '징창'(懲創)이 있다. 이것은 바로 텍스트의 사건, 성적 사건을 도덕적 관점에서 해석해내는 것을 말한다. 그러나 이러한 원칙의 존재에도 불구하고 '태초'라는 인물은 마음의 움직임을 제어하지 못한다. "저 사람은 누구길래 저러하며, 어찌 나만 홀로 이처럼 기이한 인연을 만나지 못했단 말인가?"라는 생각은 곧 텍스트의 성적 사건을 곧 자기의 일로 대입해보면서 생성되는 것이다.

성소화에는 남성들의 욕망이 투영된 성적 대상들이 출몰하고 있고, 텍스트는 그들과 자신을 동일시하기 쉽도록 구조화되어 있다. 남성들의 성적 자극을 조준하고 있는 성소화 독서에서, 문제는 그 자극량을 관리하는 것이다. 성소화의 사건들을 도덕적 관점에서 해석해내려는 시도들이 논평부에 남아 있는 것은 바로 이런 맥락에서 살펴볼 수 있다. 『속어면순』의 〈처녀선습〉(處女先習)은 처녀가 시집가서 해야 할 일을 익히도록 해주겠다는 이웃집 남자의 꼬임에 빠져서 그 남자와 성적 관계를 가지다가 첫날밤에 신랑을 이웃집 남자로 착각한 여자의 이야기이다. 〈처녀선습〉의 논평부는 "이로써 볼진대 군자는 혼자 있을 때에 삼가야 하는 것이다."[是以君子必愼其獨]라고 하면서, 여자의 행동에 비추어 군자가 가져야 하는 몸가짐을 밝히고 있다. 처녀의 그릇된 행동을 '통해' 군자의 올바른 행동에 대해 생각해보는 것이다. 또한 『속어면순』의 〈힐녀방마〉(詰女放馬)는 함께 투숙한 선비가 마음에 들어 말을 풀어놓고 남편이 그 말을 찾으러 간 틈에 선비와 정사를 나누는 유부녀의 이야기이다. 〈힐녀방마〉의 논평부는 소인이 임금을 속이는 것 역시 여자의 행동과 비슷하다고 말한다.

그러나 대부분의 남성들이 성소화를 도덕적 관점에서 읽어내는 데 성공할 수 있을 것 같지는 않다. 이런 관점의 전이 대신, 그들은 성소화의 사건들을 자신들의 일로 상상적으로 대입하는 데 더 익숙할 수도 있다. 텍스트의 층위를 도덕적 층위가 아닌, 현실의 성적 층위로 전환시키는 것이다.

이때 남성들의 정체성은 성적 규범을 더 염두에 두는가 아니면 심적 쾌감에 더 충실한가에 따라서 달라지게 된다. 쾌감을 관리하는 데 성공하기 위해서는 텍스트의 성적 층위를 통해 도덕적 층위를 구성할 수 있어야 한다. 반대로 텍스트의 층위를 현실의 성적 층위로 전환시키게 되면 쾌감을 관리하는 데 실패하게 된다. 성소화를 읽는 남성들의 쾌감의 관리는, 그들이 텍스트의 독서 도중에 어떤 '전환'을 하게 되는가에 따라, 즉 전환의 종류에 따라 성공하기도 하고 실패하기도 하는 것이다. 이 성공과 실패 가운데 어떤 경험이 주를 이루는가, 즉 어떤 경험이 반복되는가에 따라 남성들은 성적 쾌감보다는 도덕률에 엄격한 정체성을 구성할 수도 있고, 성적 쾌감에 민감하며 도덕적으로는 다소 느슨한 정체성을 구성할 수도 있다.

4. 여성들의 안락함의 추구와 성적 정체성

조선시대 남성들은 성적 쾌락의 주체였으며, 성적 쾌락을 조절해야 하는 주체였다. 잘 알려진 것처럼 여성들에게는 성적 쾌락 자체가 금지되어 있었다.[28] 성과 관련한 여성의 태도는 정녀(貞女)와 음녀(淫女)의 양극단만

28 이중티엔은 중국 남녀의 전통적인 성에 대해 연구하면서, 성적인 면에서 덤덤하거나 무능한 것이 이혼의 사유가 되지 못할 뿐만 아니라 오히려 사회적으로 칭송을 받는 조건이 될 수도

이 허용되는 것이었다. 여성은 성적 쾌락의 대상으로만 규정된다. 예를 들어, 성적 욕망을 의미하는 용어인 '색'(色)은 대부분의 경전에서 '여색'(女色)을 의미한다. 남성들의 입장에서만 여성들의 미와 여성들의 기능을 물화(物化)할 수 있었다.[29]

성적 대상으로만 규정지어지는 현실 여성의 존재는 텍스트에도 그대로 반영된다. 그리고 바로 그 점을 통해 여성 독자들이 가지는 정서가 재구될 가능성이 있다. 성소화에서 여성들은 대부분 남성들의 유혹을 통해 관계를 가지며 관계 후에 비로소 자신들의 성적 쾌감을 깨닫게 된다. 여성들이 가지는 욕망은 본능적인 것이 아니라 남성에 의해 유발된 것이다. 여성들은 쾌감의 조정자가 아니라 수동적으로 쾌감을 느끼는 대상이 될 뿐이다. 그러나 역으로 이러한 대상으로서의 위치, 수동적 위치를 통해, 독자로서의 여성들은 강간과 간통의 이야기를 편안하게 수용했을 가능성이 있다. 성소화의 많은 여성 등장인물들은, 적어도 관계를 하기 전까지는 본래적 성적 욕망이 없는 것처럼 구현된다. 여성의 욕망을 부정하는 유가적인 전통 속에 위치한 실제 여성들은 자신과 그들을 쉽게 동일시할 수 있고, 사건의 폭력성에도 불구하고 의외로 안락함의 감각을 느끼며 강간과 간통 이야기를 읽을 수 있는 것이다.

또한 독서 과정에서, 여성 독자들은 소화의 여성 등장인물의 행동에 대해, '순종'이라는 윤리적 규범으로 해석할 수도 있다. 여성들의 성적 욕망에 대한 규제가 따로 없는 상황에서 일반 규범이 성적 규범을 대체할 가능성도 있기 때문이다. 그럴 경우에도 역시 이들의 성소화 텍스트의 독서는 안락함의 감각을 북돋우게 된다. 그리고 바로 이런 감각이 여성들을

있었다고 언급했다. 또한 여자가 성적인 면에서 냉담한 반응을 보이는 것은 '음탕하지 않다'는 증거가 될 수 있었다고 말한다. 이것은 조선 사회의 경우도 마찬가지이다.

29 이숙인, 앞의 논문, 21면.

강간과 간통이 난무하는 『어면순』 같은 서적에 탐닉하게 하는 기제가 될 수 있다.

남성들이 등장인물들과 동일시를 하는 것처럼, 이런 안락함 속에서 실제 여성들 역시 성소화에 등장하는, 남성에게 유혹되기를 바라는 여성들의 상을 내적으로 구현할 수 있었을 것이다. 이들의 독서는, 남성들은 강하고 적극적이며, 여성들은 약하고 소극적이라는 가부장적 이데올로기를 스스로 실천하는 행동이라고 볼 수 있다.[30]

그러나 과연 여성들의 성소화 독서는 가부장적 이데올로기를 실천하는 체제 내적 성격만을 가지고 있었을까? 사실 이들이 성소화 텍스트가 만들어내는 의미에 저항하는 것은 어려웠으리라 생각된다. '성소화'는 재미를 위해서 읽힌다. 오락을 위한 독서 과정에서, 대항적 해석[31]을 생산해내는 일은 꼭 필요하지 않다고 생각될 수도 있다. 그러나 『어면순』 같은 패관잡서에 여성들은 열렬히 몰두하였다. 이 몰두의 행위 자체가 다른 해석의 가능성을 제공한다.

> ① 조선에서는 부녀에게 언문만 가르치고 문자 한문을 가르치지 않아서 음경불사한 소설을 읽고 그것을 사실로 믿으니 개탄할 일이다. 조선에서 이러한 소설을 금하고 반드시 효경, 소학, 여사서를 가르쳐 정도를 알게 해야 한다.[32]

---

30 이들의 정체성은 알튀세의 용어로 호명(interpellation)을 통해 설명될 수 있다.

31 대항적 입장의 해석은, 지배적인 가치와 이를 낳는 사회적인 가치를 거부하는 해석이다. 대항적인 해독자는 선호 해독을 일단 알고 있어야 한다. 그러나 그것을 거짓이라고 생각하며 수용하기를 거부한다. 이들은 지배적인 해독에 급진적으로 반대되는 방향으로 메시지를 의미체계 내에 위치시키기 때문에 텍스트에 대해 급진적으로 반대되는 해독을 이끌어낸다. 제임스 프록터 저, 손유경 역, 『지금 스튜어트 홀』, 앨피, 2006. 135면.

32 홍계희, 『梅山雜識』. (최연미, 「조선시대 여성 편저자, 출판협력자, 독자의 역할에 관한 연구」, 『서지학연구』 23호, 2002, 137~138면, 재인용).

② 아아, 여사서 한 권은 정경부인에 추증된 동복오씨부인이 손수 쓴 필적이다. [……] 보니 근래 규방에서 경쟁적으로 일삼는 것은 오로지 패관만을 숭상하는 것으로 날마다 달마다 더하니 그 종류가 매우 많다. 책을 빌려주는 자들이 이를 깨끗이 필사하여 무릇 빌려 보는 일이 있으면 그때마다 그 값을 거두어 이문을 남겼다. 부녀자들은 식견이 없어 혹 비녀나 팔찌를 팔기도 하고 혹 동전을 꾸기도 하여 경쟁하듯 빌려와서는 긴긴 날을 그것으로 소일하려고 한다. [……] 여자의 할 일을 하고 난 여가에 간혹 읊조리며 읽는 것은 곧 오로지 여자가 읽는 책 중 규방에서 모범이 될 만한 것뿐이다.[33]

③ [……] 언문으로 번역한 전기(傳奇)를 탐독하느라 집안일은 내버려두고 여자가 할 일을 태만히 해서는 안 된다. 심지어 돈을 주고 빌려 보고 빠지기를 마지않은 바람에 가산을 기울이는 자도 있고 [……][34]

남성들의 입장에서 여성들의 패관잡서 읽기를 걱정하는 글들이다. 채제공은 자신의 부인을 칭찬하면서 다른 여자들처럼 패관을 숭상하지 않았다고 말한다. 이덕무는 부녀자들이 경계해야 하는 일을 언급한다. 이 과정에서 규범에 반하는 일들이 일상적으로 일어나고 있음을 알려준다. 이덕무와 채제공의 글에서 여성들은 패관잡서에 '몰두'하면서 두 가지 공통된 특징을 보여준다. 집안일에 대한 방치와 재물의 소비가 그것이다.

---

33 嗚呼 女四書一册 贈五卿夫人同福吳氏手跡也 [……] 竊觀近世閨閤之競以能事者 惟稗說是崇 日加月增 千百其種 僧家以是淨寫 凡有借覽 輒收其值 以爲利 婦女無識見 或賣釵釧 或求債銅 爭相貰來 以求消永日 [……] 女紅之暇間以誦讀 則惟女書之可以爲範於閨壼者耳. 채제공, 『번암선생문집』 권33, 〈여사서서〉(女四書序).

34 諺飜傳奇 不可耽讀 廢置家務 怠棄女紅 至於與錢而貰之 沈惑不已 傾家產者有之 [……] 이덕무, 『사소절』, 〈부의〉(婦儀).

무엇을 읽는가도 중요하지만, 어떤 상황에서 읽는가도 중요하다. 독서를 하는 사회적 맥락이 독서의 의의를 암시하기도 한다. 조선시대 여성들은 가정 내 역할상 남편과 가족의 요구를 위해 무조건 봉사할 것처럼 생각되었다. 그러나 이들은 독서를 함으로써 자신을 우선시하는 자신만의 공간과 시간을 창조하기도 하였다. 이 같은 독서의 의의는 텍스트 상에서 분석되는 의미와는 매우 상반되는 것이다. 성소화 텍스트는 여성들에게 자신들의 욕망을 돌아보게 하는 것이라기보다는 텍스트 내에 구현된 인물들에 자신을 수동적으로 동일시하게 하는 것이기 때문이다. 그러나 여성의 독서 맥락에 대한 고찰은, 여성 자신들이 다른 어떤 가족보다도 자신의 개인적 욕망을 우선시하였음을 보여준다.

남성들이 쾌락과 유교적 실천에 있어 모두 주체였던 것과 달리 조선시대 여성들은 쾌락의 대상이자 유교적 실천의 대상이라고 할 수 있다. 이 장의 서두에서 언급한 『사소절』을 보더라도, 음란함에 대한 실천적 경계는 남성들이 일상생활에서 세부적으로 지켜야 하는 조목 가운데 하나임을 알 수 있다. 남성들에게 그러한 세부적 조목들이 유용했던 것은, 그들이 쾌락의 주체이며, 그것을 조정해야 하는 사람들이었기 때문이다. 그러나 여성들에게 쾌락은 애초에 금지된 것이었기에, 남성들처럼 음란함의 자극을 관리하는 것이 문제시되는 않으며 그런 자극량의 관리를 위한 세부적인 지침도 없다. 이 지점 때문에 여성들이 음란함과 조우했을 때 그것을 더 쉽게 수용하면서, 상대적으로 안락함을 느끼며 몰두할 가능성이 커지는 것이다.

음란함을 수용하면서, 여성들은 텍스트의 독서 과정에서 지속적으로 남성적 입장에서 만들어진, 유혹에 약하며 소극적인 여성의 이미지를 답습한다. 그러면서도 실제 독서 행위를 통해 여성들은 일상적으로 주어진 여성의 일을 무시하는 것처럼 보인다. 성소화는 구조상 남성적인 가치를 재생산하고 있지만, 여성 독자들은 실제 독서 행위를 통해 여성적 공간을 확보함으로써 남성 중심적 텍스트를 '거부'하는 것처럼 보인다. 즉 이들의 성소화 독서는 바로 텍스트 내적으로는 남성들의 가치를 구현하고 체화하는 것이지만 텍스트 외적으로는, 성소화에 '몰두'하면서 자신만의 시간과 공간을 만들고 남성들의 일상적인 요구를 거부하는 것일 수도 있다. 텍스트 내적으로 소극적이며 순종적인 여성으로의 정체성과, 독립적이며 저항적인 여성으로의 정체성이 바로 성소화 텍스트의 독서 과정에서 모두 양산될 수 있는 것이다. 성소화를 읽는 남성 독자들의 정체성이 도덕적인 엄격함과 느슨함 사이에서 구성될 수 있는 것이라면, 여성들의 성제성은 순종과 저항이라는 상이한 양항의 대립으로 구성된다고 하겠다.

5. 성소화의 현실성

남성이 느끼는 현실과 성소화의 거리는, 여성이 느끼는 현실과 성소화의 거리보다 가깝다. 일례로, 성소화에서 사족의 처녀는 간통과 강간의 대상이 되지 않는다. 강간의 대상이 되는 여성들은 여종 · 기생 · 첩 · 촌녀(유부녀/과부)들이다. 실제 사족 처녀들은 폐쇄적 생활로 인해 성소화의 강간 대상에서 제외되었을 수도 있다. 이것은 성소화가 현실적 지점을 반영하고 있다는 사실을 알려준다. 나아가 성소화가 현실을 반영할 뿐만 아니라 현실을 구성할 수 있다는 시각에서 본다면, 다른 해석도 가능하다. 만약 성소화에서 이들에 대한 강간을 다룬다면, 이것은 다른 여성들의 강간에 비해 현실의 신분 질서를 문란하게 할 소지가 있다.[35] 강간으로 야

35 간통죄에서 서로 다른 신분 간의 간통을 엄격히 규제했다는 점을 통해서도 당시 사회가 신분

기될 수 있는 신분 사회의 혼란은, 그 일이 비록 가상으로 벌어지는 것이라 하더라도 웃음의 대상이 되기 어렵다. 베르그송은 우스운 상황과 관련하여, "악덕이 나의 마음을 움직이게 해서는 안 된다."고 말했다. 그는 마음이 움직이지 않는 것, 즉 '무감동'의 상태를 희극의 조건으로 보았던 것이다.[36] 베르그송의 용어를 빌린다면 사족 처녀에 대한 강간은 바로 웃음으로 연결되지 않는 '악덕'에 해당하는 것일 수도 있다. 양반들의 입장에서 이런 사족 처녀들을 성소화에서 강간의 대상으로 삼지 않음으로써 무의식적으로, 자신들의 잠정적 배우자나 며느리감들을 보호한다고 볼 수 도 있다. 그 이유가 무엇이건 간에, 성소화 텍스트가 다양한 관계들(동성과의 관계, 사물과의 관계, 노인과 소년의 관계 등)을 시도하고 있음에도 불구하고, 유독 사족 처녀에 대한 강간이나 간통은 배제하고 있다는 사실을 통해, 성소화가 현실적으로 가능한 관계들을 다루고 있음을 알 수 있다. 따라서 성소화를 읽는 남성 독자들은 성소화의 사건들을 마음속에서 현실화할 가능성, 즉 자신으로 대입시킬 가능성이 더 커지는 것이다.

여기에는 현실에서 남성들에게 부과되는 법적 제재가 여성들에 비해 엄하지 않다는 사실도 한 몫 한다. 남자들에 비해 여자들은 간통한 것으로 의심만 받아도 그에 따른 불이익이 주어졌다. 간통 이후에도 음행녀 명부인 「자녀안」이나 「유녀적」에 이름이 기재되어 평생 간음녀로 낙인찍히거나 관비가 되는 경우도 종종 있었다. 게다가 여자들의 간통은 결혼

질서의 혼란을 매우 경계했음을 알 수 있다. 간통죄에서 동일한 신분이나 지위를 가진 남녀보다 다른 신분이나 지위의 남녀일 경우에 더욱 무거운 처벌을 주었다. 신분상의 질서가 어지럽혀지는 것을 전혀 용납하지 않았기 때문이다. 이외에도 근친 관계나 주종 관계처럼 특별한 의리 관계를 가진 남녀 사이의 간통 또한 일반 간통보다 무거운 처벌을 받았다. 정성희, 『조선의 성풍속』, 가람기획, 1998, 139면.

36 베르그송 저, 정연복 역, 『웃음: 희극성의 의미에 관한 시론』, 세계사, 1992, 116면.

이전에는 파혼의 사유가 되었고, 결혼 이후에는 이혼의 사유가 되었다. 반면 남자들은 장모와 간통했을 경우에만 이혼 대상이 되었다.[37]

남성들에게 적용되는 이러한 느슨한 현실의 법은 남성 독자들이 간통과 강간의 사건들을 독서하면서 그것들을 현실적 차원으로 이입하는 것을 가능하게 하는 데 한 몫 한다고 볼 수 있다. 반면 여성들에게 간통과 강간은 매우 엄격하게 적용되었다. 여성들은 간통과 강간의 혐의를 받았다는 이유만으로도 자살하는 경우가 많았다. 법적 적용의 차이는, 간통과 강간 사건들이 현실적으로 일어날 수 있는 가능성을 남성 독자와 여성 독자에게 각기 다른 식으로 열어놓았을 것이다. 법적 느슨함으로 인해, 남성 독자들은 여성 독자들보다 그 사건의 현실화 가능성을 높게 느꼈을 수 있다. 남성들은 성소화를 독서하면서 현실의 지시체를 지속적으로 참조하게 된다. 그것이 남성들에게 더 큰 쾌감을 야기할 수도 있고 불쾌감이나 불편함을 야기할 수도 있다.

여성들은 성소화의 독서 과정에서 현실의 지시체를 참조할 가능성이 남성들에 비해 적다. 간통과 강간 관련법이 여성들에게는 엄격하고 그 결과 그 사건에 얽힌 여성들은 신체상으로나 명예상 중형을 선도받기 때문에 일반 여성들이 그 사건을 현실감 있게 느낄 가능성이 오히려 줄어드는 것이다. 따라서 성소화에 등장하는 간통과 강간 사건은 여성들에게 상상의 차원에서 읽힌다. 성소화의 독서가 여성들에게 안락함을 줄 수 있는 데에는 엄격한 법적 적용이 만들어낸 현실화의 높은 벽이 한 몫 한다. 남성들이 성소화를 통해 느끼게 되는 재미의 정도는, 현실화의 가능성으로 인해 개인에 따라 더 커지거나 작아질 수 있으며 불편함 혹은 불쾌감으로 바뀔 수 있다. 반면 여성들의 재미는 상상적 차원에서 이루어지는 것이기

37 정성희, 앞의 책, 139면.

에 개인적 차가 적으며, 불편함이나 불쾌감을 동반할 가능성이 남성들보다 적었을 것으로 추정된다.

제9장
결론을 대신하여:
양반 남성의 정체성, 그 일관성과 이질성

1부에서는 특성적 가치와 인식적 가치에 초점을 두면서 이것들이 어떻게 도덕적 가치와 관련을 가지는가 살펴보았다. 특성적 가치, 즉 텍스트에서 인물이나 사건의 형상화가 야기하는 재미는 도덕적 가치와 한정적 관계를 가진다. 도덕적 가치는 특성적 가치를 전제로 하지 않아도 인정되지만, 특성적 가치가 인정받기 위해서는 도덕적 가치를 전제해야 한다. 그런데 앞서 살펴본 것처럼 주체에게 도덕적 자질이 내재하고 있음을 믿는 경우에, 특성적 가치는 도덕적 가치로 전환되어 해석될 수 있었다. 허구 세계에서 형용 가능한 특성적 가치들의 종류와 양은 다양할 수 있다. 특성적 가치는 독립적이지는 않지만 주체의 도덕적 능력이 전제되는 한 광범하게 존재한다.

특히나 부정적 인물이나 부정적 사건의 형상화가 야기하는 재미, 가령 기생에게 곤욕을 당하는 양반의 이야기, 하인에게 속임을 당하는 양반의 이야기, 사미승에게 놀림을 당하는 스님의 이야기 같은 것들은 문제적일 수 있다. 이것들은 당시 사회에서 바람직하지 못한 인물이나 사건을 형상화한 것이다. 그러나 텍스트에 부정의 형상화가 만연할지라도 그것을 읽는 독자들이 도덕적이라면 텍스트는 도덕적 질타에서 구제될 수 있다. 특성적 가치와 도덕적 가치가 맺고 있는 한정적 관계는 일견 특성적 가치에 불리한 듯하지만, 오히려 특성적 가치를 위한 보호막이 되기도 한다. 특성적 가치가 야기하는 재미는 도덕적 가치의 보호막 아래에서 비교적 자유롭게 만끽될 수도 있다.

인식적 가치는 도덕적 가치에서 일부 독립하여 존재하기도 하였다. 인식적 가치가 포함하는 세부가 너무나 다양하여, 모두 도덕적 선을 함축할 수 없기 때문이다. 인식적 가치를 만들어내는 인간의 천성, 즉 박문강기의 천성은 반드시 도덕적인 것만은 아니다. 특성적 가치를 읽어내기 위해서 주체의 도덕적 능력이 반드시 전제되었다면 인식적 가치를 도덕적 가치로 연결하는 과정에서 주체의 도덕성은 크게 문제시되지 않거나 방해가 될 수도 있다. 그렇다고 해서 인식적 가치가 도덕적 가치와 아무 상관이 없는 것도 아니다. 인식적 가치는 도덕적 가치와 독립적이면서도 도덕적 가치 주의를 떠도는 '들러리'처럼 존재한다.

특성적 가치는 도덕적 가치보다 확실히 낮은 위상을 가지고 있었지만, 도덕적 주체가 특성적 가치를 도덕적 가치로 전환하는 능력을 가지고 있다는 믿음 하에, 특성적 가치의 존재는 광범하게 인정될 수 있었다. 특성적 가치는 열등하면서도 유동적인 영역을 가진다. 반면 인식적 가치는 도덕적 가치에 비해 상대적으로 낮은 위상을 가지고 있었지만, 독립된 가치로 인정되었으며 바로 그 사실로 인해 인식적 가치는 도덕적 가치로 전환되지 않았다. 인식적 가치는 도덕적 가치에 비해 열등하기는 했지만 특성적 가치에 비해서는 우월한 영역에 위치하였고, 특성적 가치보다는 고정적 영역을 확보하고 있었다.

특성적 가치와 도덕적 관계의 한정적 관계, 인식적 가치와 도덕적 가치의 들러리 관계는 서론에서 언급한 것처럼 잡록을 향유하는 '감정의 구조'

를 구성한다. 당대의 잡록 향유자들의 이것들의 위계적 관계를 공동체적 감수성으로 구비하고 있었다. 이 감정의 구조에는 독특한 측면이 있다. 특성적 가치와 인식적 가치를 그 자체로 즐기려는 경향, 4장에서 언급한 바로는 확산적 유희의 경향 외에도 바로 특성적 가치와 인식적 가치를 도덕적 가치로 연결하려는 경향, 수렴적 유희의 경향이 있다는 것이다. 이때 특성적 가치와 인식적 가치는 도덕적 가치라는 목표 지점에의 도달을 어렵게 만드는 다양한 변칙들로서 기능할 수 있다. 잡록 읽기가 재미를 준다면 그것은 특성적 · 인식적 요소들을 갖추고 있기 때문일 뿐만 아니라, 특성적 가치를 도덕적 가치로 전환 혹은 환원시켜 읽어야 하기 때문이기도 하다.

1부의 논의는 잡록의 서발문을 통해 도출되었다. 2부에서는 잡록의 본문, 그 가운데에서도 네 가지 유희가 드러난 본문들을 살필 것이다. 이때 1부의 결론들은 메타적 틀로, 2부의 내용을 통해 재고될 수 있다. 2부에서 연구 대상이 된 것은 기생과의 놀이, 집단적 음주, 승경도 놀이, 성소화 읽기에 몰입하는 주체들이었다. 이 놀이의 주체들은, 성소화 읽기의 경우 조금 다르기는 하지만, 주로 남성이며, 양반들이다. 이들 놀이는 놀이가 진행되는 공간의 개방성 정도에 따라 분류 가능하다. 기생과의 놀이와 성소화 읽기는 은밀하게 사적으로 진행되는 것이며 승경도 놀이와 음주는 좀 더 공개적으로 집단적으로 진행되는 것이다. 기생 놀이 역시 음주 행위를 동반할 수 있기에 공개성을 가진다고 볼 수도 있다. 그러나 이 책에서 다룬 기생 놀이는 주로 양반 남성과 기생과의 일대일 관계에 대한 것으로, 현대적 용어로 말하자면 '사랑'이나 '연애'에 더 알맞은 것들이다. 이들 용어가 시대적으로 서로 다른 함의를 가지기에 이 책에서는 기생 놀이라고 하였다. 이는 연회에서 이루어지는 대규모의 놀이와는 변별적인,

은밀한 놀이에 해당한다.

양반 남성들은 은밀한 놀이와 공개적 놀이 모두에서 술이나 여성이라는 놀이 대상에 매혹되는 것처럼 보이기도 하지만 실제로는 그 대상보다는 대상에 임하는 태도에 더 중요한 의미를 부여한다. 가령 은밀한 놀이인 기생과의 성적 탐닉은 그들과의 적절한 관계 맺음이 문제시된다. 적절한 관계 맺음은 만남과 이별에의 초연함으로 나타나는데, 이는 현대적 관점에서는 관계에의 소극성으로 보이기도 한다. 그러나 기생과의 관계에서의 수동성은 오히려 만남과 이별에 대해 주체들이 감정적 소모를 조절함으로써 가능해지는 것이기에, 자신과의 관계에서는 다르게 해석된다. 자신이 자신을 어떻게 다스리는가, 즉 자신과 맺는 관계를 놓고 보았을 때에는 능동적이라고 할 수 있다.

자신과의 관계를 중시한다는 점은 음주와 같은 공개적 활동에 대해서도 마찬가지이다. 호음이 긍정적으로 평가되는 이유는 그것이 내면의 크기와 강함을 드러낼 수 있는 계기가 되기 때문이었다. 호음의 주체들은, 삼배계주(三盃戒酒)의 어명을 어길 정도로 술에 끌린다는 점에서 대상에 대한 피동성을 보이는 듯하지만, 끝까지 취하지 않는 정신은 이들의 육체가 정신을 적극적으로 제어한다는 것을 보여준다. 호색(好色)과 호음(豪飮)은 모두 자신과의 관계가 적극적으로 이루어지고 있음을 드러내는 계기가 된다. 자신의 욕구를 조정할 수 있는 적극성은 은밀한 놀이와 공개적 놀이 모두에서 중요한 요소였다.

2부에서 다루었던 네 가지 놀이들은 개방성의 정도, 즉 은밀성과 공개성 외에 다른 기준으로도 분류 가능하다. 이 놀이들은 가상공간에서 행해지는가 아니면 현실 공간에서 행해지는가 하는 공간의 성격에 따라 나뉘기도 한다. 성소화 읽기와 승경도 놀이가 공통점을 가지는 것은 이들이 가상공간에서 행해지는 놀이라는 데에 있다. 승경도 놀이는 승경도 판이라는 가상의 관직 공간을, 성소화 읽기는 텍스트의 허구적 세계가 만들어내는 가상의 성적 공간을 놀이의 기본 요소로 한다. 그러나 음주와 기생 놀이는 모두 가상공간의 매개 없이 현실 세계에서 이루어지는 놀이이다. 이상을 표로 나타내면 다음과 같다.

네 가지 놀이의 구분

구분	은밀성	공개성
가상성	성소화 읽기	승경도 놀이
현실성	기생 놀이	음주

성소화의 허구적 공간과 승경도 놀이판의 공간은 현실 공간의 모방물 혹은 축소판으로 나타날 수 있다. 이렇게 현실을 모방하거나 축소했지만 현실과는 다른 세계에 대해 여기에서는 '가상공간'이라고 할 것이다. 가상공간에서의 경험을 통해 구성되는 양반 남성들의 정체성은 현실 공간에서 만들어지는 정체성보다 더 문제적일 수 있다. 이는 두 가지 이유에서 그렇다. 하나는 양적인 이유이다. 실제 관직 경험과 실제 성적 경험보다 가상공간에서의 경험이 더 빈번한 것일 수도 있고, 어떤 경우에는 그것이 유일한 것일 수 있다. 가상공간에서의 경험은, 이렇게 양적 횟수로 따졌을 때에도 중요한 것이지만 그것이 대부분 실제 현실 공간에서의 성적 경험이나 관직 경험보다 선행할 수 있기 때문에 중요하기도 하다. 승경도 놀이는 아직 관직에 나아가지 않은 양반 자제들이 많이 향유했던 놀이였다는 것이 단적인 증거이다. 가상공간에서의 정체성은 그것이 양적으로 빈번한 것이거나 혹은 현실 체험보다 선행하는 것이기 때문에 현실 세계에 영향을 미칠 수 있다. 모방물 혹은 축소판에서의 경험이 현실 자체보다 더 현실에 영향을 미칠 수 있는 것이다. 그렇다면 가상과 현실을 오가며 만들어지는 양반 남성 주체의 정체성은 어떤 것일까? 2부에서 논

의된 내용을 정리하면, 가상공간에서 이루어지는 양반 남성의 정체성은 미분화되고 무의식적인 성격을 가진다고 하겠다. 승경도 판에서 구성되는 정체성은 수동적인 숙명론적 정체성과 능동적인 목적론적 정체성 사이에서 이루어진다. 성소화를 읽는 남성 독자들의 정체성은 도덕적인 엄격함과 느슨함 사이에서 구성될 수 있다. 가상공간에서 양반 남성들의 정체성은 수동과 능동, 도덕성과 비도덕성의 이질적 양극 사이를 오가면서 이루어진다.

은밀하게 진행되는 놀이와 공개적으로 진행되는 놀이는 모두 자기와 맺는 관계, 자기에 대한 능동성이 중요하다. 자기와의 능동적 관계는 이상적인 것, 규범적인 것으로 여겨진다. 그러나 가상공간에서 구성되는 정체성은 서로 이질적인 것들로 이루어지며 이것들 사이에 어떤 관계 맺기가 이상적인 것으로 여겨지는가에 대한 규범을 찾아보기 힘들다. 그렇다면 우리는 양반 남성들의 정체성이 왜 은밀한 놀이에서나 공개적 놀이에서 모두 자기와의 관계를 중시하게 되었는가 하는 의문을 제기할 수 있다. 이는 콘텍스트를 통해 살펴볼 수 있다. 아마도 가장 먼저 떠올릴 수 있는 것은 유교적 규범의 영향일 텐데, 유교적 규범은 남이 있는 곳과 없는 곳에서의 한결같음을 강조한다. 홀로 있을 때일수록 삼가고 조심한다는 '신독'(愼獨)과 같은 항목이 그 대표적인 경우이다. 이러한 규범의 영향으로, 양반 남성들은 은밀한 놀이나 공개적 놀이 모두에서 자신을 적극적으로 조정하고 절제했으며, 정체성의 일관성을 이상적인 것으로 여겼다.

마찬가지로, 독서 · 판놀이와 같은 가상공간의 체험으로 구성되는 정체성은 현실적 규범과 어떤 관계에 있었을까? 가상공간에서 이루어지는 정체성이 이렇게 이질적인 것은 어떤 규범의 영향일까? 아마도 이는 규범의 영향이라기보다는 규범의 부재와 관련이 있지 않을까 한다. 가상－현실을 관련짓는 규범들은 나－남을 관련짓는 규범들에 비해 흔하지 않다.

외적 규범이 부재한 상황에서, 이들이 가상 세계와 현실 세계의 관계를 어떻게 상정하고 있었는가 살펴보아야 한다. 우리는 1부에서 언급한 내용을 메타적 틀로 해서, 2부의 내용을 해석할 수 있는 여지를 마련하게 된다.

1부에서 본 것처럼, 조선시대에는 허구 세계와 현실 세계를 일원론적인 것으로 생각하는 경향이 있었다. 재도론(載道論)의 문학관은 바로 그러한 인식의 대표적 소산이다. 허구 세계와 현실 세계가 근본적으로 다르지 않은 것으로 볼 경우 어떤 일이 생길까? 아마도 현실 세계와 허구 세계가 어떻게 관련 맺어야 올바른 것인가에 대한 담론 자체가 부재하지 않을까 한다. 규범이 부재하는 상황에서 이루어지는 정체성은 규범이 확고한 상황에서 이루어지는 정체성보다 미분화되고 복잡한 양상을 가질 수 있다. 가상공간에서 이루어지는 정체성이 극단적으로 다른 항목들을 오가는, 불안정하면서 모순된 것으로 구성될 수밖에 없었던 이유는 허구 세계와 현실 세계를 암묵적으로 동일한 것으로 여기는 관계의 맹점에서 기인한다고 추론할 수 있다.

1부의 메타적 틀은 2부의 구체적 내용을 통해 반추될 수도 있다. 잡록의 일화 각 편에는 지나친 성적 탐닉과 음주 같은, 부정적 사건 혹은 부정적 인물이 형상화되어 있기는 하나 그것을 통해 악을 경계하고자 하는 의도는 직접적으로 드러나지 않는다. 부정적 사건과 인물에 대한 형상화에서 특성적 가치가 배태되며, 그러한 세부적 사실에 대한 호기심에서 비롯된 기록에는 인식적 가치가 배태된다. 각 편을 놓고 보았을 때, 잡록의 서문과 발문에서 메타적으로 언급되는 도덕적 가치는 다른 가치들과 괴리되는 것처럼 보인다. 잡록의 부정적 형상화를 통해 살펴보았듯이 이 두 가지는 동시에 추구할 수 있는 것이 아니라 오히려 서로 모순적이며 대립적이다. 인식적 혹은 특성적 가치에 초점을 둘 때 도덕적 가치는 희미해질 수 있으며 도덕적 가치에 초점을 둘 때 인식적 혹은 특성적 가치는 왜곡될 수 있다. 인식적 혹은 특성적 가치와 도덕적 가치의 아슬아슬한 줄타기에서 잡록의 본문 텍스트들은 인식적 혹은 특성적 가치를 선호하는 방향을 선택하는 것처럼 보인다.

서발문과 같은 메타적 언급에서는 인식적 재미나 특성적 재미가 언제나 부차적 재미로 나타난다. 그럼에도 불구하고 잡록의 각 편에 부정적 형상화가 빈번하게 나타나는 것은 무슨 이유일까? 이는 양반이 가지고 있는, 우리가 기억과 회고를 통해 부여하게 되는 '가상적 사회 정체성'(a virtual social identity)이, 실질적으로 지니고 있다고 확인되는 범주와 속성, 즉 '실제적 사회 정체성'과 다르다는 것을 보여준다.[1] 양반들의 유희적 독서와 놀이 문화에 대해 알아가는 과정은, 이들 '양반'의 가상적 사회 정체성이, 실제적 사회 정체성과 다르다는 것을 확인하는 과정이기도 했다. 1부의 독서 활동에서 본 것처럼, 가상적 사회 정체성은 메타적 담론에서 도덕적 재미를 우위에 두면서 형성되지만, 실제적 사회 정체성은 인식적 재미나 특성적 재미를 강조하면서 형성된다고 할 수 있다.

2부에서 다루었던 것처럼, 조선시대 양반들이 즐겼던 유희는 여러 가지이다. 다시 카이와를 빌려 이야기하자면, 이들의 유희에는 싸움이나 경쟁 형태의 아곤도 있고, 운에 기반한 알레아도 있고, 허구적 세계를 창조하면서 노는 미미크리도 있고, 현기증을 추구하는 일링크스도 있다. 이런 놀이들은 다른 시간과 장소에서도 얼마든지 행해졌다. 그들이 추구하던 재미의 특성은, 유희의 종류가 아니라, 그것이 추구되는 방식에서 찾을 수 있다.

몰입은 자아를 잊게 한다. 기생놀이건, 승경도건, 음주건, 성소화에의

1 어빙 고프만 저, 윤선길 · 정기현 역, 『스티그마』, 한신대학교 출판부, 2009, 14~15면.

탐닉이건 그들이 '몰입'하는 동안에는, 그 시간이 얼마가 되었든, 자신의 행동을 인식하고 중재하는 반성성이 개입될 여지는 없었을 것이다. 이러한 몰입의 행위들 가운데 어떤 것들, 그러니까 은밀성과 공개성의 틀에 속하는 유희들은 바로 자신의 절제력 · 인내력 등을 시험하면서 자신과의 관계를 강화시키는 하나의 계기로 자리매김 된다. 그러나 또 다른 것들, 그러니까 가상성과 현실성의 틀에 속하는 유희들은 서로 이질적 영역들을 오가며, 하나의 통일된 정체성 형성을 방해하기도 한다. 전자의 유희는 자신과의 관계를 강화하는 데에는 강점을 가지지만, 후자의 유희는 그들이 통제할 수 없는 이질적 요소를 이들의 무의식에 마련할 수도 있다. 양반들의 실제적 정체성은 이 두 가지의 역동적 관계를 통해 최종적으로 구성된다고 볼 수 있다.

자료

강희맹, 『촌담해이』(김기동 편, 『한국문헌설화전집』 7, 1981).

권필, 『石洲集』(한국고전종합DB).

김기동 편, 『한국 문헌설화 전집』 1~10권, 태학사, 1981.

김현룡, 『한국문헌설화』 1~6권, 건국대학교 출판부, 1998.

무악고소설연구회편, 『한국고소설관련자료집』 I, 태학사, 2001.

박동량, 『기재잡기』(『국역 대동야승』 13권, 민족문화추진회, 1971).

서거정, 『태평한화골계전』(박경신 역, 『태평한화골계전』, 국학자료연구원, 1998).

서거정, 『필원잡기』(『국역 대동야승』 1권, 민족문화추진회, 1974).

성현, 『용재총화』(『국역 대동야승』 1권, 민족문화추진회, 1971).

성현, 『虛白堂集』(『한국문집총간』14권, 민족문화추진회, 1989).

신귀선 · 유화수 · 이월영 역, 『고금소총』, 한국문화사, 1998.

유몽인, 『어우야담』(신익철 외 역, 『어우야담』, 돌베개, 2006).

이가원 편역, 『골계잡록』, 민중서림, 1950.

이륙, 『청파극담(靑坡劇談)』(민족문화추진회 역, 『대동야승』 2권, 민족문화추진회, 1971~1979).

정신문화연구원, 『한국민족문화대백과사전』(국회도서관 학술 DB).

정재륜, 『공사견문록(公私見聞錄)』(민족문화추진회 역, 『대동야승』 9권, 민족문화추진회, 1971~1979).

홍만종 저, 정용수 역, 『고금소총 · 명엽지해』, 국학자료원, 1998.

홍길주, 『수여연필』, 『수여난필』(정민 외 역, 『19세기 지식인의 생각 창고: 홍길주의 수여방필 4부작』, 돌베개, 2006).

『조선왕조실록』(국회도서관 학술DB).

『파수록』(김기동 편, 『한국문헌설화전집』 7권, 1981).

『한국세시풍속사전』, 국립민속박물관, 2004.

참고문헌

1. 국내서

단행본

강명관, 『조선의 뒷골목 풍경』, 푸른역사, 2003.

김경미, 『소설의 매혹: 조선후기 소설비평과 소설론』, 월인, 2003.

김은실, 『여성의 몸, 몸의 문화정치학』, 또하나의문화, 2001.

김선풍 외, 『한국 육담의 세계관』, 국학자료원, 1997.

남태우, 『술술술 주당들의 풍류세계』, 창조문화, 2001.

도유호 외, 『조선의 민속놀이』, 푸른숲, 1999.

류정월, 『오래된 웃음의 숲을 노닐다』, 샘터, 2006.

박성봉, 『대중예술의 미학』, 동연, 1995.

박홍갑, 『조선 양반의 일생』, 글항아리, 2009.

서성철, 『기호에서 텍스트로』, 민음사, 1998.

송효섭, 『문화 기호학』, 아르케, 2000.

송효섭, 『초월의 기호학』, 소나무, 2000.

신은경, 『풍류: 동아시아 미학의 근원』, 보고사, 1999.

이상희, 『한국의 술문화』, 도서출판 선, 2009.

이영아, 『육체의 탄생』, 민음사, 2008.

이정우, 『주체란 무엇인가』, 그린비, 2009.

정요일, 『한문학비평론』, 집문당, 1990.

정용수, 『사숙재 강희맹 문학 연구』, 국학자료원, 1993.

조민환, 『중국철학과 예술정신』, 예문서원, 1997.

조현준, 『주디스 버틀러의 젠더 정체성 이론』, 한국학술정보, 2007.

최상수, 『한국민속놀이의 연구』, 성문각, 1985.

최승희, 『조선전기 정치사 연구』, 지식산업사, 2000.
홍순석, 『성현문학연구』, 한국문화사, 1992.
황인덕, 『한국기록소화사론』, 태학사, 1999.

논문

강상순, 「조선전기 패설류 필기에 재현된 사랑과 그 담론화 방식」, 『고전과 해석』 8집, 고전문학과한문학연구학회, 2010.
강재철, 「성종조 패관소설의 융성동인 연구」, 『한문학논집』 3집, 근역한문학회, 1985.
강재철, 「중국과 한국의 '권선징악' 이론의 전통」, 『동양학』 24집, 단국대학교 동양학연구소, 1994.
강재철, 「『논어』 장구와 관련한 고전소설 논의와 '권선징악' 이론」, 국어국문학회 편, 『고전산문연구』 2, 태학사, 1998.
김광순, 「조선조 유학자의 소설관」, 『고소설연구』 1집, 고소설학회, 1995.
김근태, 「골계작품류의 성향과 소설사적 관련양상」, 『고소설사의 제문제』, 집문당, 1993.
김석하, 「잡기문학론 서설」, 『동양학』 5, 단국대학교 동양학연구소, 1975.
김승룡, 「종정도(從政圖)」, 『부산일보』, 2004. 7. 7.
김정신, 「조선 전기 훈구 · 사림의 정치사상 비교」, 연세대학교 박사학위논문, 2008.
김태안, 「잡록 연구: 골계류 산문을 중심으로」, 『논문집』 6집, 안동대학교, 1984.
김현룡, 「촌담해이고」, 『한실이상보박사 회갑기념논총』, 1987.
김현주, 「일상경험담과 '민담'의 구술성 연구」, 『구비문학연구』 4집, 한국구비문학회, 1997.
김흥규, 「조선 후기와 애국계몽기의 인정물태론」, 『한국문학연구』 13집, 동국대학교, 1990.
류정월, 「문헌 소화의 구성과 의미 작용에 대한 기호학적 연구」, 서강대학교 박사학위논문, 2004.
류정월, 「문헌 소화의 의미 작용에 관한 일고찰: 이야기부와 논평부의 상호 작용을 중심으로」, 『구비문학연구』, 20집, 한국구비문학회, 2005.
배진아, 「조선후기 음주 문화와 금주령」, 동아대학교 석사학위논문, 2008.

성기동, 「조선조 「골계류」 작품의 문학적 자리매김」, 『현산 김종훈 박사 회갑기념논문집』, 집문당, 1991.

송효섭, 「상징, 스포츠, 리미노이드: 야구와 축구의 기호학」, 『한국기호학회』 20집, 한국기호학회, 2006.

신광영, 「계급과 정체성의 정치」, 『경제와 사회』 35집, 1997.

신상필, 「15세기 筆記에서의 敍事 수용 양상」, 『한국한문학연구』 33집, 한국한문학회, 2004.

심우장, 「설화의 흥미 연구 시론」, 서울대학교 석사학위논문, 1994.

오춘택, 「조선전기의 소설의식」, 『어문논집』 23집, 민족어문학회, 1982.

오춘택, 「고소설의 효용과 이장론」, 『어문논집』 27집, 민족어문학회, 1987.

윤성근, 「유학자의 소설배격」, 『어문학』 25집, 어문학회, 1971.

이강옥, 「『기재잡기』연구: 일화의 원천과 서술방식을 중심으로」, 『진단학보』 91집, 2001.

이래종, 「선초 필기의 특성에 대한 고찰」, 『태동고전연구』 14집, 태동고전연구회, 1997.

이문세, 「잡록 연구」, 단국대학교 석사학위논문, 1987.

이숙인, 「유가의 몸 담론과 여성」, 『여성의 몸에 관한 철학적 성찰』, 한국여성철학회, 2000.

이숙인, 「'貞淫'과 '德色'의 개념으로 본 유교의 성담론」, 『철학』 67집, 한국철학회, 2001.

이정수, 「16세기의 금주령과 검약령」, 『한국중세사연구』 14집, 한국중세사학회, 2003.

이현진, 「근대취미와 한국 근대소설 관련 양상 연구」, 경희대학교 박사학위논문, 2004.

임완혁 「조선전기 필기연구: 조선전기 필기의 장르적 성격규명을 위하여」 성균관대학교 석사학위논문, 1991.

장덕순, 「조선초기의 설화연구」, 『동아문화연구』, 서울대학교 동아문화연구소, 1968.

장순조, 「사설시조의 통속문학적 성격」, 숙명여자대학교 박사학위논문, 1999.

장장식, 「한국과 몽골의 판놀이 연구」, 『비교민속학』 38집, 비교민속학회, 2009.

정요일, 「선비정신과 선비정신의 문학관」, 『한문학의 연구와 해석』, 일조각, 2000.

정용수, 「촌담해이와 강희맹 문학」, 『成大文學』 27호, 성균관대학교 국어국문학과, 1990.

최봉영, 「놀이문화와 한국인의 사회적 성격」, 국제한국학회 저, 『한국문화와 한국인』,

사계절, 1998.
한명연, 「1930년대 신문소설 연구: 소설론 및 소설의 '통속' 수용을 중심으로」, 홍익대학교 박사학위논문, 1996.
허시명, 「실학과 술」, 『한국실학연구』 12집, 한국실학학회, 2006.
황태면, 「잡록 구조의 분석적 연구」, 『복현한문학』 4집, 복현한문학회, 1988.

2. 국외서

강요원 저, 노장철학분과 역, 『중국인의 성』, 예문서원, 1993.
이중티엔(양중천) 저, 홍광훈 역, 『중국의 남자와 여자』, 법인문화사, 2000.
진필상 저, 심경호 역, 『한문문체론』, 이회, 1995.
그레마스 저, 김성도 편저, 『구조에서 감성으로』, 고려대학교 출판부, 2003.
대니얼 챈들러 저, 강인규 역, 『미디어 기호학』, 소명출판사, 2006.
라프 코스터 저, 안소연 역, 『재미이론』, 디지털미디어리서치, 2005.
레이먼드 윌리엄스 저, 박만준 역, 『문학과 문화이론』, 경문사, 1995.
레이먼드 윌리엄스 저, 성은애 역, 『기나긴 혁명』, 문학동네, 2007.
로버트 코리간 저, 송옥 외 역, 『비극과 희극, 그 의미와 형식』, 고려대학교 출판부, 1995.
로저 카이와 저, 이상률 역, 『놀이와 인간』, 문예출판사, 1994.
미셸 푸코 저, 문경자 · 신은영 공역, 『성의 역사』, 나남출판, 1990.
미하이 칙센트미하이 저, 김우열 역, 『몰입의 재발견』, 한국경제신문, 2009.
버거 저, 이상률 역, 『사회학으로의 초대』, 문예출판사, 1995.
벵상 주브 저, 하태황 역, 『롤랑 바르트』, 민음사, 1994.
빅터 터너 저, 이기우 · 김익두 역, 『제의에서 연극으로: 인간이 지니는 놀이의 진지성』, 현대미학사, 1996.
피에르 부르디외 저, 최종철 역, 『구별짓기: 문화와 취향의 사회학』, 새물결, 2006.
스튜어트 홀, 전효관 외 역, 『모더니티의 미래』, 현실문화연구, 2000.
안 에노 저, 홍정표 역, 『서사, 일반 기호학』, 문학과지성사, 2003.

어빙 고프만 저, 윤선길 · 정기현 역, 『스티그마』, 한신대학교 출판부, 2009.
엘리자베스 그로츠 저, 임옥희 역, 『뫼비우스 띠로서 몸』, 도서출판 여이연, 2001.
요한 호이징가 저, 권영빈 역, 『놀이하는 인간』, 기린원, 1989.
요한 호이징가 저, 이종인 역, 『호모 루덴스: 놀이하는 인간』, 연암서가, 2010.
웨인 부스 저, 최상규 역, 『소설의 수사학』, 새문사, 1985.
제임스 프록터 저, 손유경 역, 『지금, 스튜어트 홀』, 앨피, 2006.
팀 에덴서 저, 박성일 역, 『대중문화와 일상, 그리고 민족 정체성』, 이후, 2008.
프로이트저, 임인주 역, 『농담과 무의식의 관계』, 열린책들, 1997.

A. Chapman and C. Gabfield, "Is Sexual Humour Sexist?", *Journal of Communication*, Summer 1976.
Bauman, Richard, *Story, Performance, and Event*, Cambridge University Press, 1986.
Doborah Schiffin, Deboah Tannen, and Heidi Hamilton eds., The Handbook of *Discourse Analysis*, Blackwell Publishers, 2001.
Georgakopouloub, Alexandra and Goutsos, Dionysis, *Discourse Analysis*, Edinburgh University Press, 1997.
Eco, Umberto, *A Theory of Semiotics*, Indiana Univ. Press, 1976.
M. Bakhtin, *The Dialogic Imaginagion: Four Essays*, Edited by Holquist, Michael, trans. Emerson, Caryl & Michael Holquist, University of Texas Press, 1984.
Raskin, Victor, *Semantic Mechanisms of Humor*, Kluwer Academic Publishers Group, 1985.
Schechner, Richard, *Essays on Performance Theory*, Drama Book Specialists Publish, 1977.